Katrin Iskam

Klotzen statt kleckern

KOSMOS

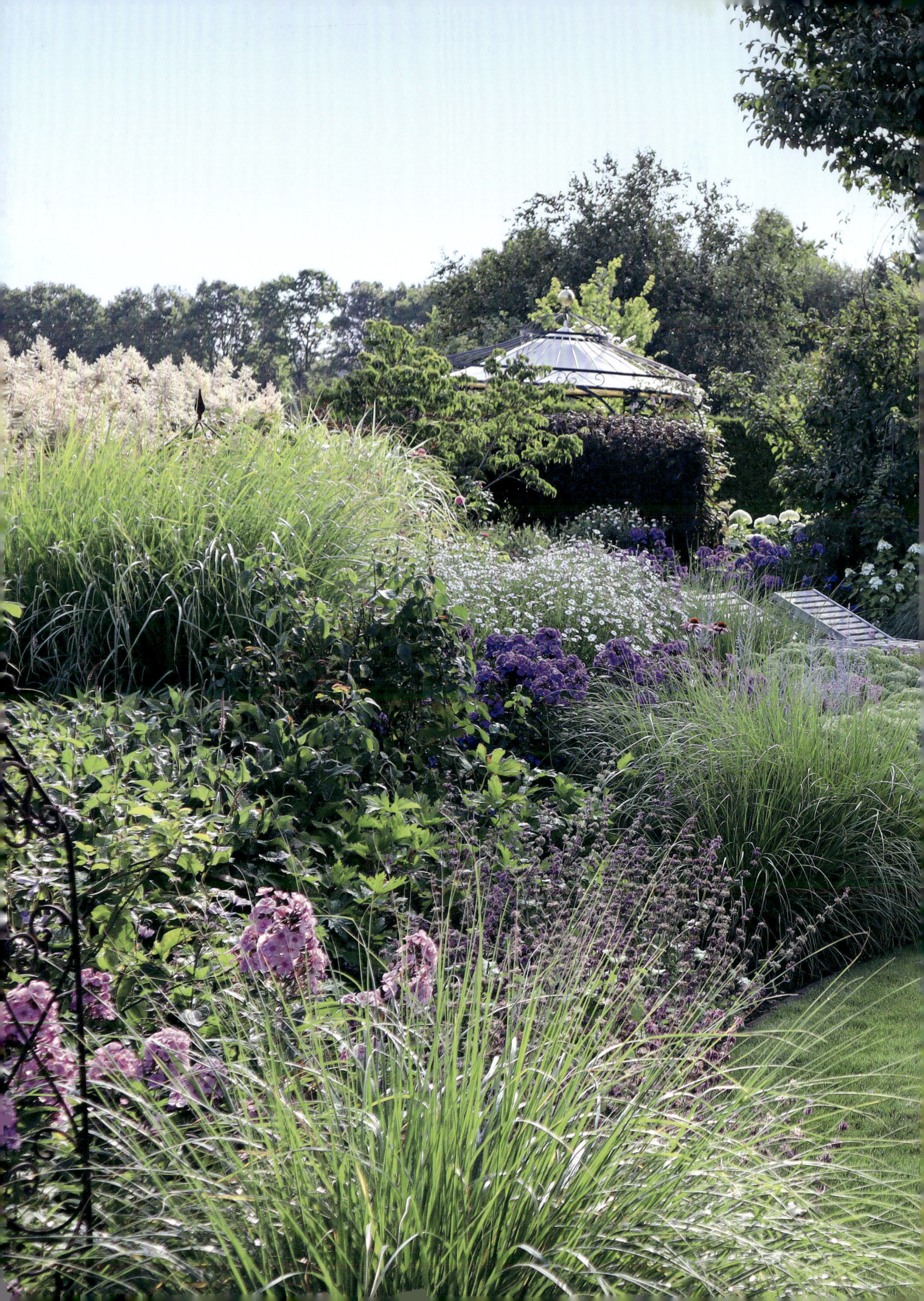

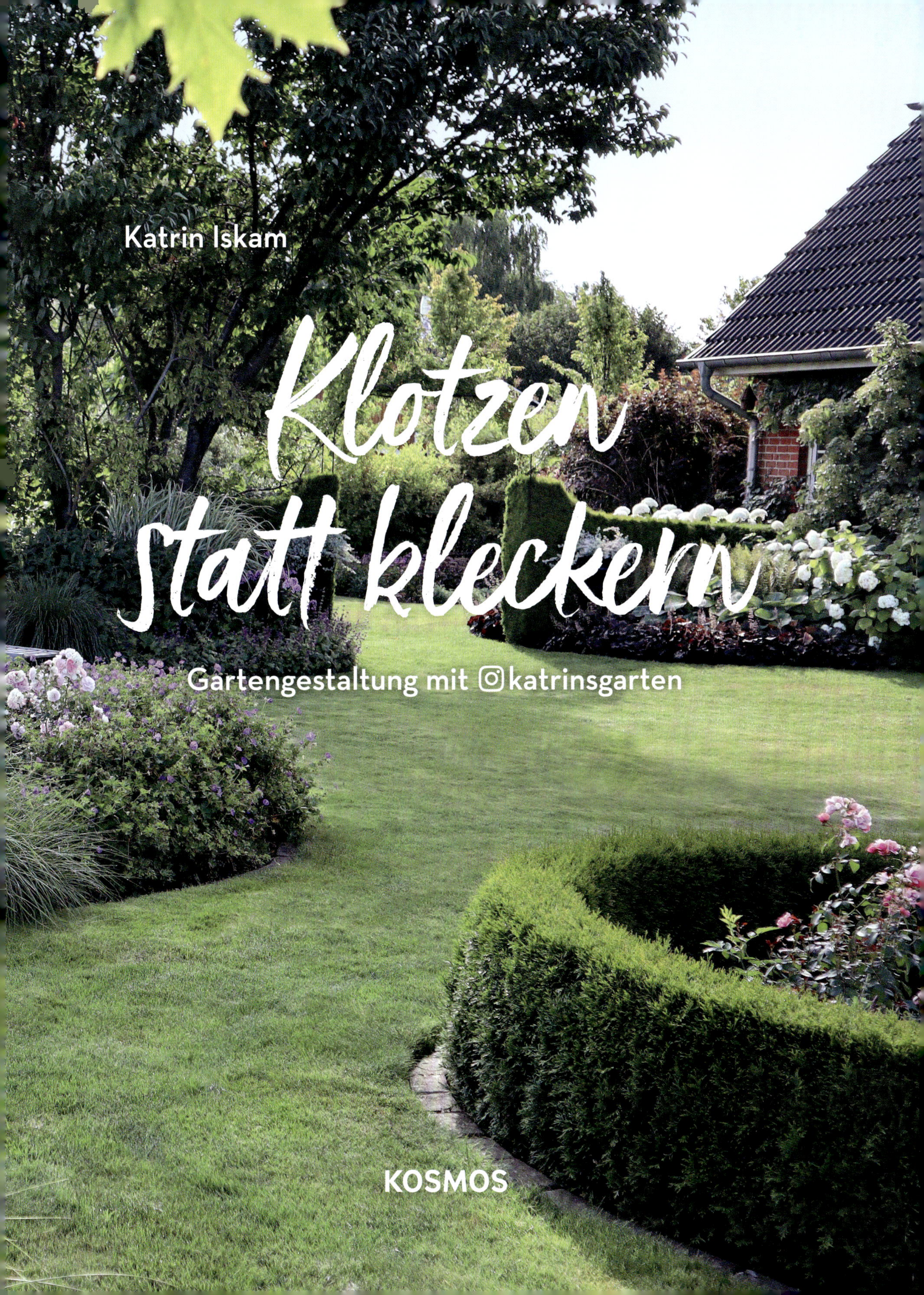

Katrin Iskam

Klotzen statt kleckern

Gartengestaltung mit @katrinsgarten

KOSMOS

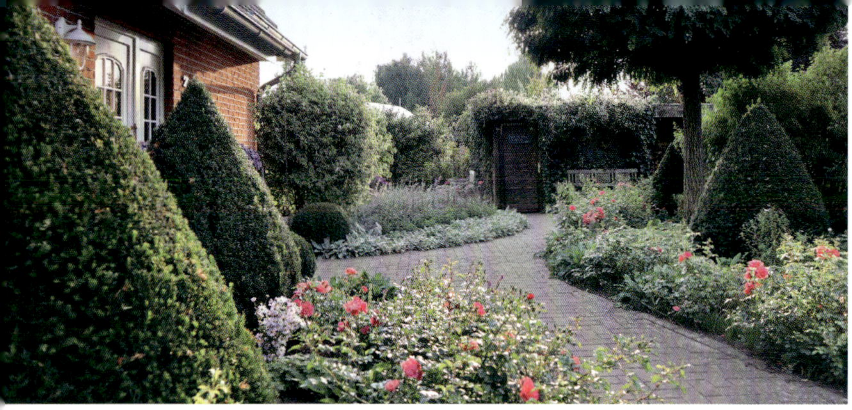
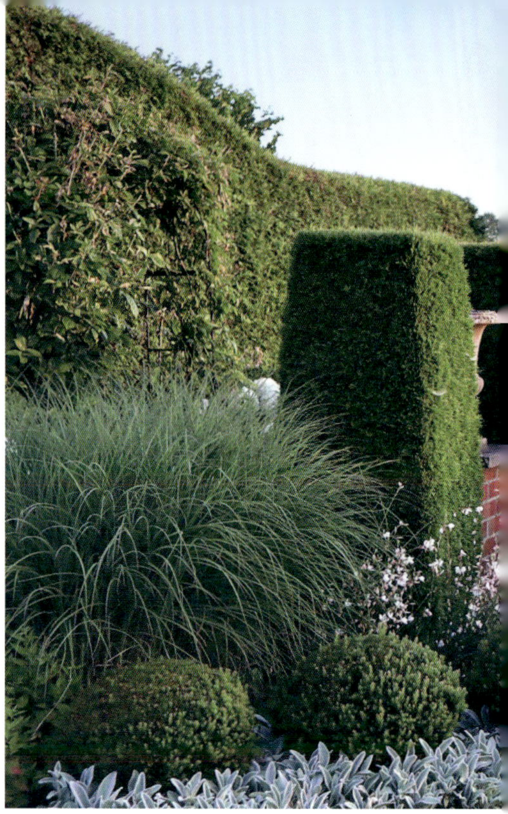
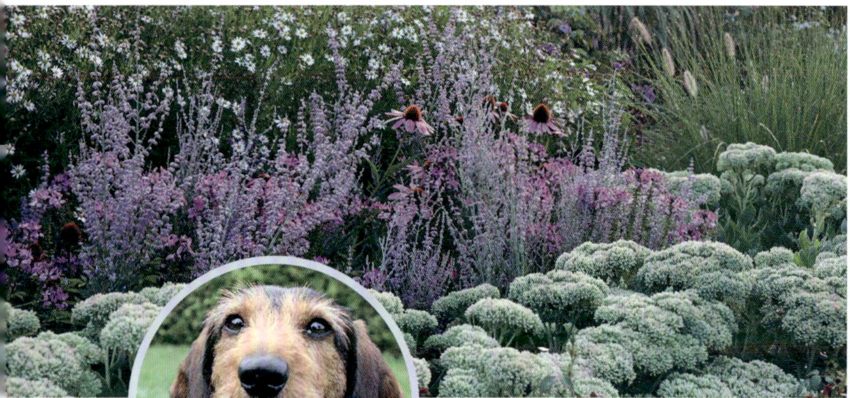

Inhalt

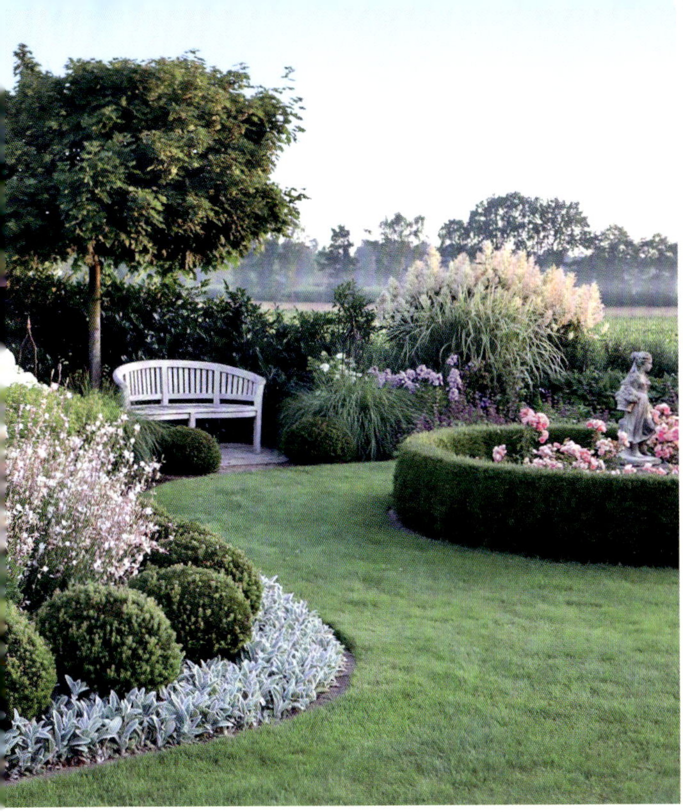

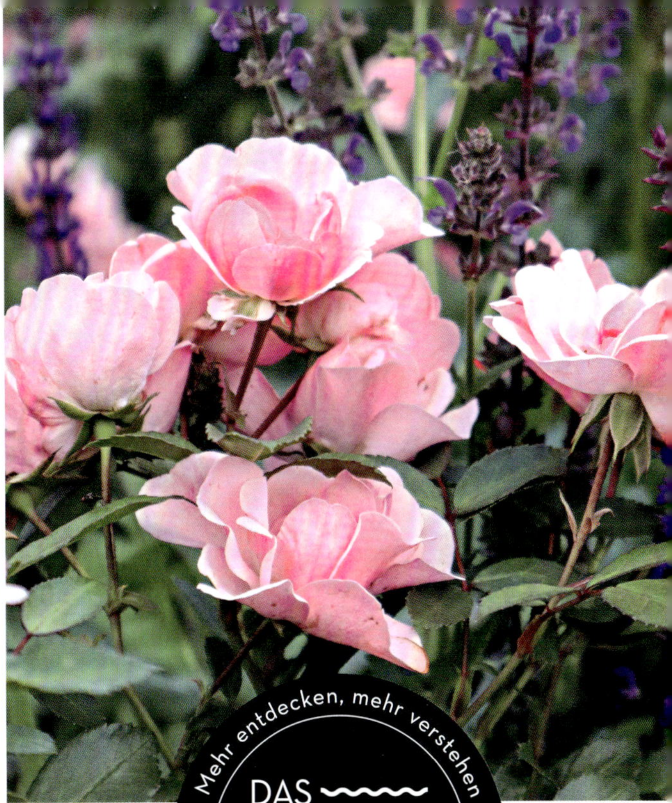

Vorwort

Es gibt mittlerweile fast so viele Gartenstile, wie Sand am Meer. Aber nicht jeder Stil macht jeden Gärtner in seinem Garten glücklich. Um auf Dauer Spaß im eigenen Garten zu haben und ihn als Wohlfühl- und Rückzugsort zu nutzen, sollte man deshalb zuerst schauen: Was für ein Gärtner-Typ bin ich eigentlich? Mag ich es bunt und wild und kann ich diesen Stil später auch im Garten aushalten und werde glücklich damit, oder soll es lieber ruhig, harmonisch und strukturiert im Garten zugehen?

Ich persönlich bin ja ein sehr harmoniebedürftiger und strukturierter Mensch. Daher sind in meinem grünen Freiluftzimmer entsprechende Elemente eingezogen.

Was die Bepflanzung meiner Beete betrifft lautet mein jahrelanges Motto: KLOTZEN STATT KLECKERN. Deshalb befinden sich in den vielen Staudenbeeten zwar weniger Sorten, dafür aber Masse.

Natürlich begeistern mich auch wilde und romantische Bauern- oder Cottagegärten in ihrer Farben- und Pflanzenpracht. Aber da ich nun mal keine wilde Hilde bin, würde dieser Gartenstil überhaupt nicht zu mir passen und ich wäre auf Dauer damit nicht glücklich in meinem Garten.

Nun fragt ihr euch sicher, wie ich im Laufe der Jahre Struktur und Ruhe in meinen Garten gezaubert habe. Das werde ich euch, als gärtnernde Krankenschwester und Autodidaktin, möglichst einfach und verständlich auf den kommenden Seiten erklären. Und natürlich ist auch mein Chefgärtner Tyson mit von der Partie!

Bevor es aber losgeht, bedenkt bitte: Gut Ding will Weile haben. Für meinen Gartentraum habe ich 15 Jahre gebraucht und viel Lehrgeld bezahlt. Ein Garten braucht Zeit, und viele Wege führen nach Rom. Nicht immer muss der eine Weg der richtige sein. Drum lasst euch nicht beirren und macht einfach euer Ding! ■

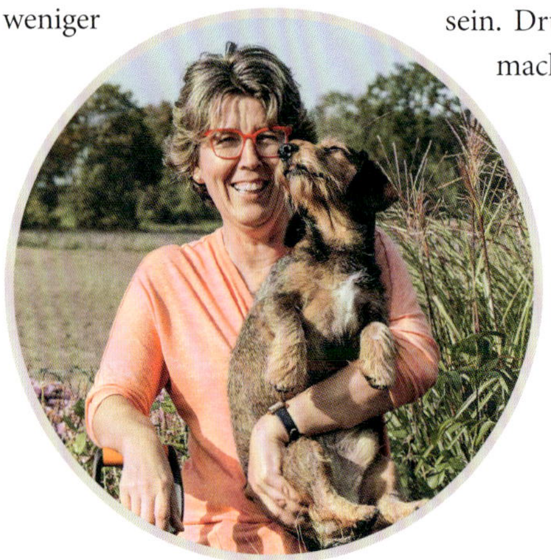

»Viel Spaß beim Lesen und Schmunzeln wünschen euch Katrin und Tyson.«

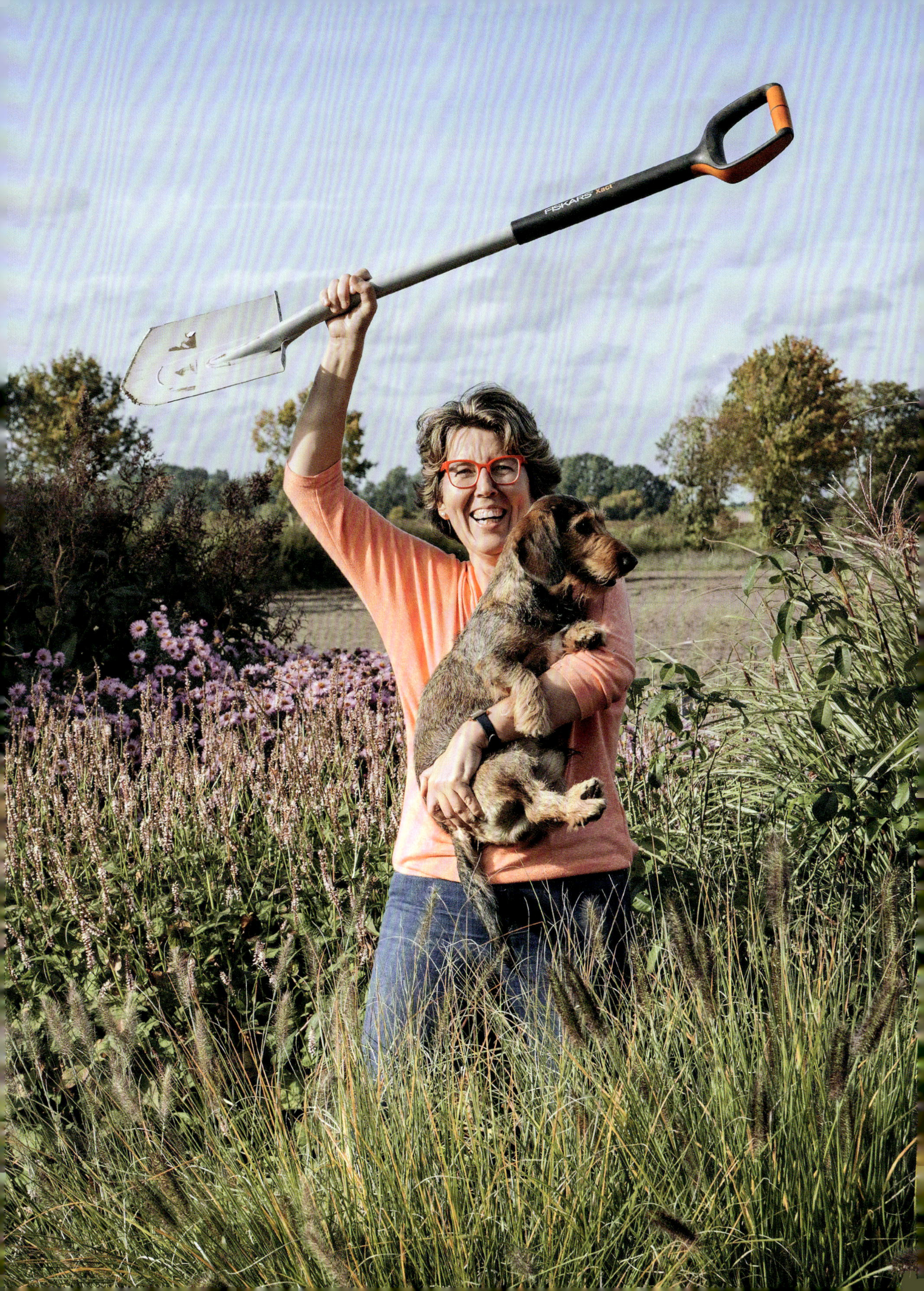
FISKARS Xact

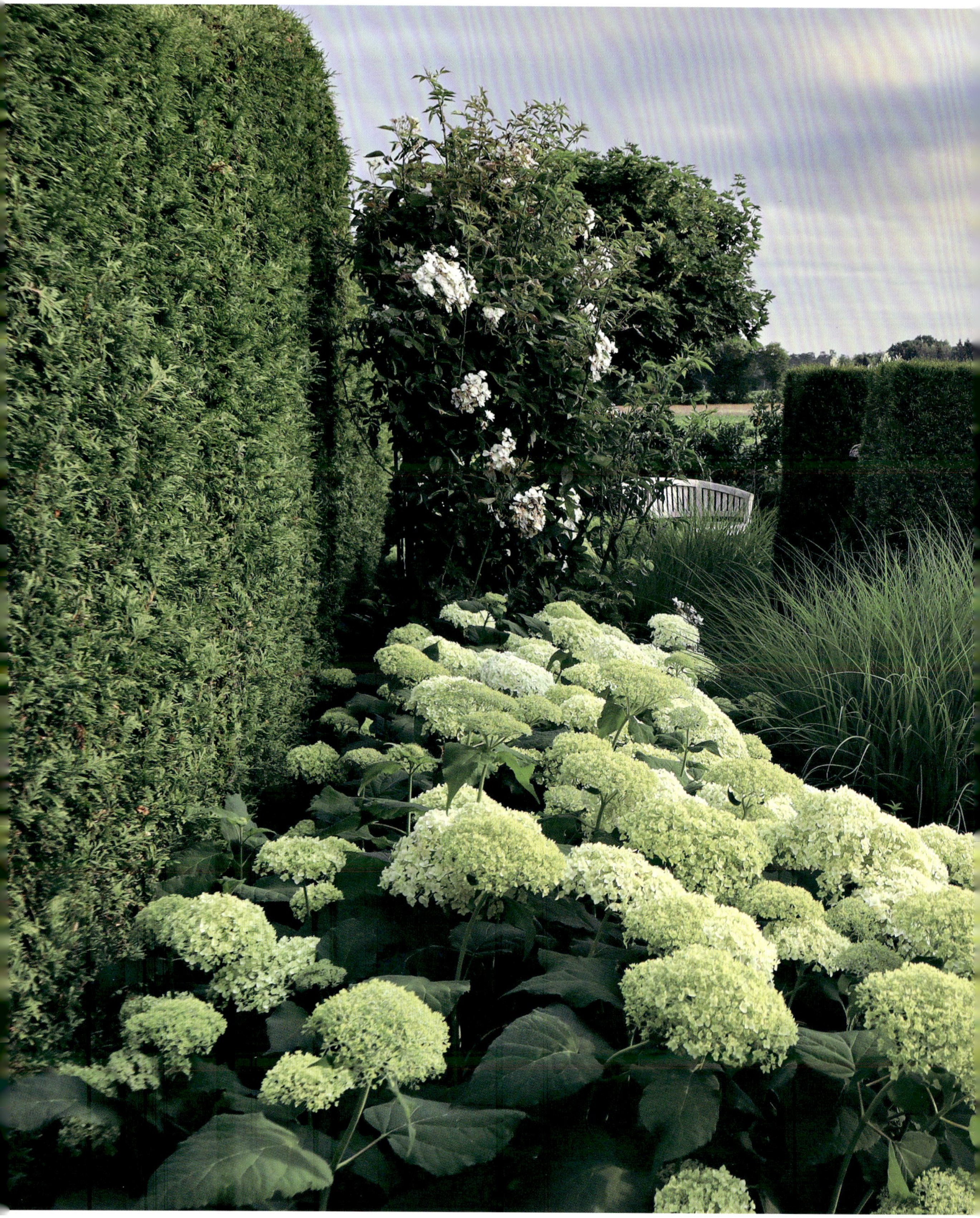

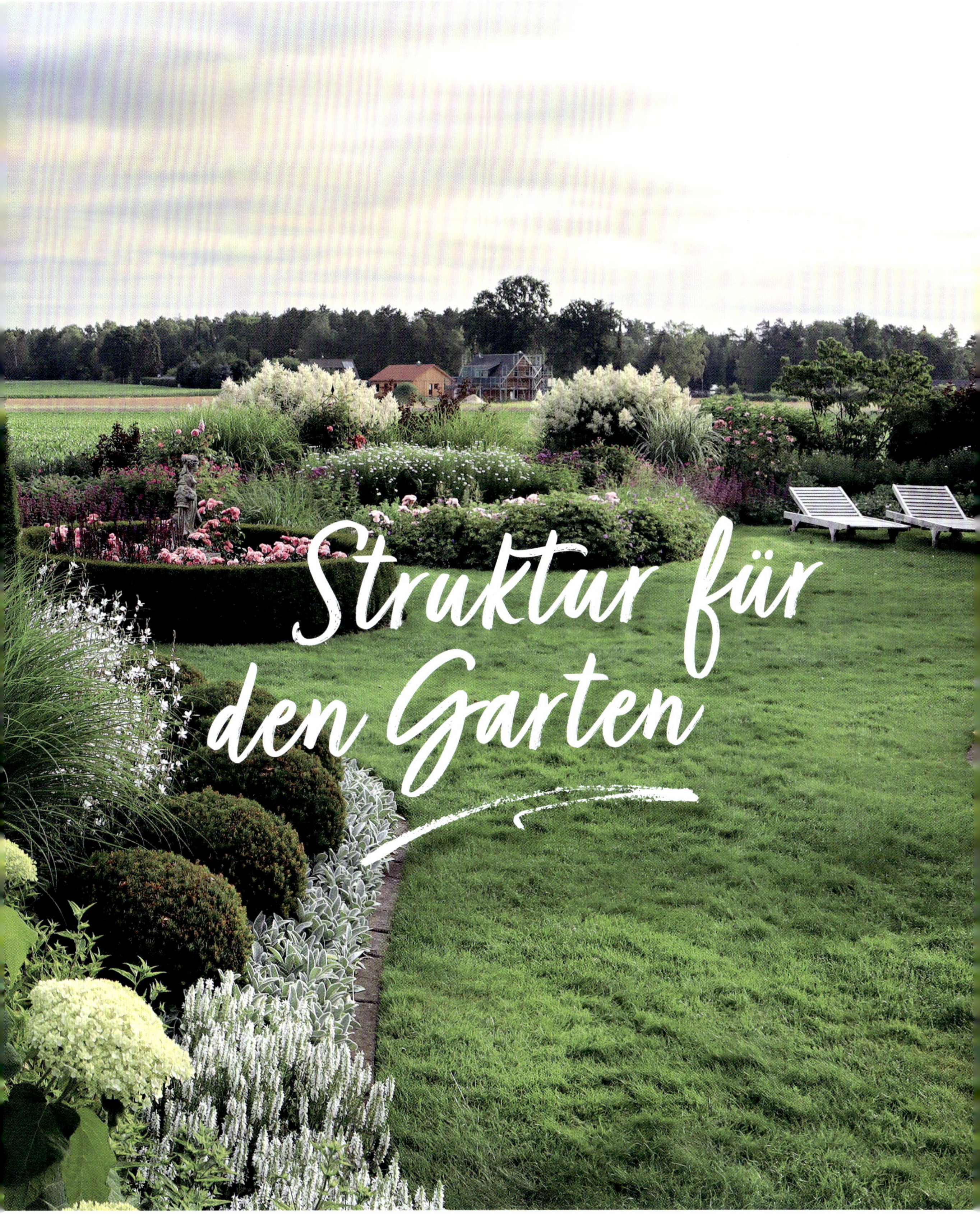

Struktur für den Garten

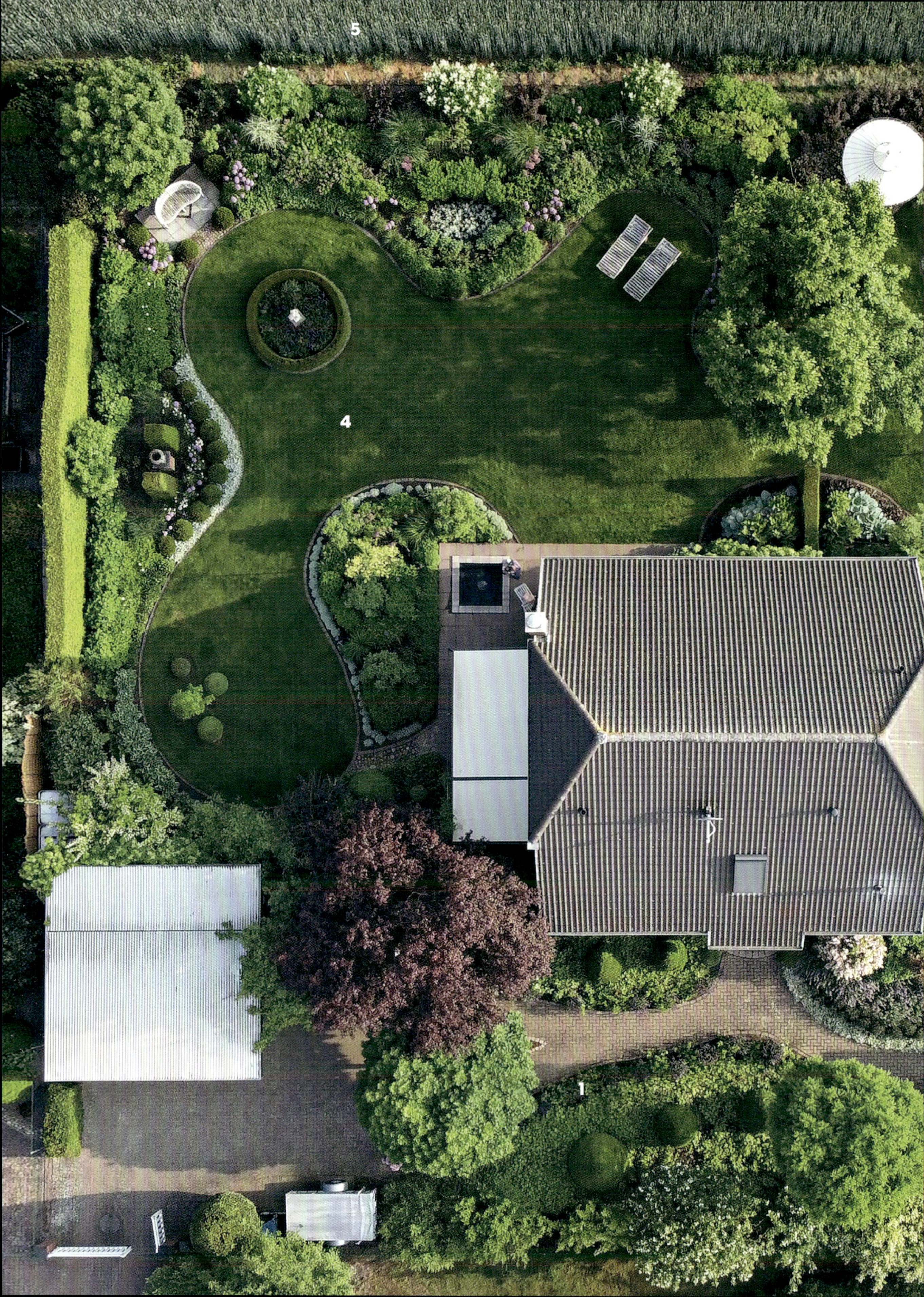
5
4
1

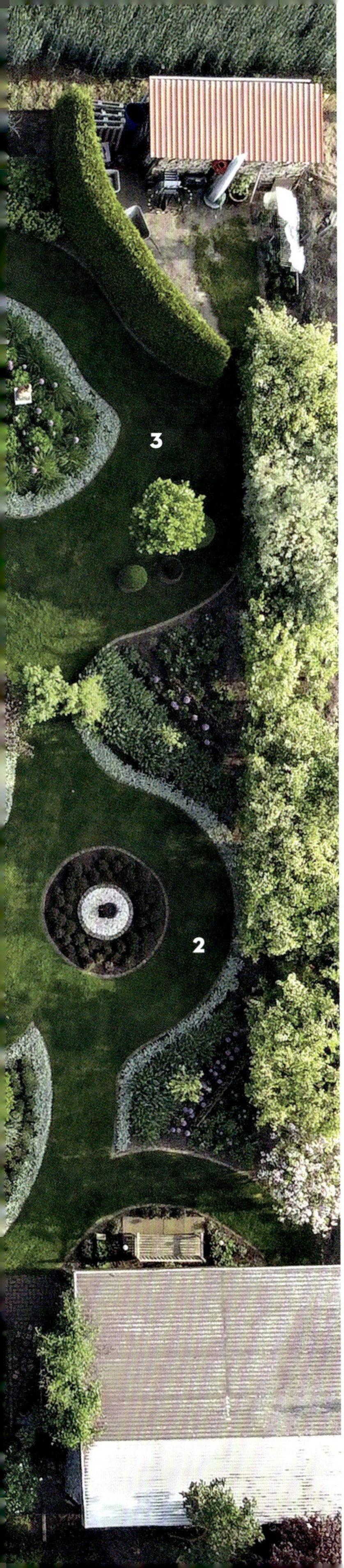

Gartenräume

Damit der Garten nicht gleich mit bloßem Auge zu überblicken ist, habe ich ihn, wie auf der Luftbildaufnahme schön zu sehen, in vier Gartenräume unterteilt. Das macht den Spaziergang durch den Garten spannend und die Neugier des Gartenbesuchers wird geweckt.

Das Ganze ähnelt im Prinzip einer Wohnung, die der Besucher betritt. Im optimalen Fall hat diese mehrere Zimmer und weckt somit die Neugier des Gastes: Was versteckt sich wohl hinter der nächsten Tür? So ähnlich verhält es sich auch im Garten. Oft lässt gerade das Unerwartete hinter einer Hecke oder Kurve, was nicht sofort einsehbar ist, den Besucher beim Betreten erstaunen. ■

Tipp

Ein Garten wirkt durch die Aufteilung in mehrere Räume optisch viel größer, als er eigentlich ist. Die einzelnen Gartenzimmer werden bei mir im Garten dabei entweder durch Rosenbögen oder durch eine Hecke voneinander getrennt. Es ist ein kompletter Rundgang durch unseren Landhausgarten entstanden, bei dem das rote Klinkerhaus stets den Mittelpunkt bildet.

1 Vorgarten
2 Springbrunnen-Zimmer
3 Pavillon-Zimmer
4 Hauptgarten-Zimmer
5 Geliehenes Zimmer

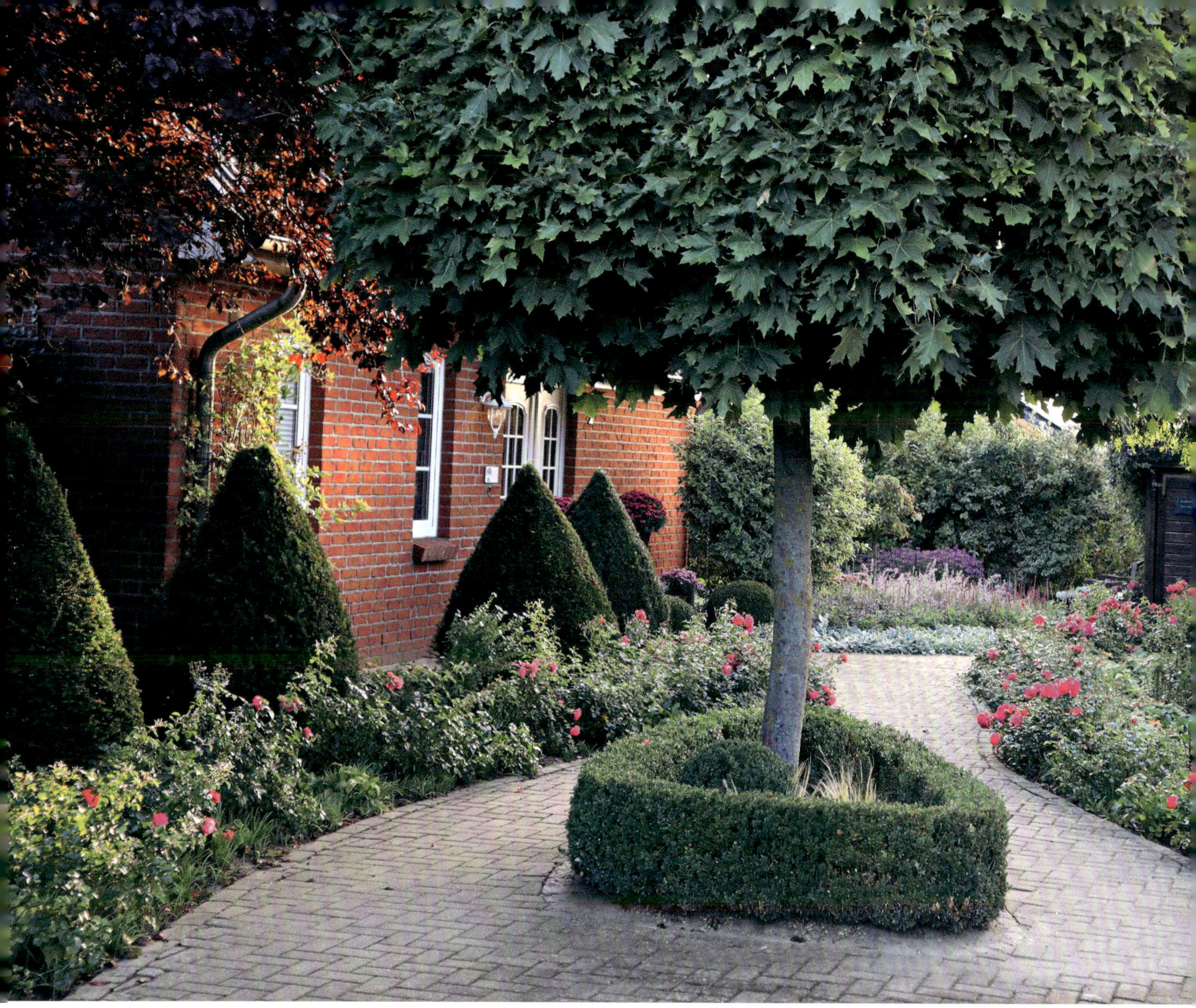

Rundgang durch meinen Garten

Nun lade ich euch auf einen Rundgang durch meinen Garten ein. Wir werden durch vier Zimmer kommen und an deren Highlights auf sanften Rasenwegen vorbeigleiten.

Vorgarten

Wir starten im Hof vor dem großen Doppel-Carport. Von dort gelangen die Besucher in den Vorgarten. Ein Pflasterweg schwingt sich dort um eine mit Buchsbaum eingefasste Pflanzeninsel und führt dann in Richtung Haustür. Der jetzt harmonische Wegverlauf wurde im Laufe meines Gartenlebens erneuert. Dabei war viel Überredungskunst und Charme nötig, um meinen Mann zu überzeugen, den kompletten Vorgarten samt Hof nochmal neu zu gestalten. Noch gartengrün hinter den Ohren, führte der damalige Weg schnurgerade und konservativ in Richtung Haus und passte irgendwann absolut nicht mehr in mein Konzept.

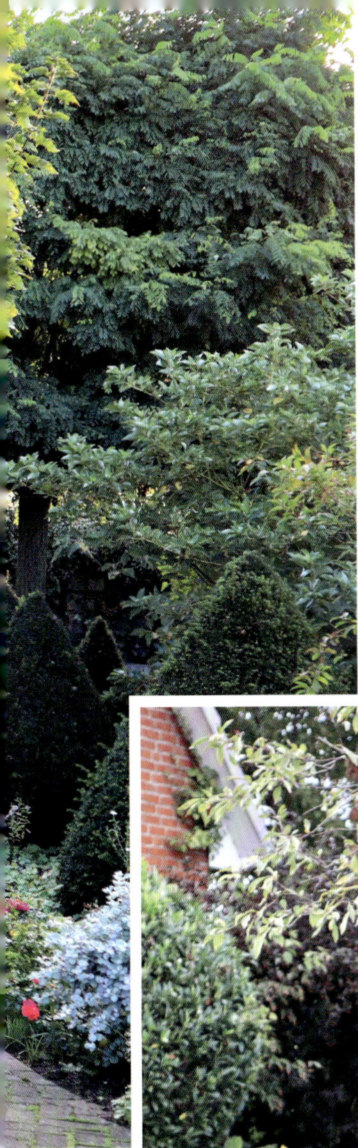

Beim Betreten eines Gartens zählt oft der erste Eindruck. Daher hab ich den Vorgarten ganzjährig attraktiv angelegt.

Springbrunnen-Zimmer

Am Haus und Geräteschuppen vorbei, geht es anschließend in das von mir so benannte Springbrunnen-Zimmer. Hier bildet das selbst gebaute Wasserspiel aus Gusseisen, welches in ein blühendes Inselrondell integriert wurde, den Mittelpunkt. Täglich sind dort badende Vögel zu beobachten.

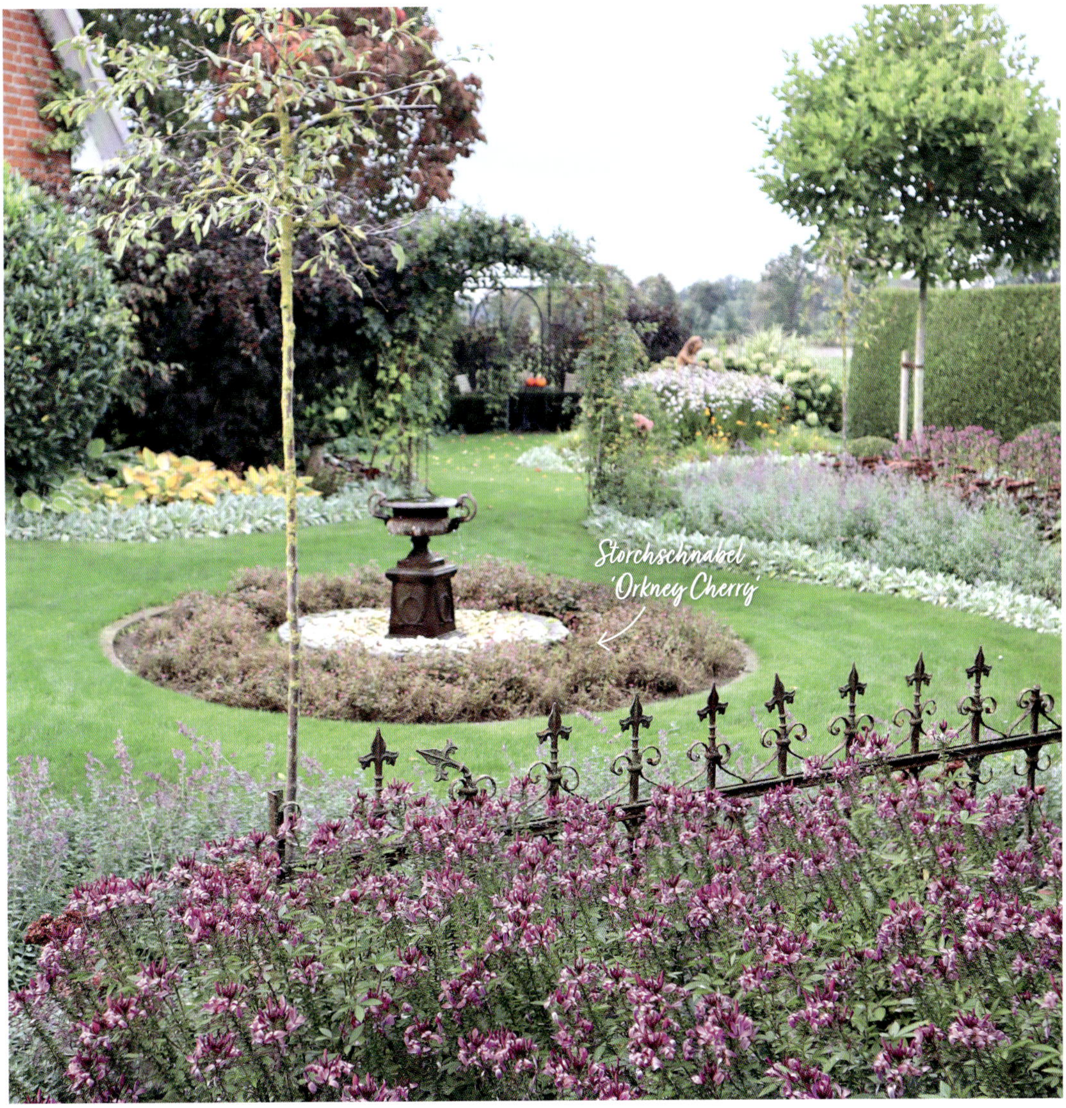

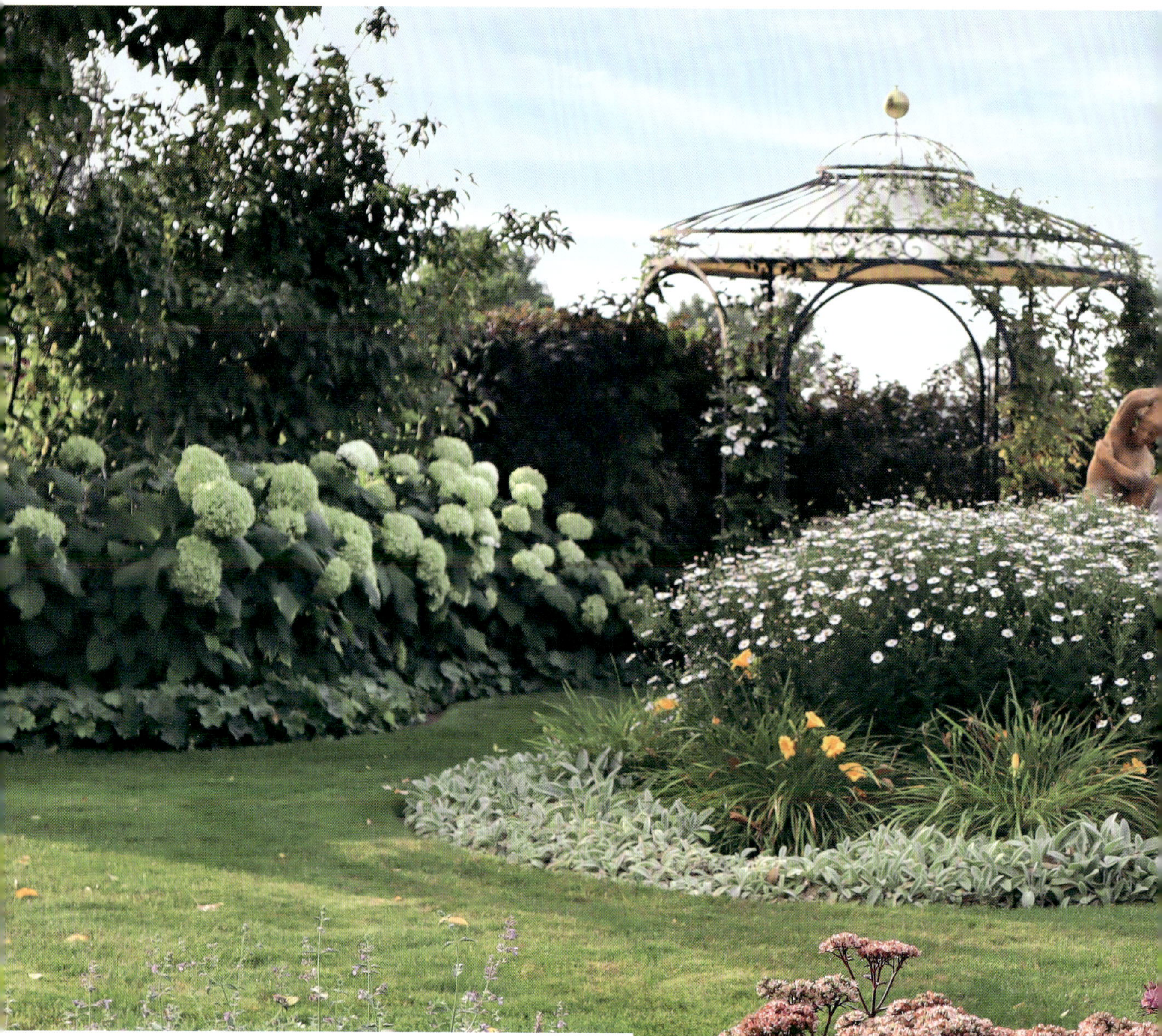

Pavillon-Zimmer

Durch den Rosenbogen tretend, landen die Gäste dann im Pavillon-Zimmer – auch gelbes Zimmer von mir genannt –, mit Blick auf das große Inselbeet. In diesem Bereich des Gartens war einst der Spielplatz unserer beiden Kinder integriert, mit Schaukel, Sandkasten und Rutsche. Aber alles hat seine Zeit. Die Kinder werden groß und flügge und so habe ich mir diesen leer gewordenen Raum ganz schnell unter den Nagel gerissen und eine große Staudeninsel integriert.

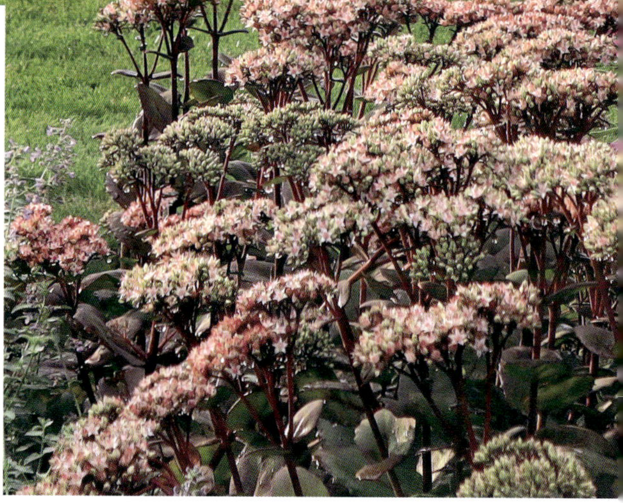

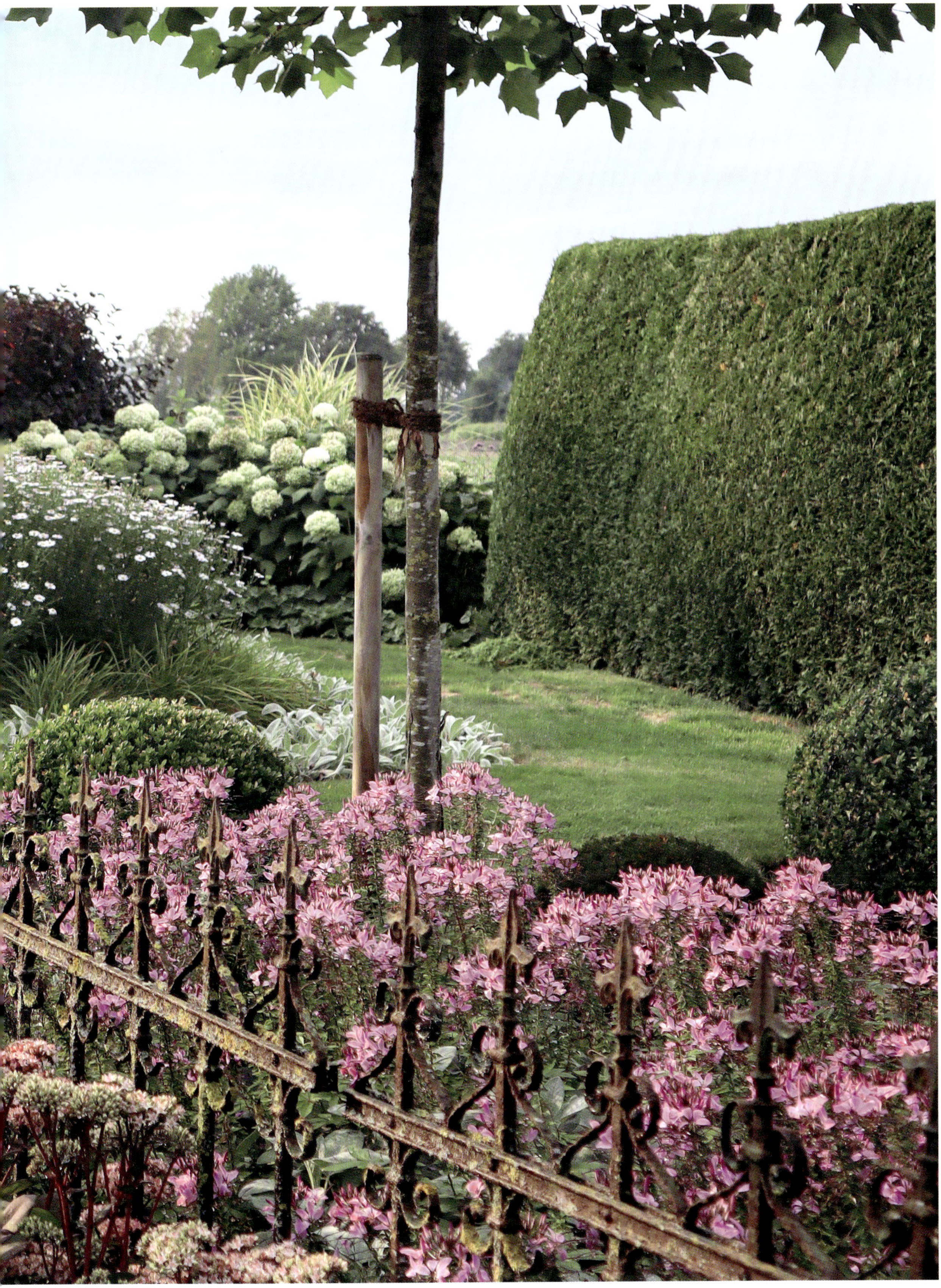

Hauptgarten-Zimmer

An diesen Gartenraum schließt sich als Abschluss das große Hauptgarten-Zimmer an, von dem man über einen Laubengang wieder in den Hof zum Ausgangspunkt gelangt. Auf dem Rückweg kommt der Besucher an der Terrasse mit seinem integrierten Wasserbecken vorbei.

Geliehenes Zimmer

Blicken die Besucher nach Norden über den Gartenzaun hinaus, öffnet sich die freie Sicht auf Felder und den Wald. Auf noch unbebaute Natur zu schauen, empfinde ich als Geschenk. Als Anfänger friedete ich diesen Weitblick einst mit einer Hecke ein. Schnell habe ich diesen Fehler wieder

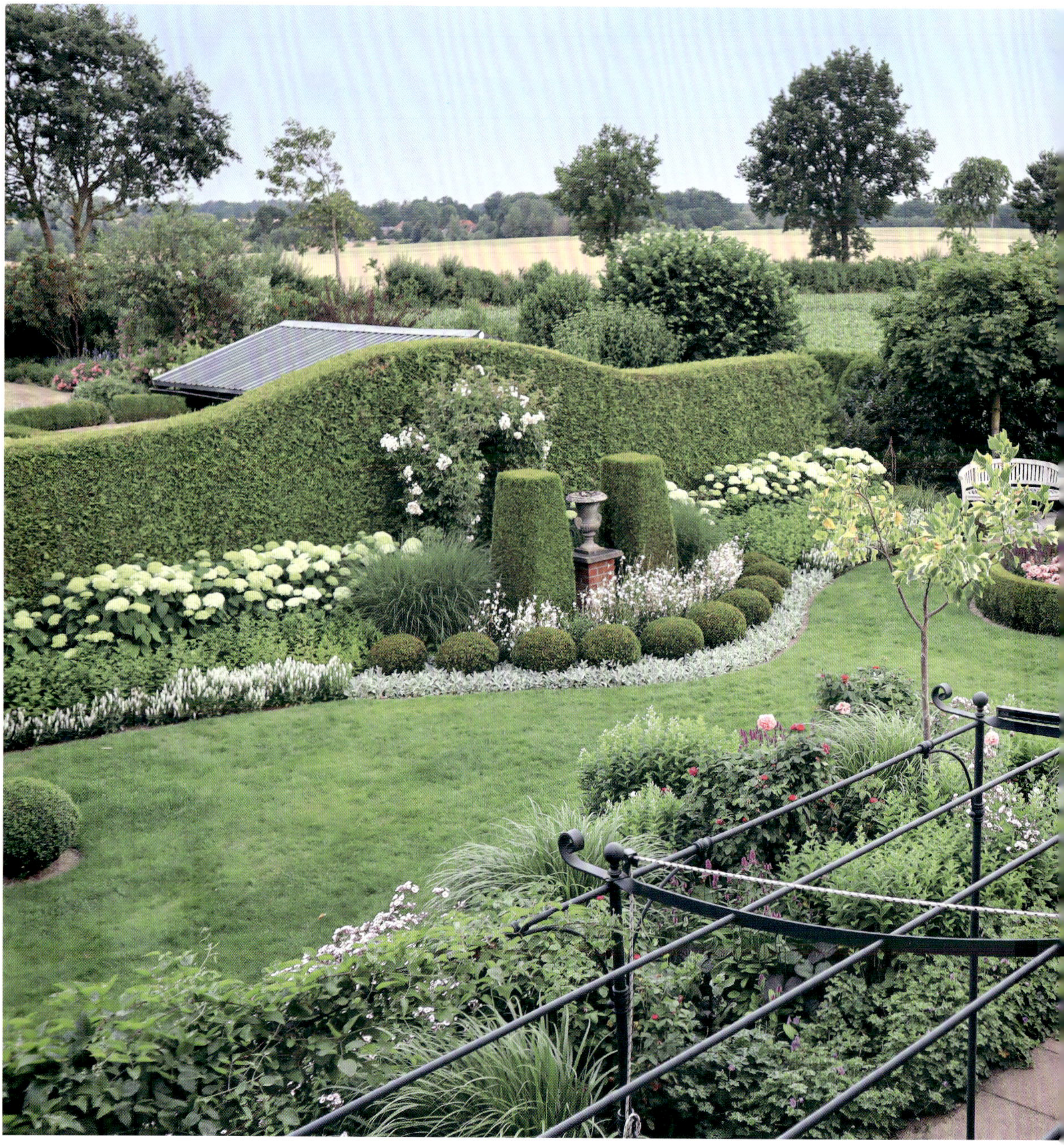

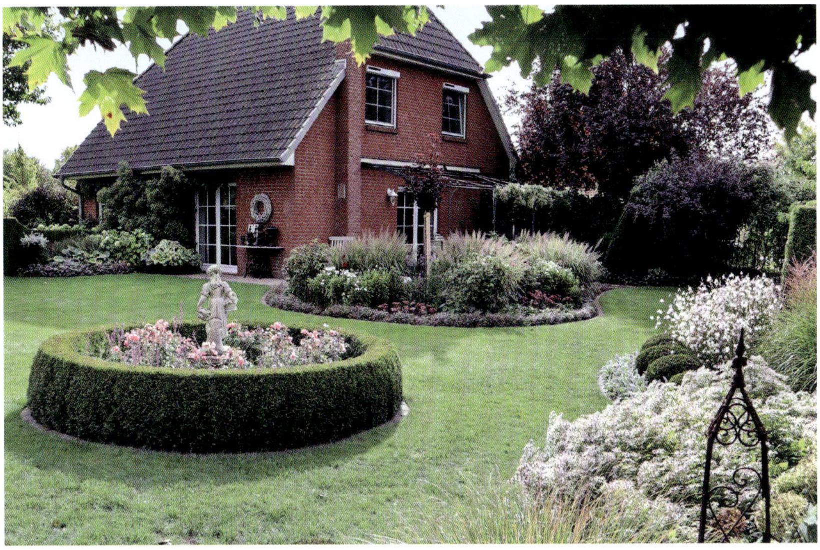

Unser rotes Klinkerhaus, das typisch für die Gegend hier im Norden ist, bildet das Zentrum in unserem Garten.

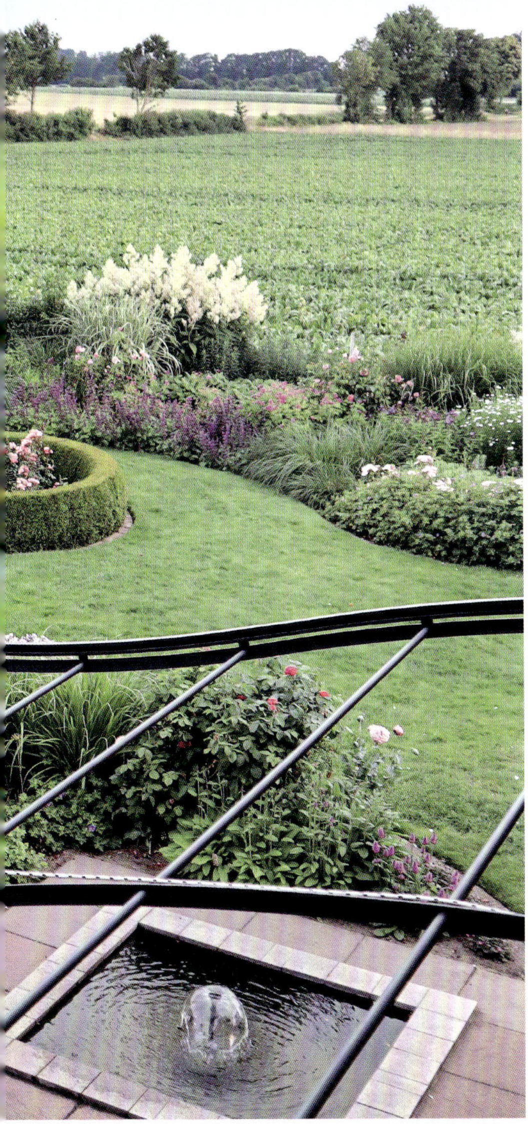

korrigiert und den Blick in die Ferne offen gelassen. Durch diese geliehene Landschaft ist ein weiterer Raum entstanden, der den Garten durch optische Täuschung ebenfalls größer wirken lässt.

Gerne würde ich mir noch ein Stückchen vom Acker abzwacken. Bislang konnte ich allerdings den Landwirt mit meinem Charme noch nicht davon überzeugen, mir ein paar Hektar von seinem Acker abzutreten, um hier weitere Massen an Stauden und Blumenzwiebeln unterzubringen. ■

Tipp

Im kompletten Garten habe ich mich für geschwungene, organische Formen entschieden, die sich wie ein Band von Zimmer zu Zimmer ziehen und somit eine Einheit bilden. Langweilige Rasenflächen wurden durch blühende Rondelle und das große Inselbeet von mir aufgelockert. Das runde Thema wird auch durch verschieden große Eibenkugeln, die ich wie Fußbälle in die Rasenfläche integriert habe, wieder aufgenommen.

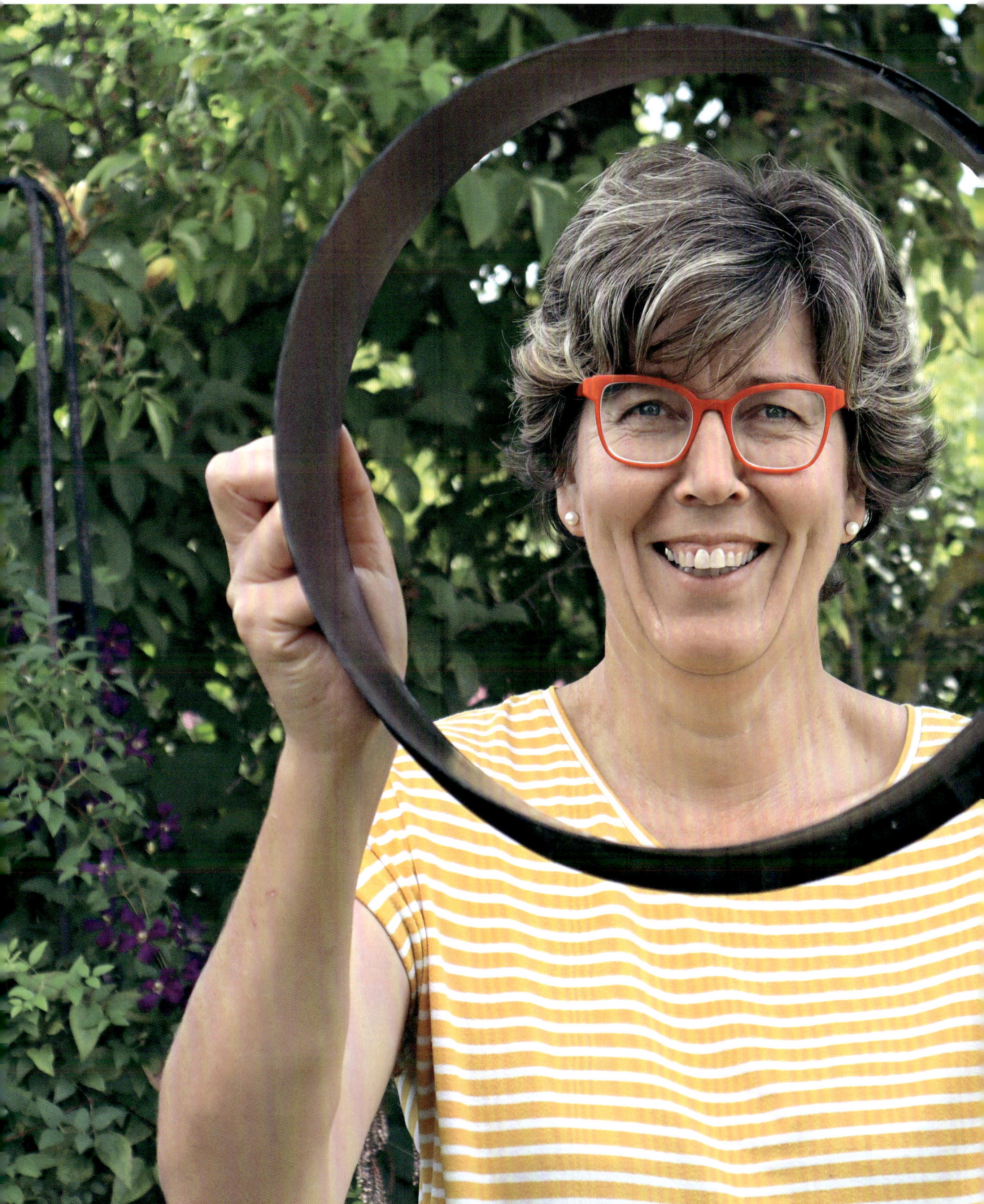

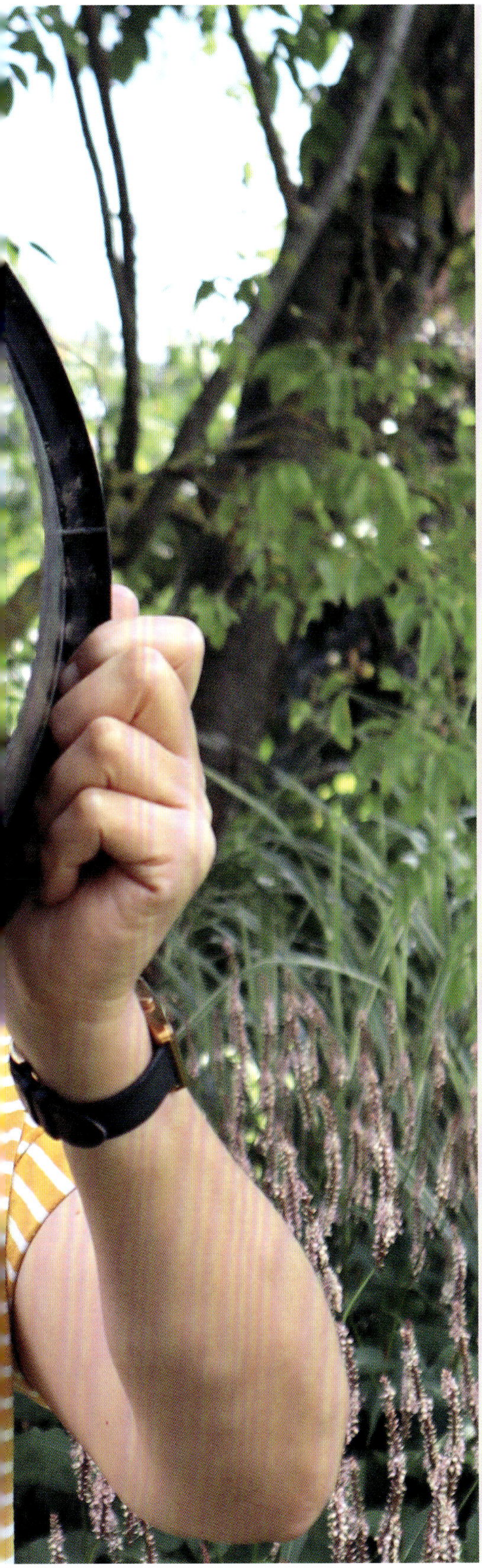

»Ich wollte, dass es rund läuft hier im Garten. Was ich von mir verrücktem Huhn nicht immer behaupten kann.«

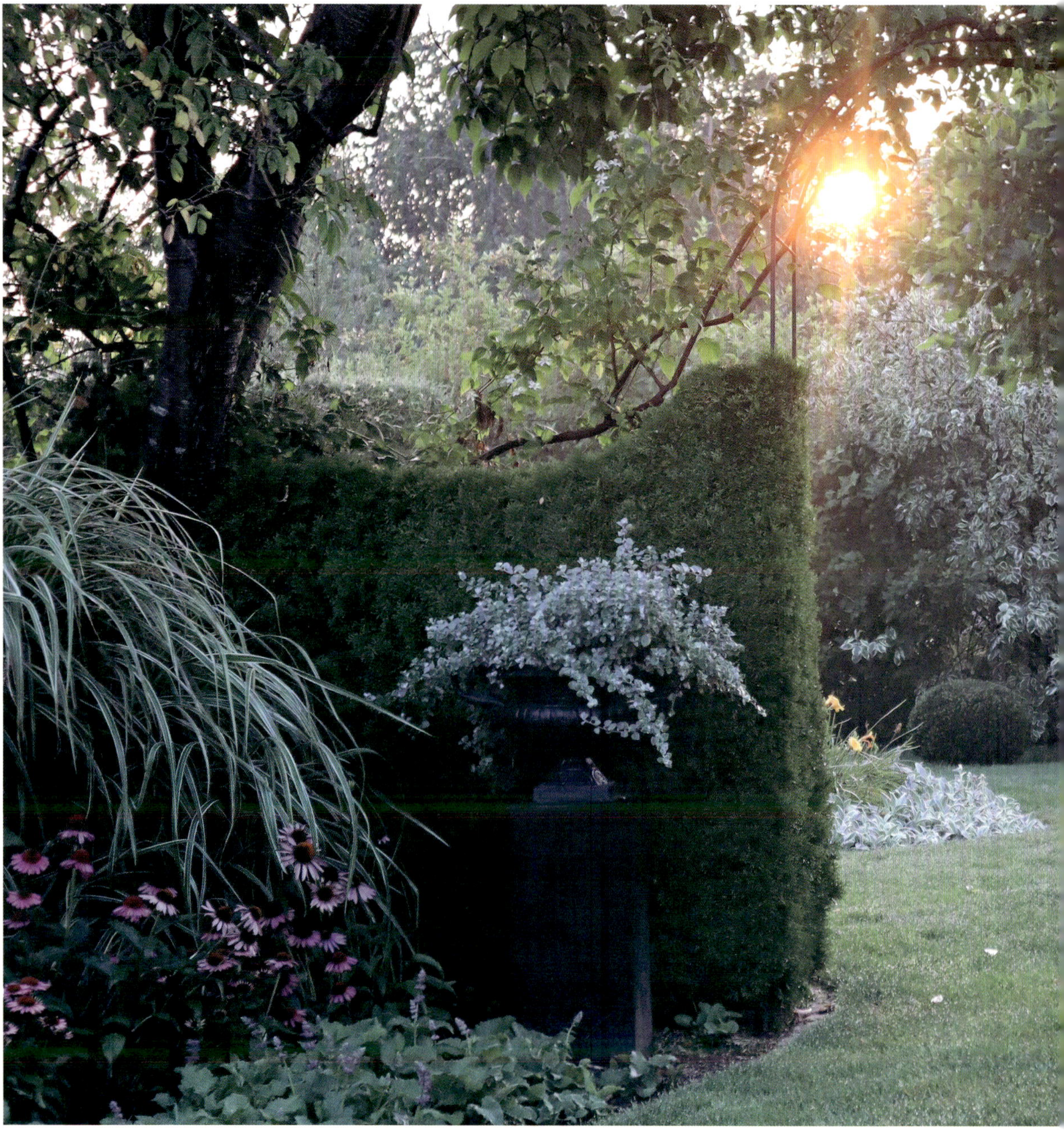

Sichtachsen

Einsatz und Wirkung

Auf meinen unvergesslichen Gartenreisen nach England habe ich vieles an Wissen mit nach Hause genommen. Unter anderem, dass Sichtachsen und Blickpunkte im Garten das Auge des Betrachters leiten sollen – besonders in Parks und Schlossgärten ist dieses Element der Gartengestaltung schon seit vielen Jahrhunderten beliebt. Übersetzt heißt das, ihr steht an einem festen Punkt im Garten und euer Auge folgt einer gradlinig angelegten

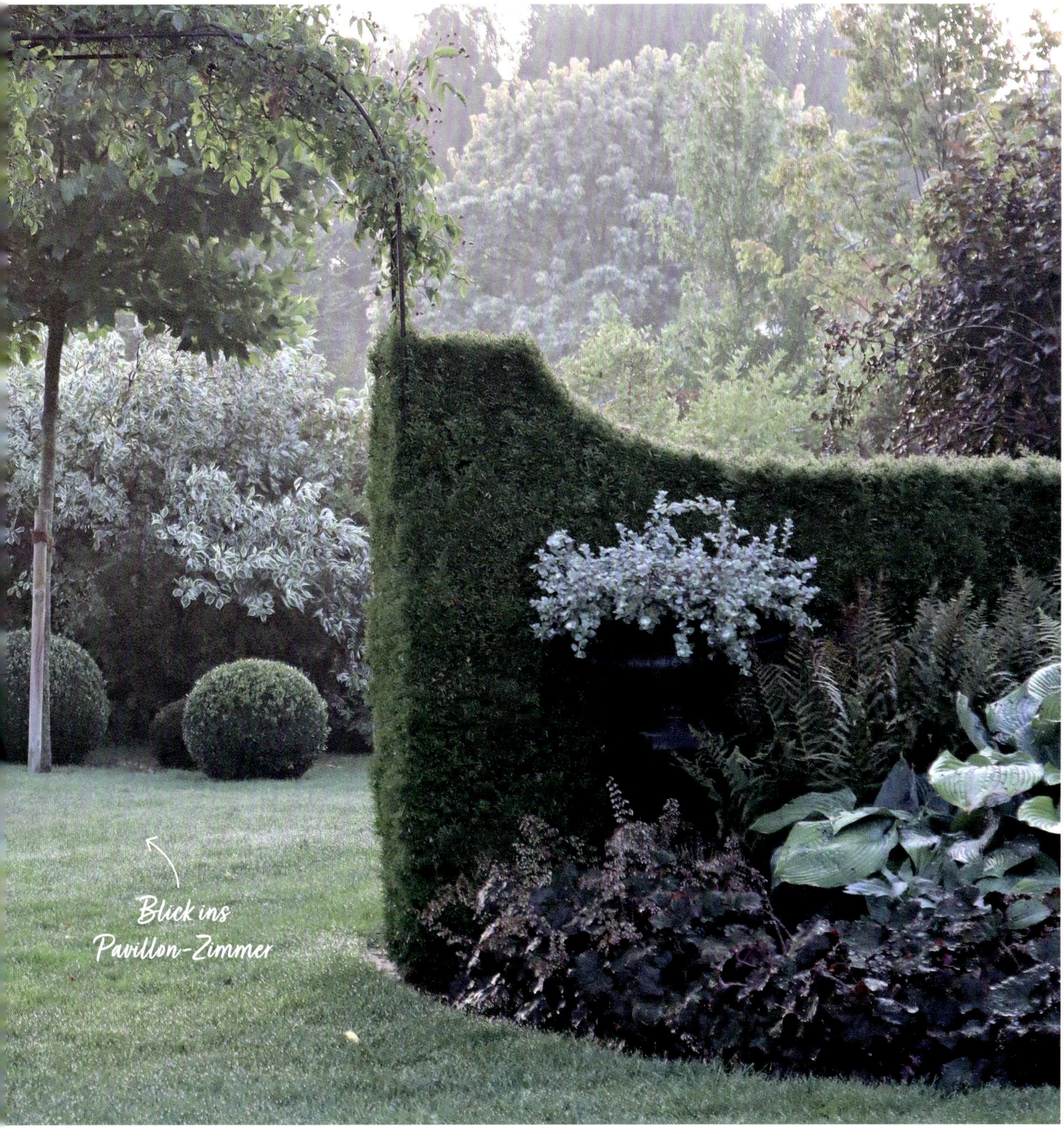

Blick auf die vier Jahre alte Kugelplatane, die von immergrünen Bällen flankiert wird.

Linie, an deren Ende ein optisches Highlight wartet. Das kann eine wunderschöne Skulptur sein, ein toller Brunnen, ein besonderer Baum oder auch ein gemütlicher Sitzplatz. Die Möglichkeiten der Inszenierung sind hier unendlich und eurer Fantasie und Kreativität keine Grenzen gesetzt. Sichtachsen werden bei der Gartengestaltung auch gerne zur optischen Täuschung eingesetzt. Kleine Gärten oder Gartenräume können so gezielt größer wirken, als sie eigentlich sind.

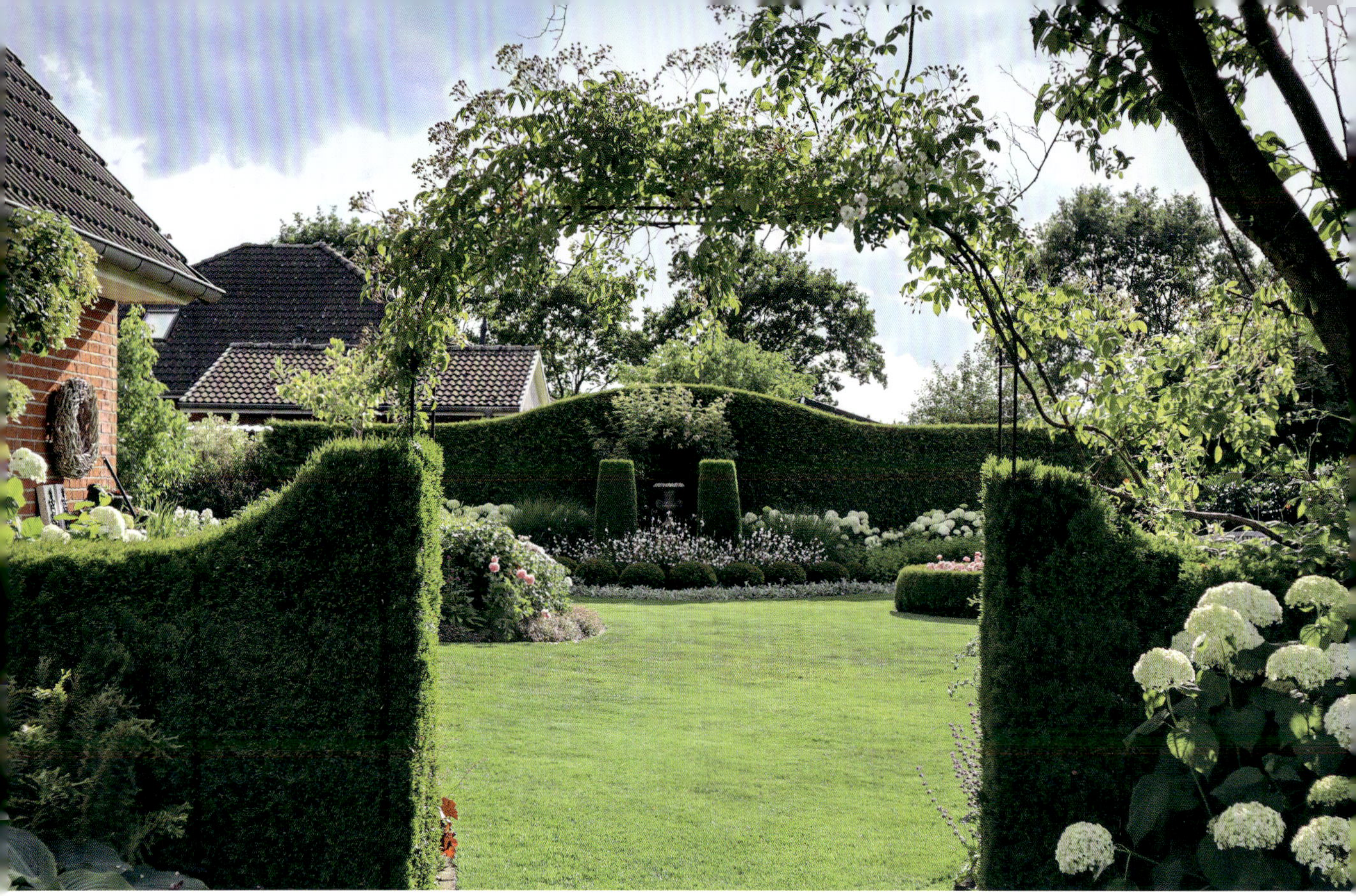

Ein schmiedeeiserner Rosenbogen bildet den Rahmen zur nächsten Sichtachse Richtung Hauptgarten.

Sichtachsen in Katrins Garten

Bei mir im Garten konnte ich zwei Sichtachsen bei der Gartenanlage mit einfließen lassen. Am Ende der ersten Sichtachse stehen die Besucher im SPRINGBRUNNEN-ZIMMER mit Blick auf eine Skulptur gerichtet, die auf einem Sockel im großen Inselbeet thront. Die wunderschöne Frau soll mit ihrer Anmut die Gäste in den nächsten Gartenraum locken, was ihr bislang auch stets gelungen ist.

Steht man dann endlich im PAVILLON-ZIMMER vor der schönen Frau, wird das Auge auch schon wieder weitergeleitet in den nächsten Gartenraum. Hier fällt die Sichtachse in der Ferne gleich auf eine Amphore aus Sandstein im Hauptgarten. Diese steht ebenfalls auf einem von meinem Ehemann gemauerten Sockel.

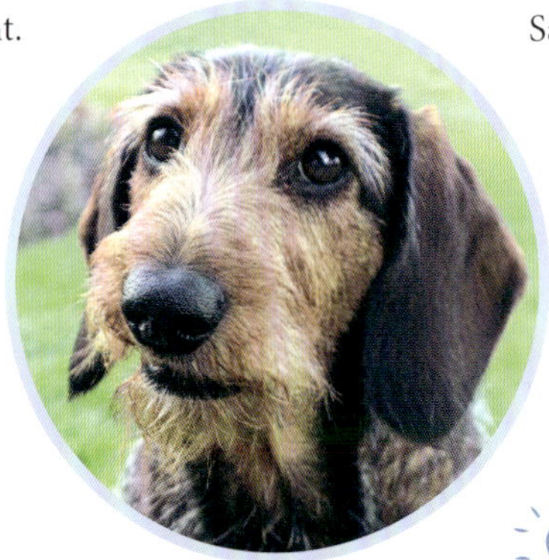

»Ein Leben ohne mich ist möglich, aber sinnlos, Leute.«

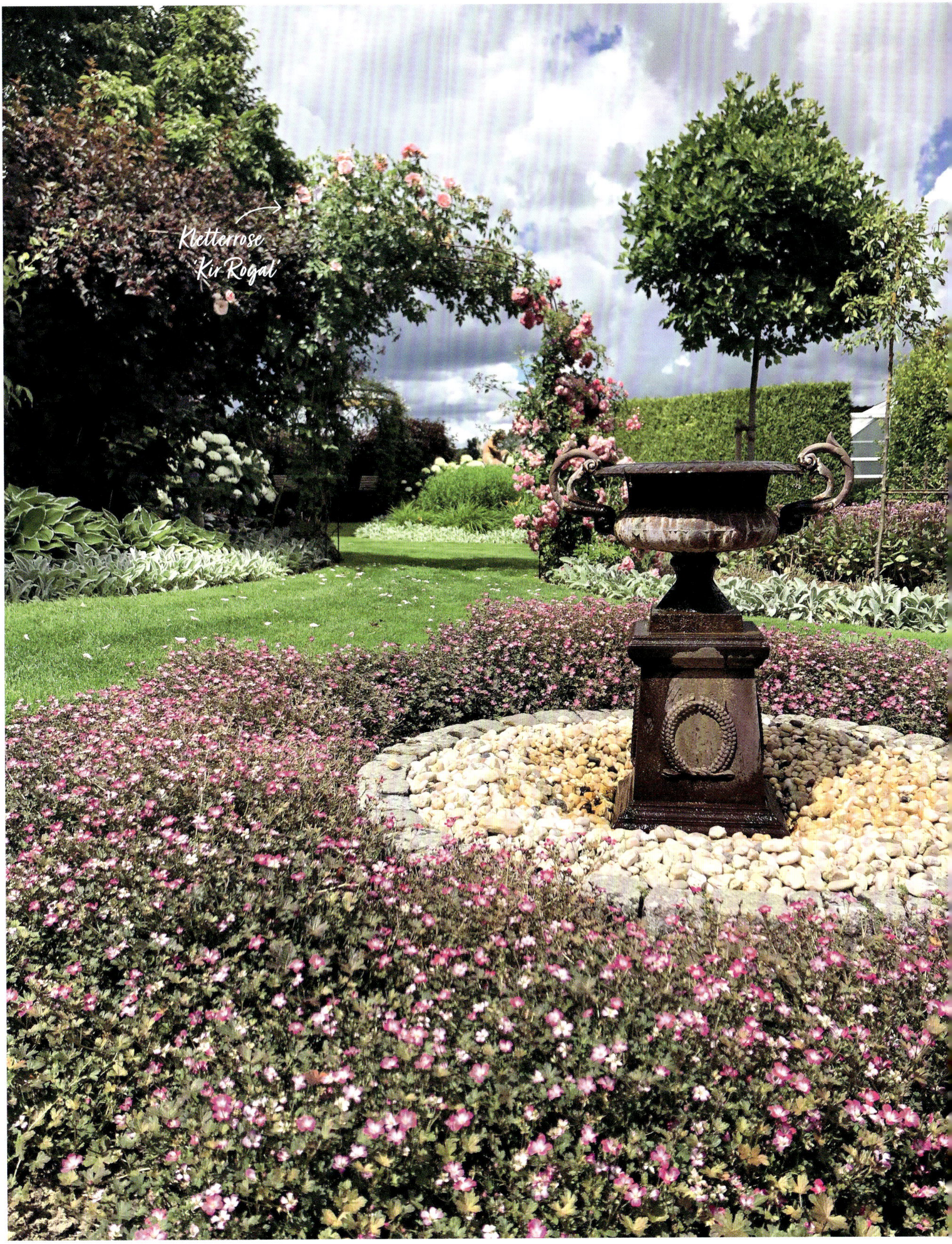
Kletterrose
'Kir Royal'

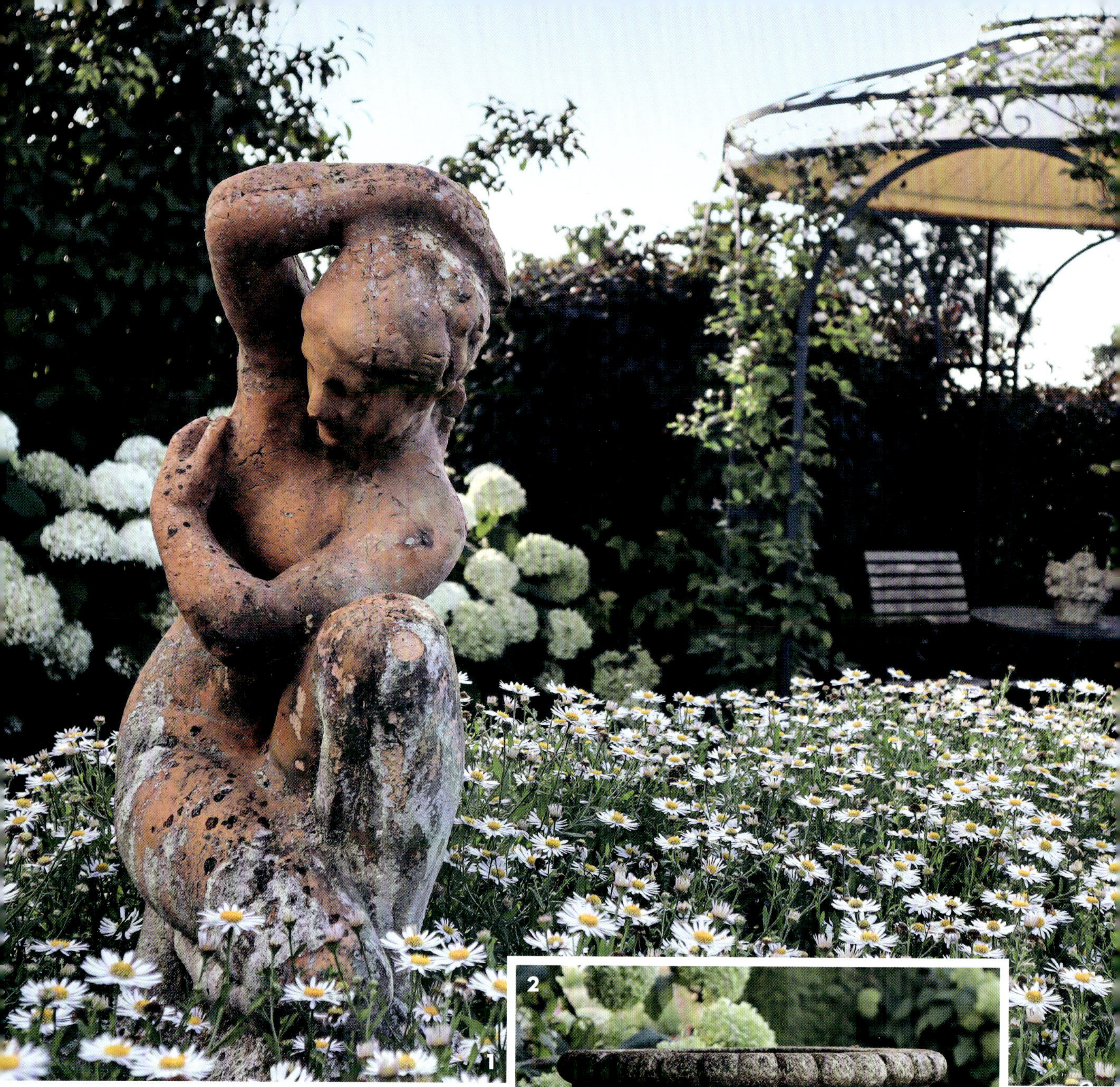

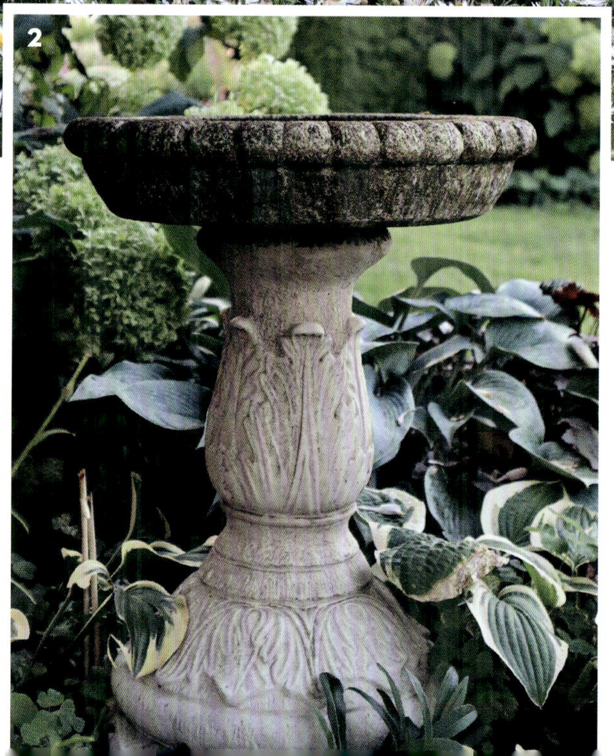

1 Die frostfeste Figur war einst ein Geschenk von Freunden.

2 Insekten und Vögel werden von der Tränke aus Sandstein an heißen Tagen angelockt.

Accessoires für Blickpunkte

In meinem Garten habe ich nur wenige, dafür aber hochwertige Gartenaccessoires als Eyecatcher platziert. Zu viel Tüdelüt im Garten lässt das Auge des Betrachters nicht zur Ruhe kommen. Wobei ich hier besonders ein Faible für SANDSTEIN habe. Dieser ist nicht nur absolut frostbeständig, sondern setzt im Laufe der Jahre auch noch eine tolle Patina an. Ich finde, Sandstein ist als Klassiker einfach zeitlos schön – und er geht irgendwann auch in die hiesige Erbmasse ein, was den teuren Preis somit schon wieder vor dem Ehepartner rechtfertigen lässt.

Meine Sandsteinelemente habe ich übrigens alle auf großen Gartenfestivals hier in Norddeutschland gekauft, auf denen eigentlich im Anschluss Blumen im Kofferraum landen sollten. Aber wie es Katrinchen eben oft passiert: Ich hab die Dekoobjekte gesehen und es war um mich geschehen. Die Haushaltskasse war stets leer und Nudeln standen mal wieder auf dem Speiseplan.

Auch einige große AMPHOREN AUS GUSSEISEN haben im Laufe der Jahre den Weg in meinen Landhausgarten gefunden. Allerdings habe ich hier zum Leidwesen meines Mannes eine mittelschwere Kaufsucht entwickelt. Da der Garten aber kein Umschlagplatz für Massen an Altmetall werden soll, wie Waldemar meint, muss Katrinchen sich in Zukunft zusammenreißen. Selbstverständlich kaufe ich in den nächsten Jahren keine Amphoren mehr ein! Plan B wird hier greifen müssen: ich lasse sie mir nur noch von meinen Freundinnen zum Geburtstag schenken. ■

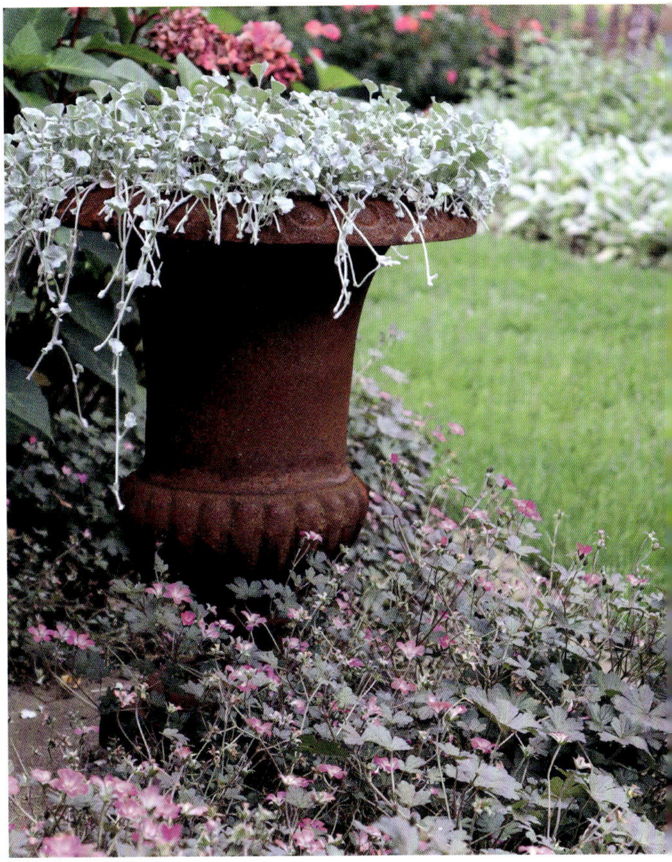

Der pinke und lang blühende Storchschnabel 'Orkney Cherry' umgarnt die rostige Amphore.

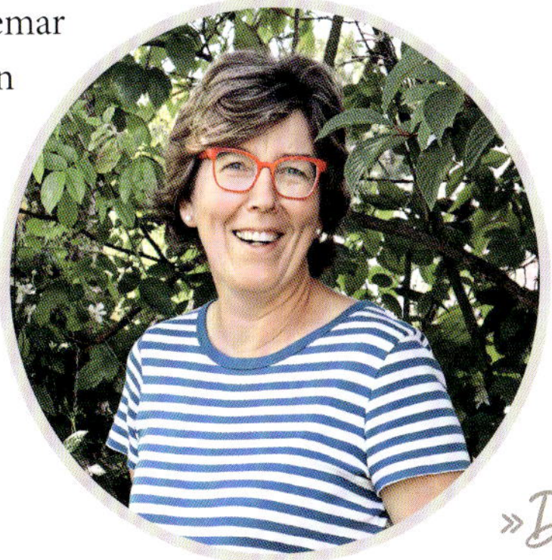

»Das Leben ist zu kurz für unperfekte Beete.«

»Was die Blickpunkte im Garten durch Dekoration betrifft, ist mein Motto im Gegensatz zu den Beeten stets: Weniger ist mehr.«

1 Auch Gruppen aus verschiedenen Funkien in Töpfen sind hier Dekoelement. **2** Die Sandsteinfigur „der Frühling" ist ganzjährig ein Eyecatcher.

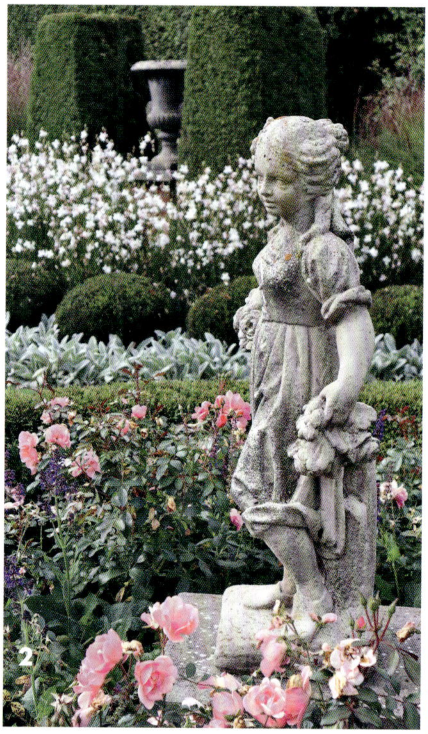

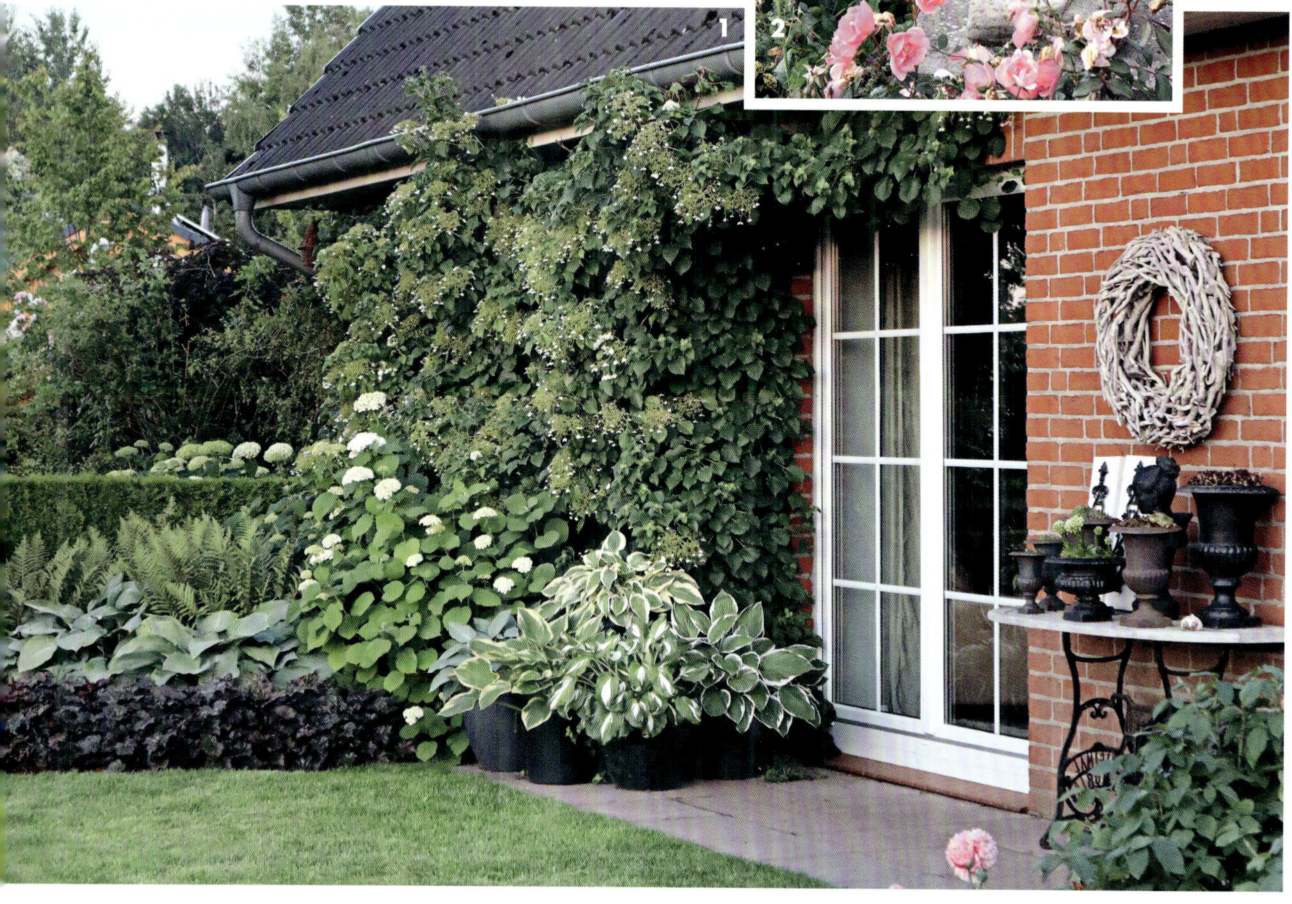

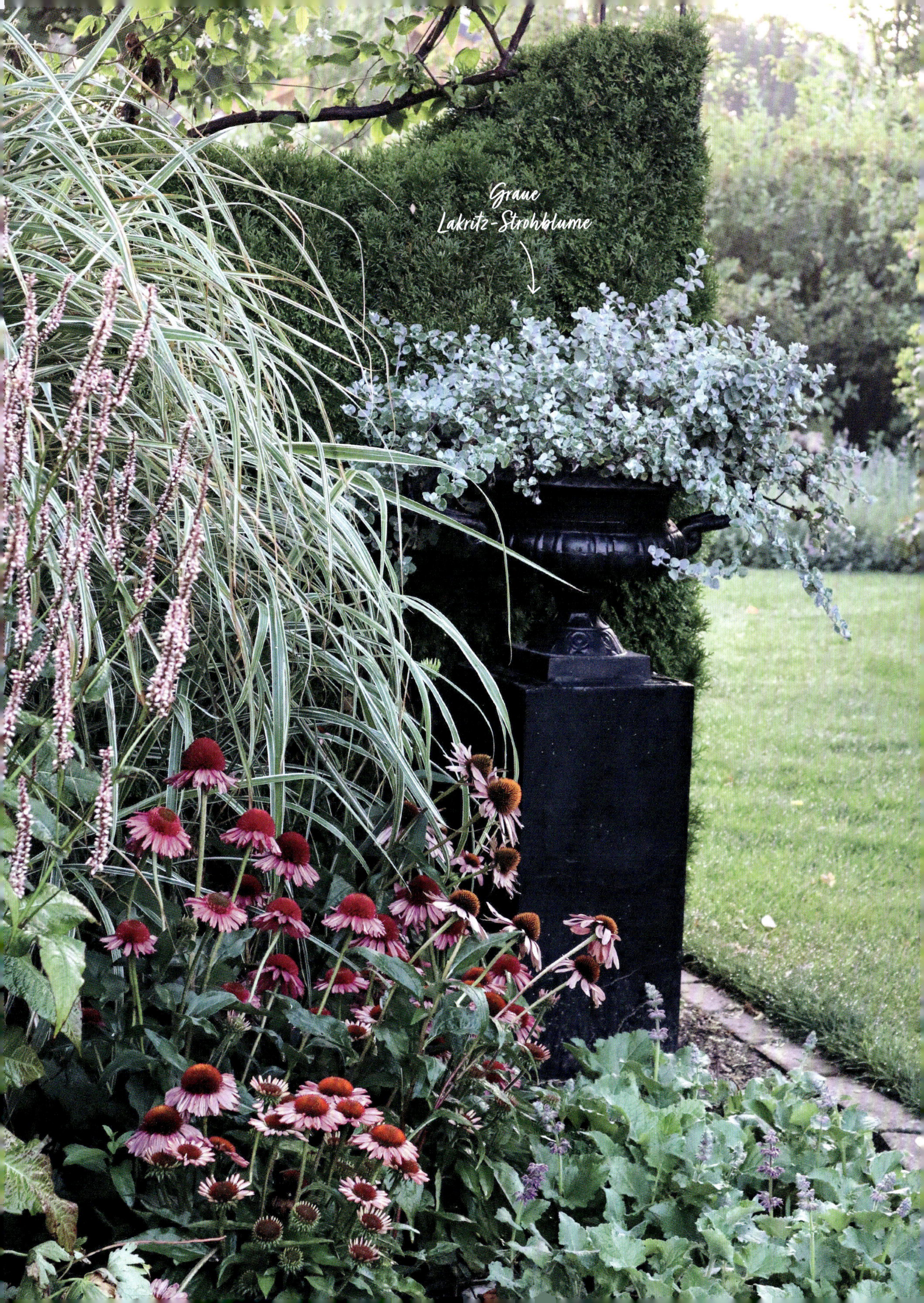
Graue
Lakritz-Strohblume

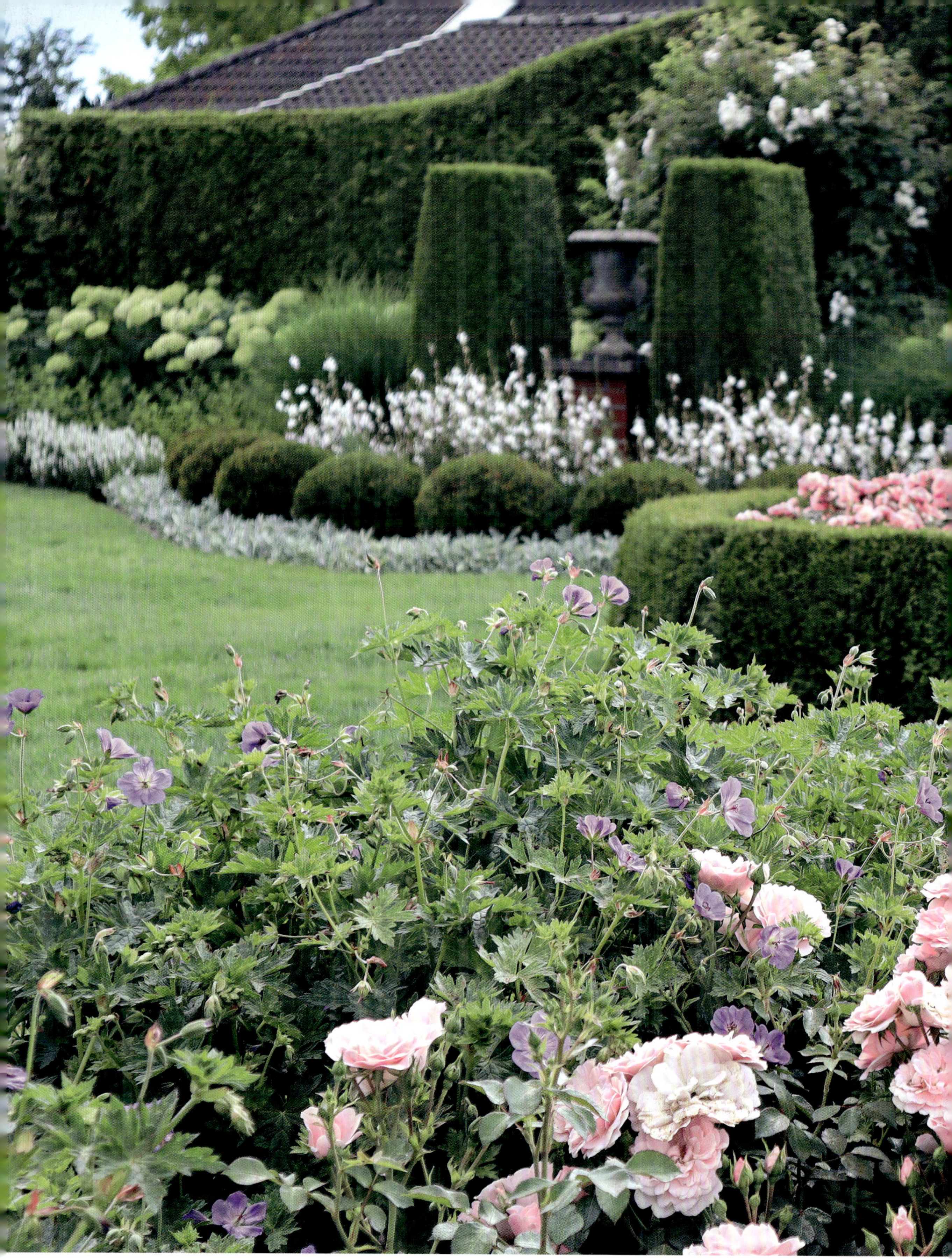

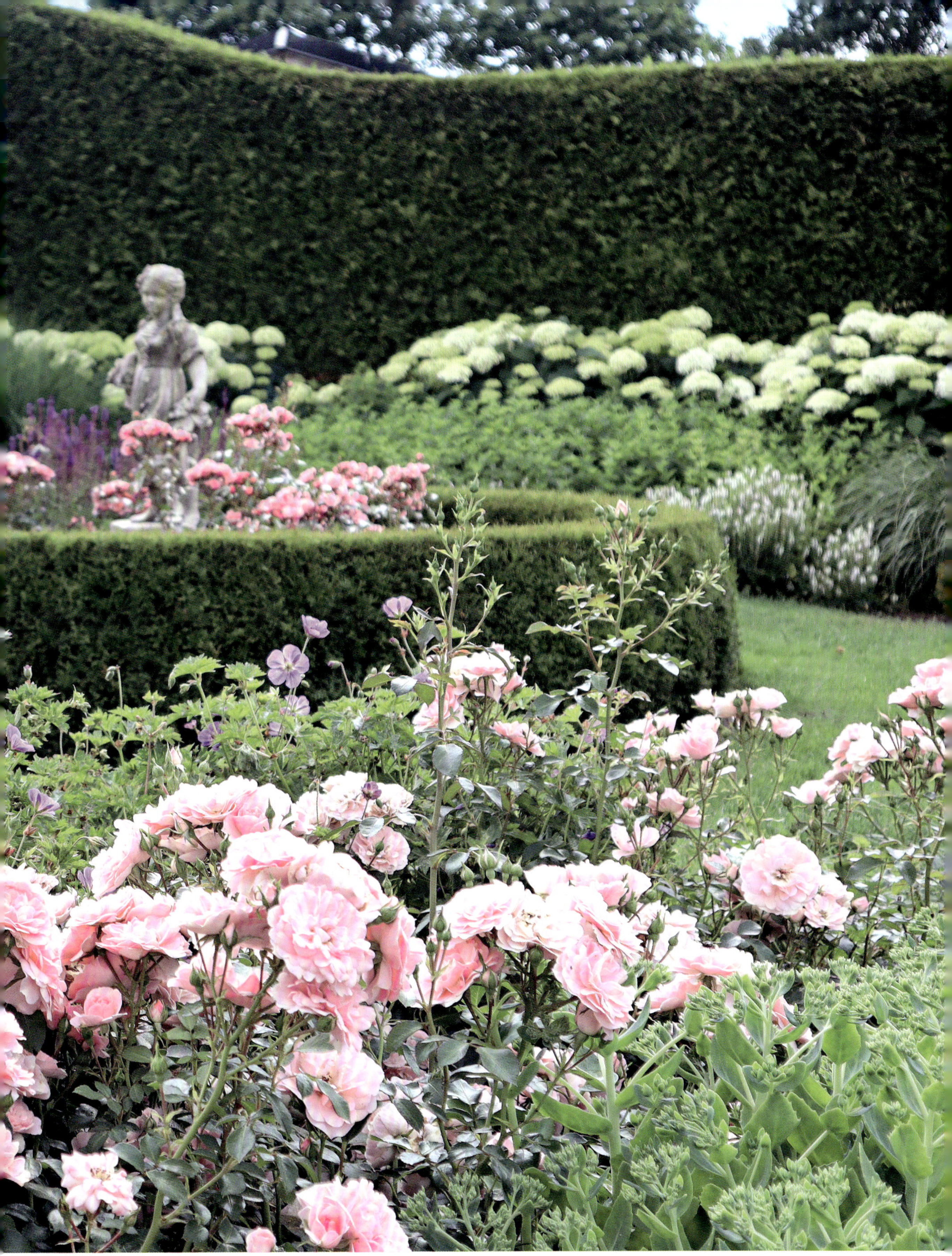

Symmetrie

Wie man auf meinen Gartenbildern unschwer erkennen kann, bin ich ein großer Freund von Symmetrie, denn sie schafft Ruhe und Harmonie. Auch kann Symmetrie den Garten optisch größer wirken lassen, als er eigentlich ist.

Sitzecken, aber auch Mittelpunkte eines Beetes, gewinnen optisch durch Elemente, die sich auf beiden Seiten wiederholen. Hier arbeite ich gerne mit immergrünen Formgehölzen oder Dekorationsobjekten wie Amphoren aus Gusseisen.

Ebenso kann man ganze Blumenbeete symmetrisch anlegen. Dieses Gestaltungskonzept habe ich zum Beispiel im weißen Beet im Hauptgarten umgesetzt. Dabei dient die Amphore aus Sandstein als Mittelpunkt der Spiegelung. Ein ruhiges und harmonisches Gesamtbild ist entstanden, was durch die grün-weißen Töne im Beet noch unterstützt wird.

Verstärken kann man das Mittel der Symmetrie noch, indem man Pflanzen und Dekoelemente spiegelgleich miteinander kombiniert. So habe ich zum Beispiel im Schatten links und rechts neben einer Bank spiegelgleich zwei Hortensien 'Endless Summer' gepflanzt. Um die Symmetrie und Harmonie am Platz noch zu verstärken, wurden an beiden Seiten der Bank zusätzlich zwei Amphoren aus Gusseisen von mir angeordnet. ■

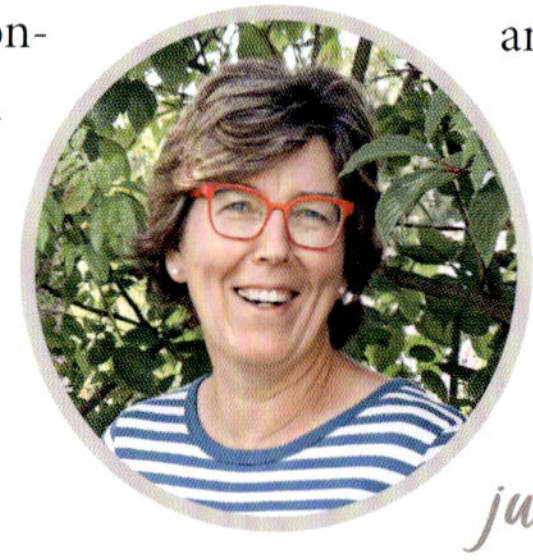

»Gartenarbeit hält jung und dynamisch.«

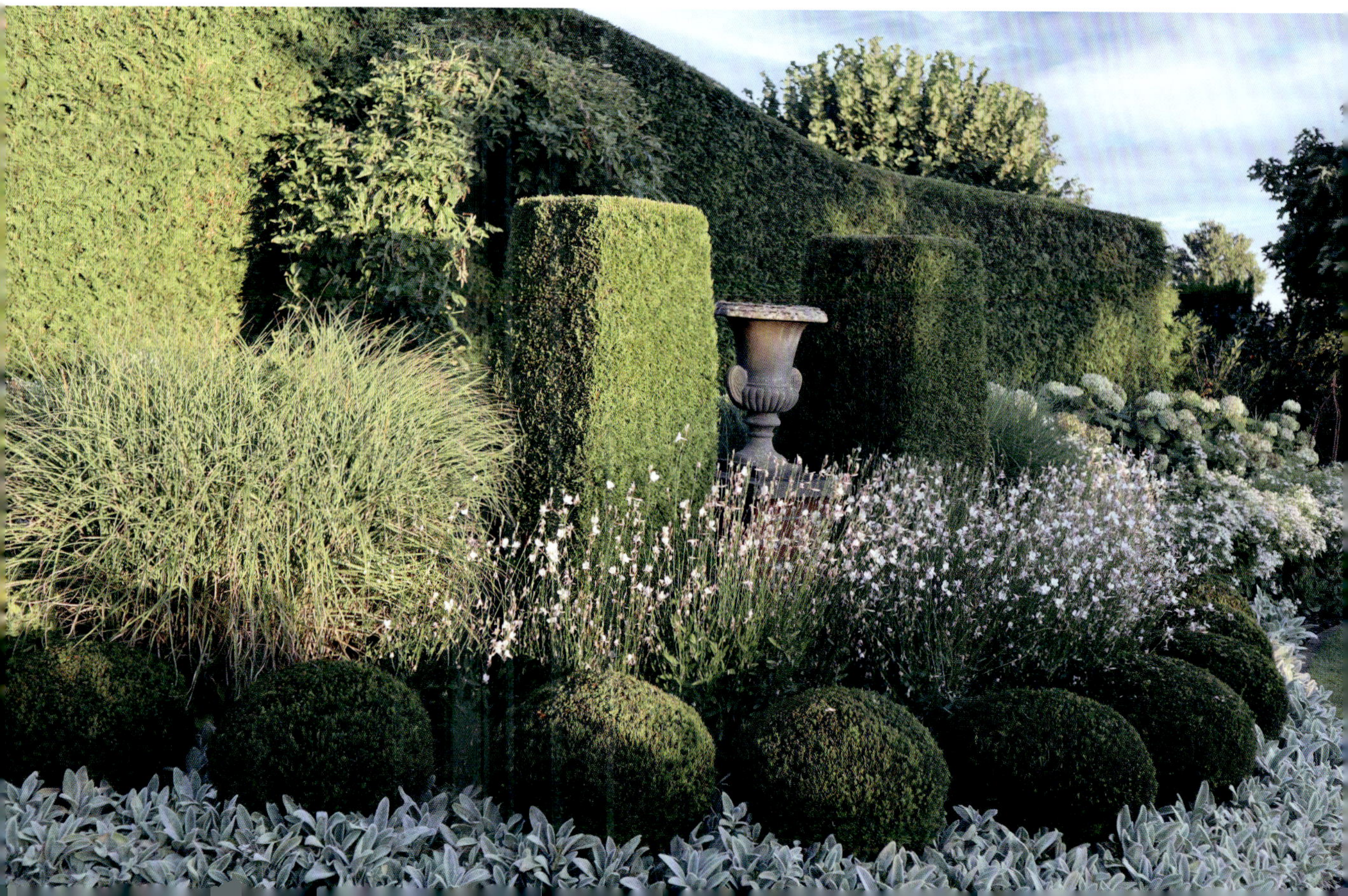

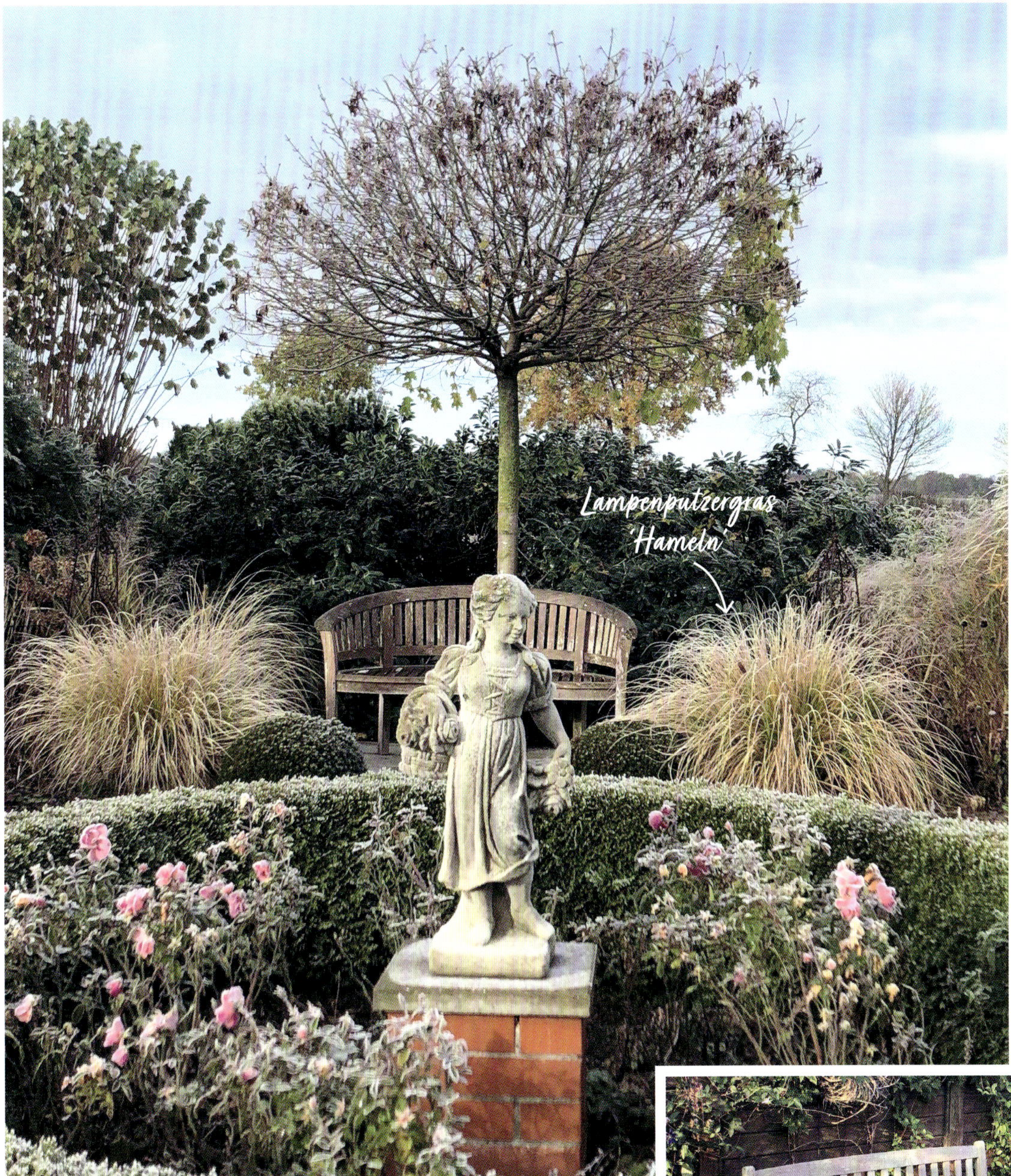

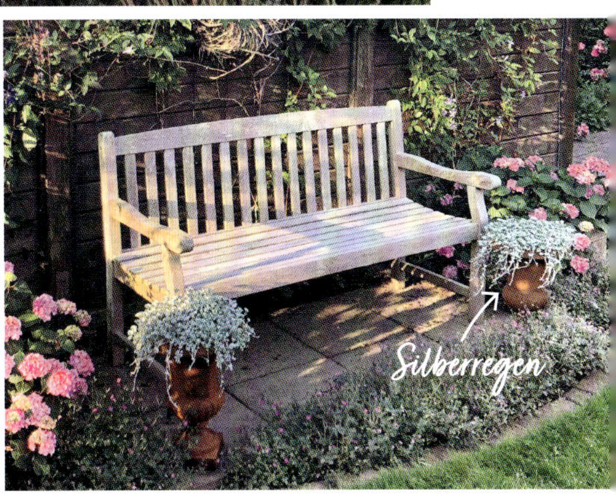

Ob zwei Gräser spiegelgleich gesetzt, zwei Formschnittgehölze im Beet oder Töpfe neben einer Bank: Symmetrie lässt sich überall im Garten leicht integrieren. Eurer Kreativität und Fantasie sind keine Grenzen gesetzt.

Symmetrisch angeordnete Töpfe und Amphoren werden von mir jahreszeitlich mit einjährigen Pflanzen bestückt.

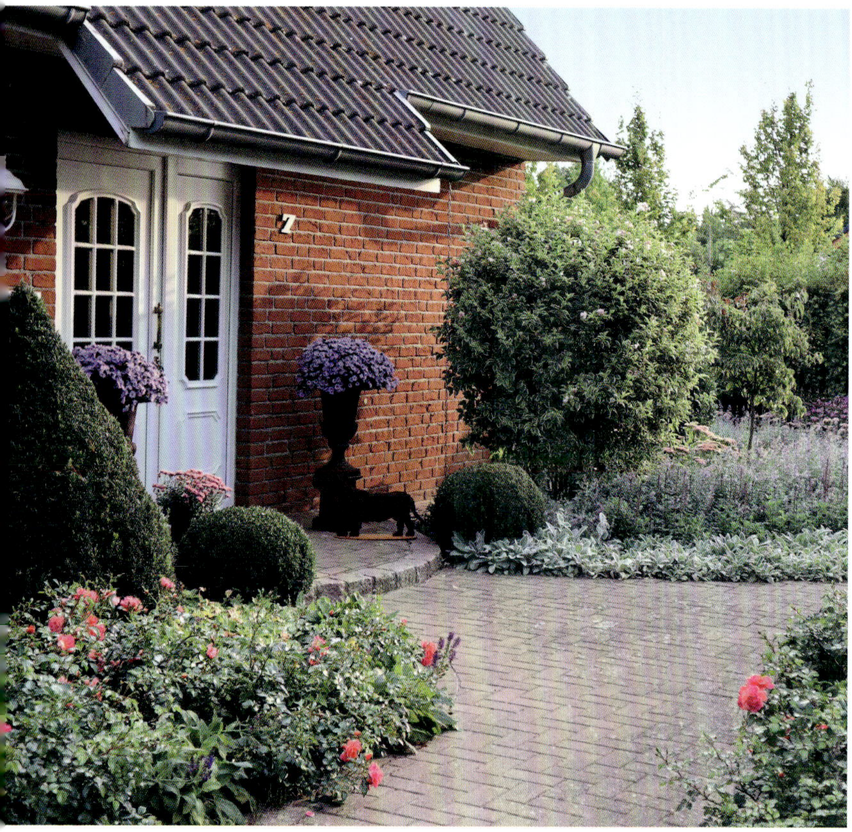

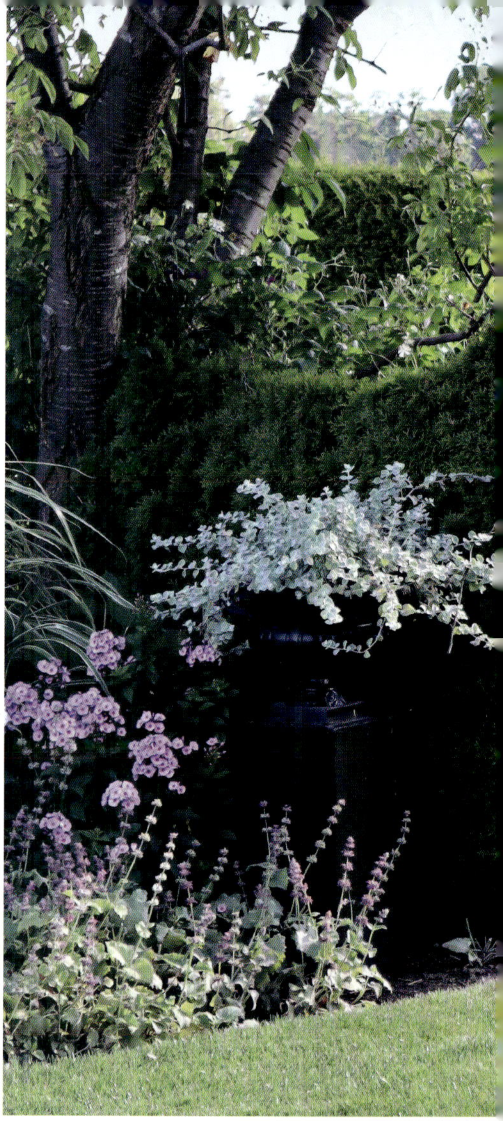

Graue Blattstrukturen werden dabei von mir bevorzugt, da sie das Grau der Wollziest-Einfassung im Garten an anderer Stelle wieder mit aufnehmen.

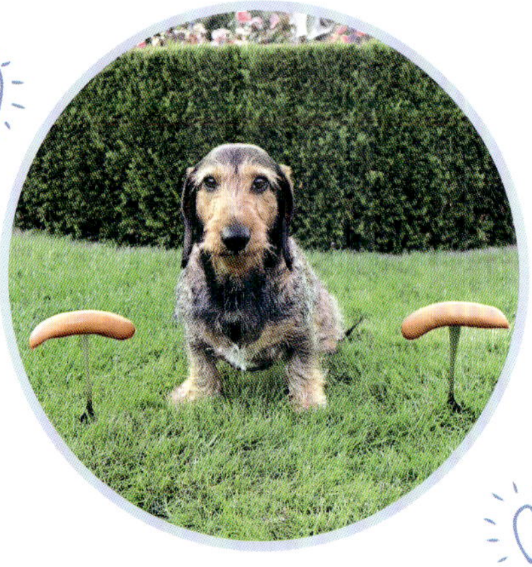

»Symmetrie im Garten finde ich mega lecker, Leute!«

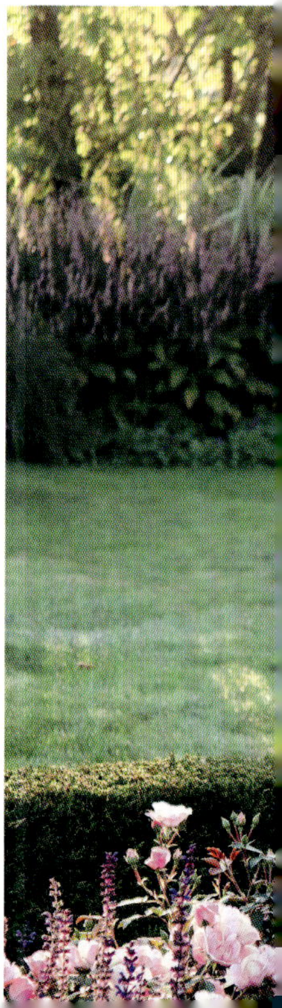

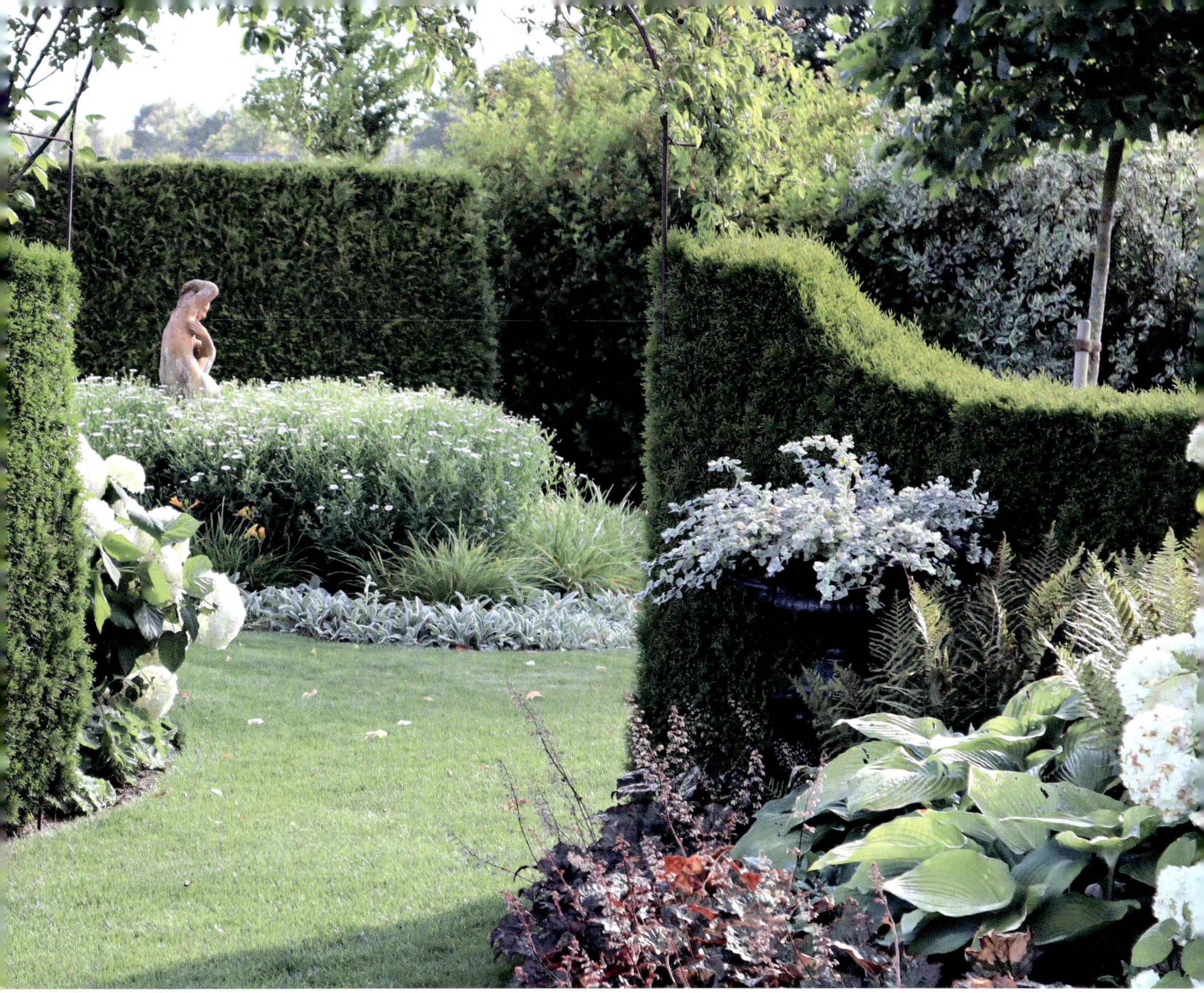

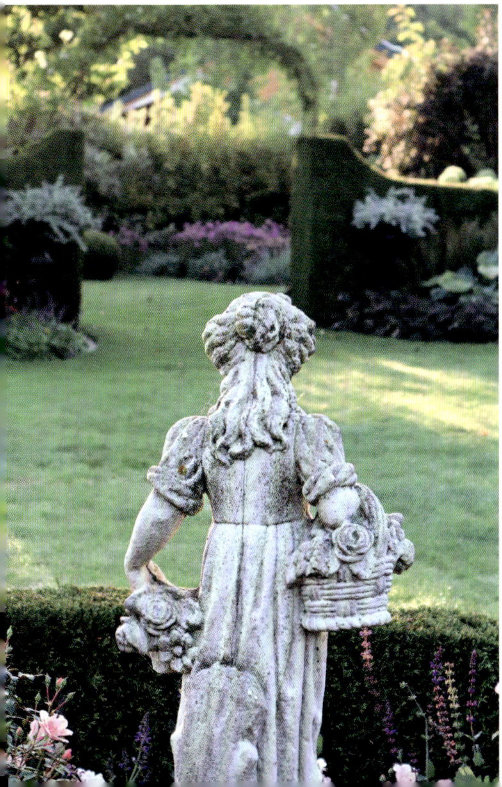

Tipp

Zur Verstärkung der Symmetrie vor der Raumteiler-Hecke habe ich zwei spiegelgleiche Amphoren auf einen Sockel gesetzt. Hierfür habe ich einfach zwei alte Terrakotta-Töpfe umgedreht und sie farblich mit etwas Sprühfarbe den Amphoren angepasst. Vielleicht habt ihr auch noch zwei alte unbenutzte Töpfe in eurer Rumpelecke stehen? Peppt sie einfach mit etwas frischer Farbe auf und bepflanzt sie paarweise als Hingucker links und rechts in einer eurer Sitzecken. So könnt ihr mit wenig Aufwand eine tolle Wirkung erzielen.

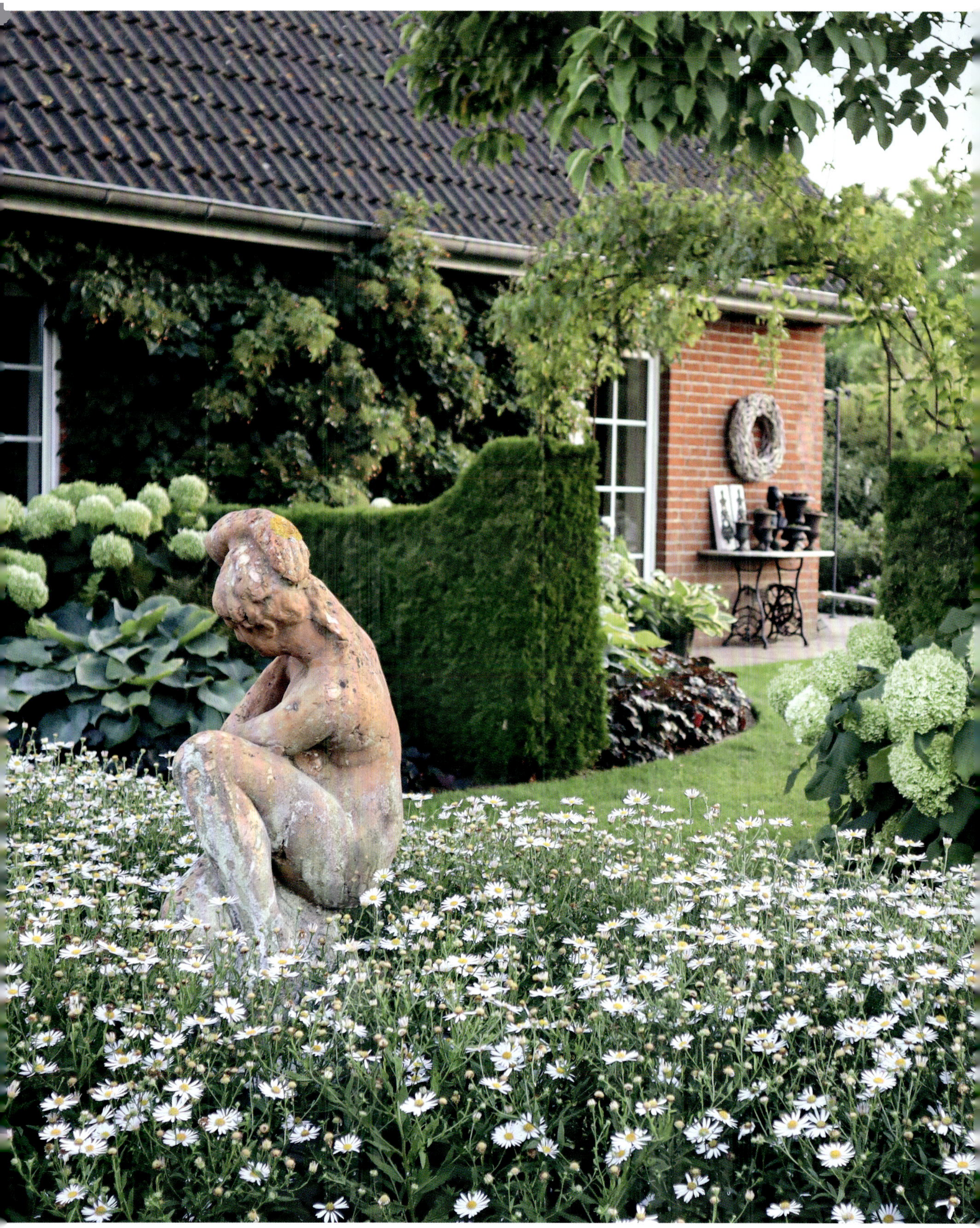

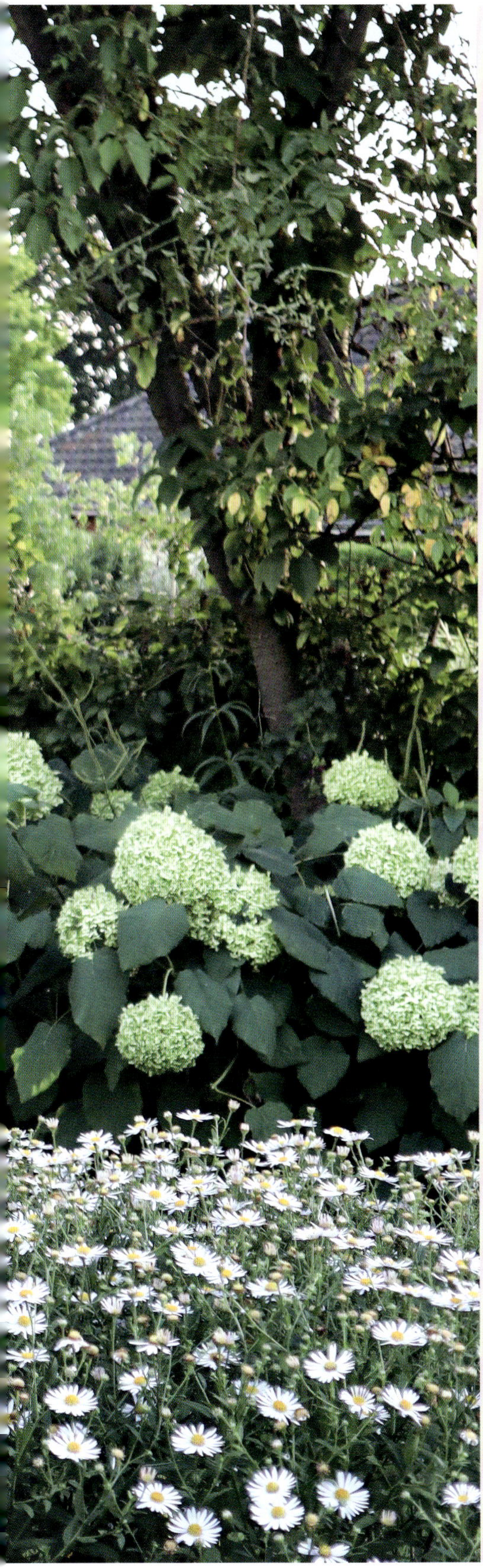

Wer nicht wagt, der nicht gewinnt. Nach dem Motto nahm ich einst die Einladung zu einem Live-Interview des Gartenmeisters und Fernsehstars Claus Dalby aus Dänemark an. Das große Problem war nur, dass Katrinchen der englischen Sprache überhaupt nicht mächtig ist. Und so kam es wie es kommen musste, wenn man mit einer Kuh chinesisch spricht. Claus Dalby fragte mich vor einer Masse an Zuschauern, ob ich ein GREENHOUSE hätte. Ich war total perplex und dachte, ob er denn nicht sehen kann, dass unser Haus nicht grün ist, sondern wir in einem mit roten Klinkern wohnen? Ich stehe doch davor. Und so antwortete ich auf Katrins Art völlig unbedarft und nichts ahnend, dass ich – von dem Moment an – in einem Haus der käuflichen Liebe wohne: „NO CLAUS, I HAVE A RED HOUSE".

Gartenwege

Unser Vorgarten wurde, wie bereits erwähnt, zweimal komplett von uns neu gepflastert, da ich den einstigen Anblick nicht mehr ertragen konnte. Die Pflasterarbeiten haben wir mit Unterstützung guter Freunde komplett in Eigenleistung erbracht.

Harmonische Rasenwege

Im Rest des Gartens habe ich mich dagegen für ruhige, grüne, harmonische Wege aus Rasen entschieden. Diese münden am Ende des Weges in die große Rasenfläche im Hauptgarten, wo die Familie im Sommer gerne Badminton spielt. Einst tobten auf der Fläche die Kinder und zelteten mit Freunden. Und auch unser geliebter Rauhaardackel Tyson, der Chefgärtner im Garten, genießt hier seinen Freilauf.

Des Weiteren lässt dieses grüne geschwungene Band, das sich als Einheit durch den Garten zieht, die Farben der vielen Pflanzen stärker und intensiver leuchten. Gleichzeitig beruhigt das Grün die großen, üppig blühenden Staudenbeete, welche sich wie Landzungen in den Rasen legen.

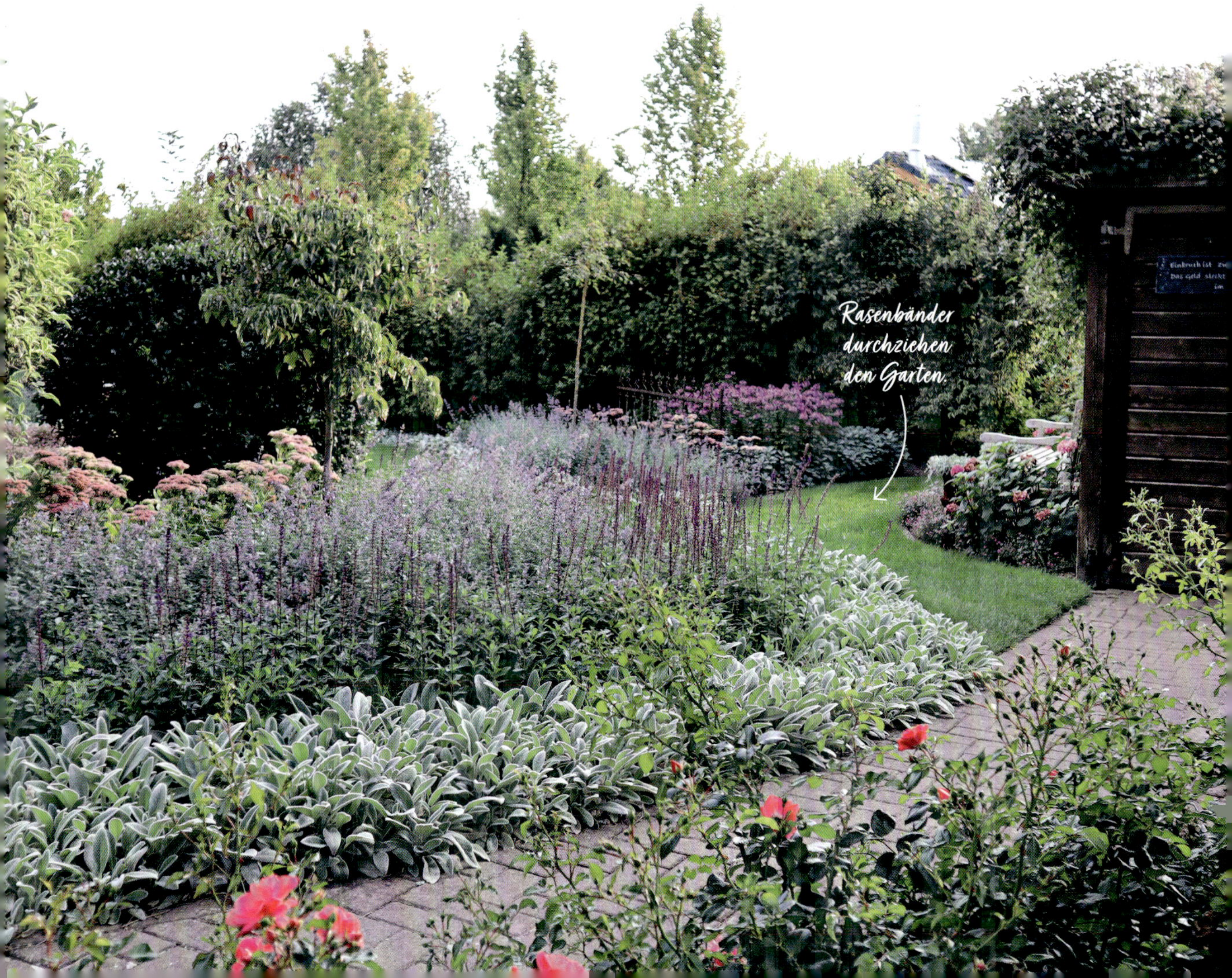

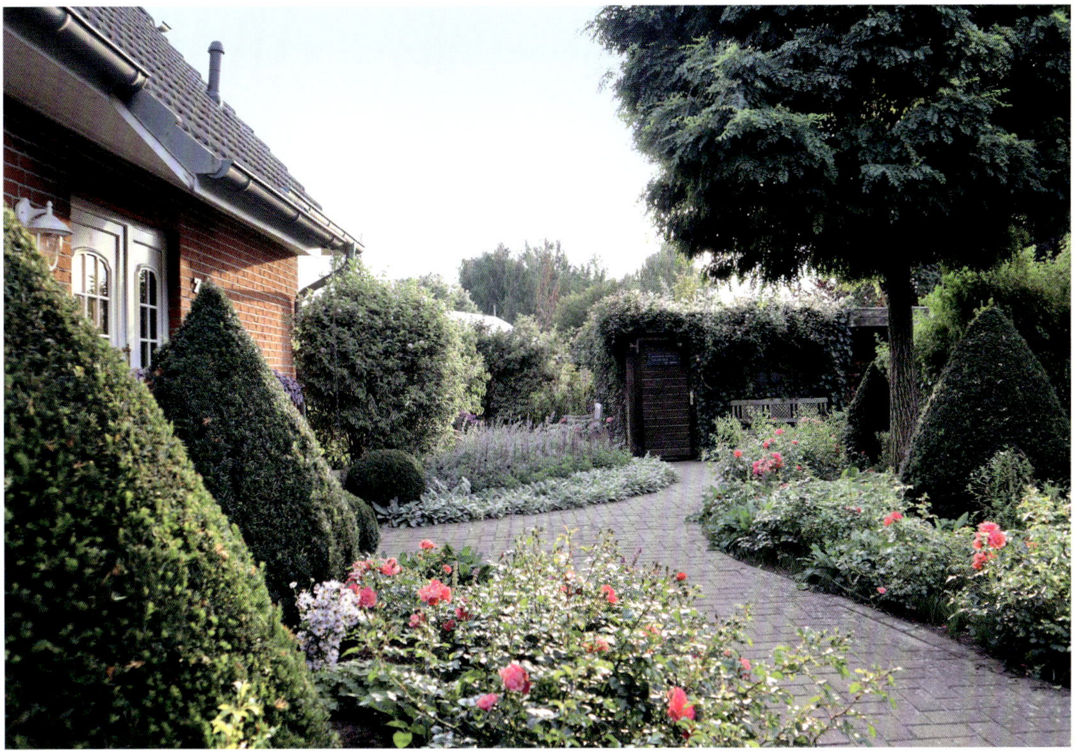

Mit ordentlich Schwung geht es hier durch den blühenden Vorgarten.

Während man an warmen Tagen auf den Pflasterwegen im Vorgarten Spiegeleier braten könnte, laden die Rasenwege im Rest des Gartens herrlich zum Barfußlaufen ein. Frei nach diesem Motto lüftet auch so mancher Besucher am Tag des offenen Gartens seine Käsefüße und läuft barfuß über den schon 20 Jahre alten, dichten Rasenteppich.

Rasen-Feldstein-Kombi

Kleine Wege, wie der Übergang vom Rasen zur Terrasse, der Weg durch den Laubengang oder zum Geräteschuppen wurden von uns mit kostengünstigen Feldsteinen ausgelegt, welche wir nach Rücksprache mit dem hiesigen Landwirt auf den Feldern gesammelt haben. Die Kombination aus Rasenwegen und natürlichen Feldsteinwegen harmoniert wunderbar in unserem Landhausgarten und schonte zudem unseren damals nicht so prallen Geldbeutel.

Um dem Unkraut in den Fugen der Feldsteine keine Chance zu bieten, haben wir mit Hilfe eines Gummihammers alle Steine mit der möglichst flachen Seite nach oben auf einem ausgekofferten und gerüttelten Sandbeet verlegt. Anschließend wurden alle Steine mit einer Fertigmörtel-Mischung eingeschlämmt. Diese selbst kreierten Wege sind auch nach 15 Jahren mit dem Besen pflegeleicht zu reinigen und immer noch unkrautfrei. ■

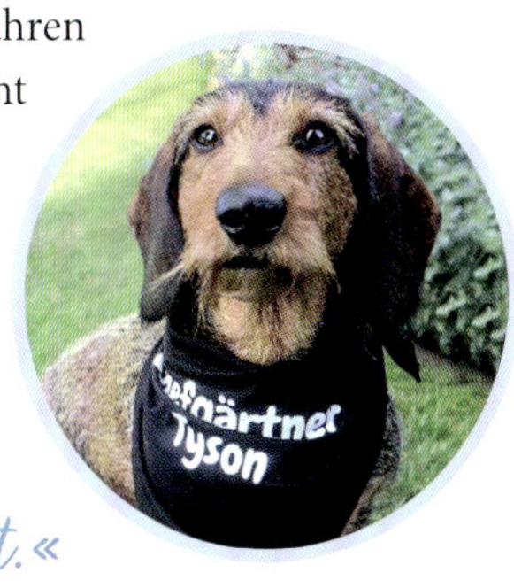

»Im Garten hab ich die Oberaufsicht.«

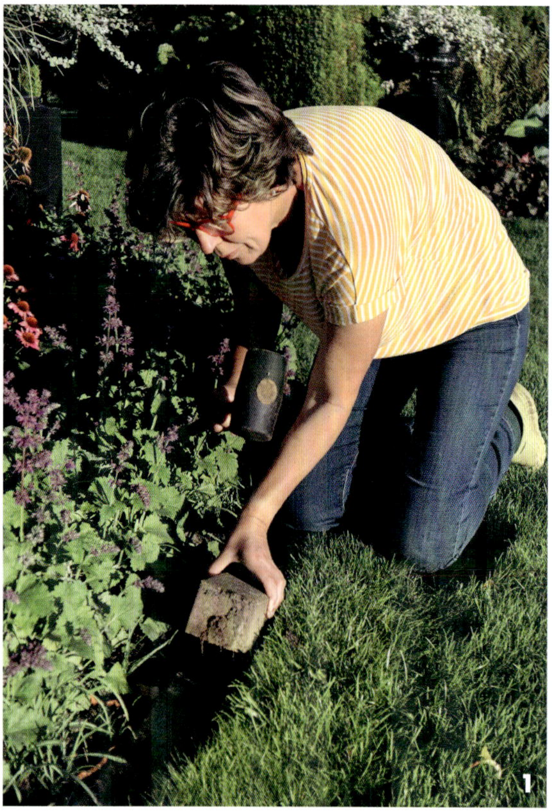

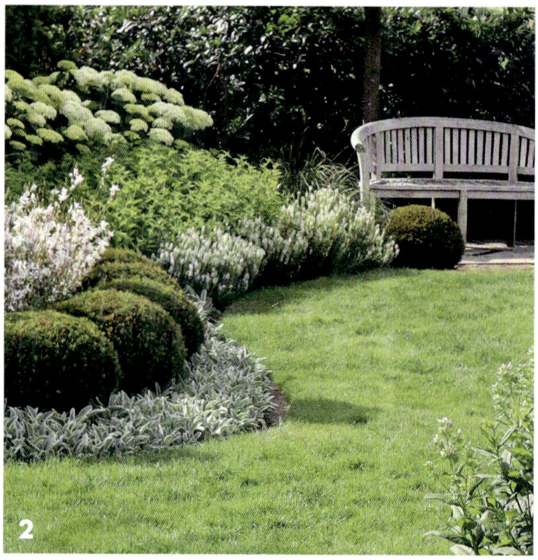

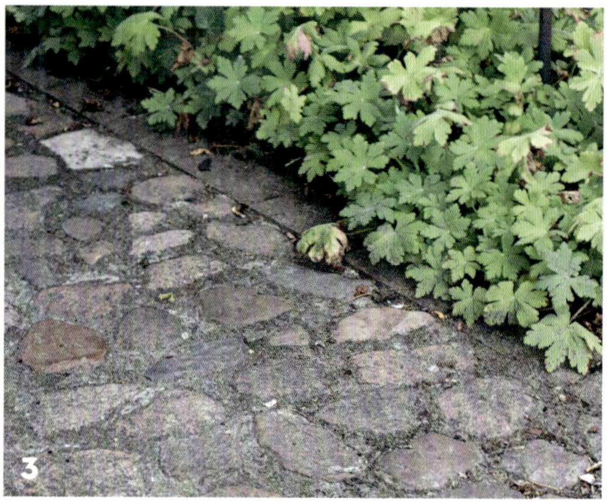

1 Kantensteine werden mittlerweile wie vom Profi hier verlegt. **2** Grüne Rasenflächen erzeugen Ruhe gegenüber den bunten Beeten. **3** Wege aus Feldsteinen sind langlebig und kostengünstig.

Tipp

Die Rasenkanten im Garten haben wir vor 15 Jahren komplett mit den restlichen Pflastersteinen vom Hof eingefasst. Auch diese einheitliche Einfassung des Rasens bringt wieder Struktur in das Gesamtbild. Dabei wurden die Steine einfach mit dem Gummihammer in das Sandbett gesetzt und sind mit den Jahren sozusagen eingewachsen. Vom Einbetonieren kann ich aus Erfahrung nur abraten. Als Frau möchte man eventuell später selber die Beetverläufe heimlich umändern und dann hilft nur ein starker Mann oder der Presslufthammer.

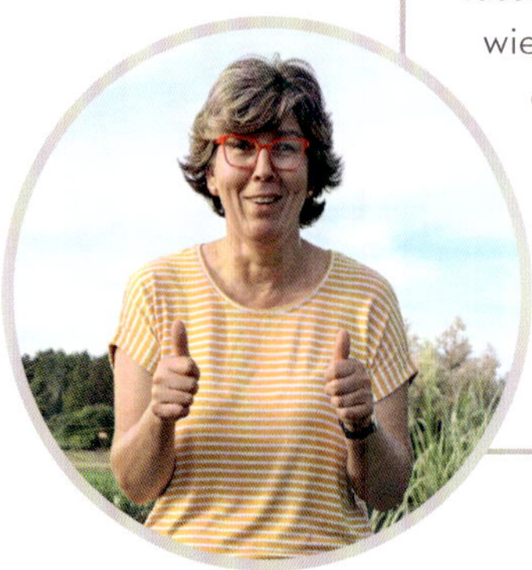

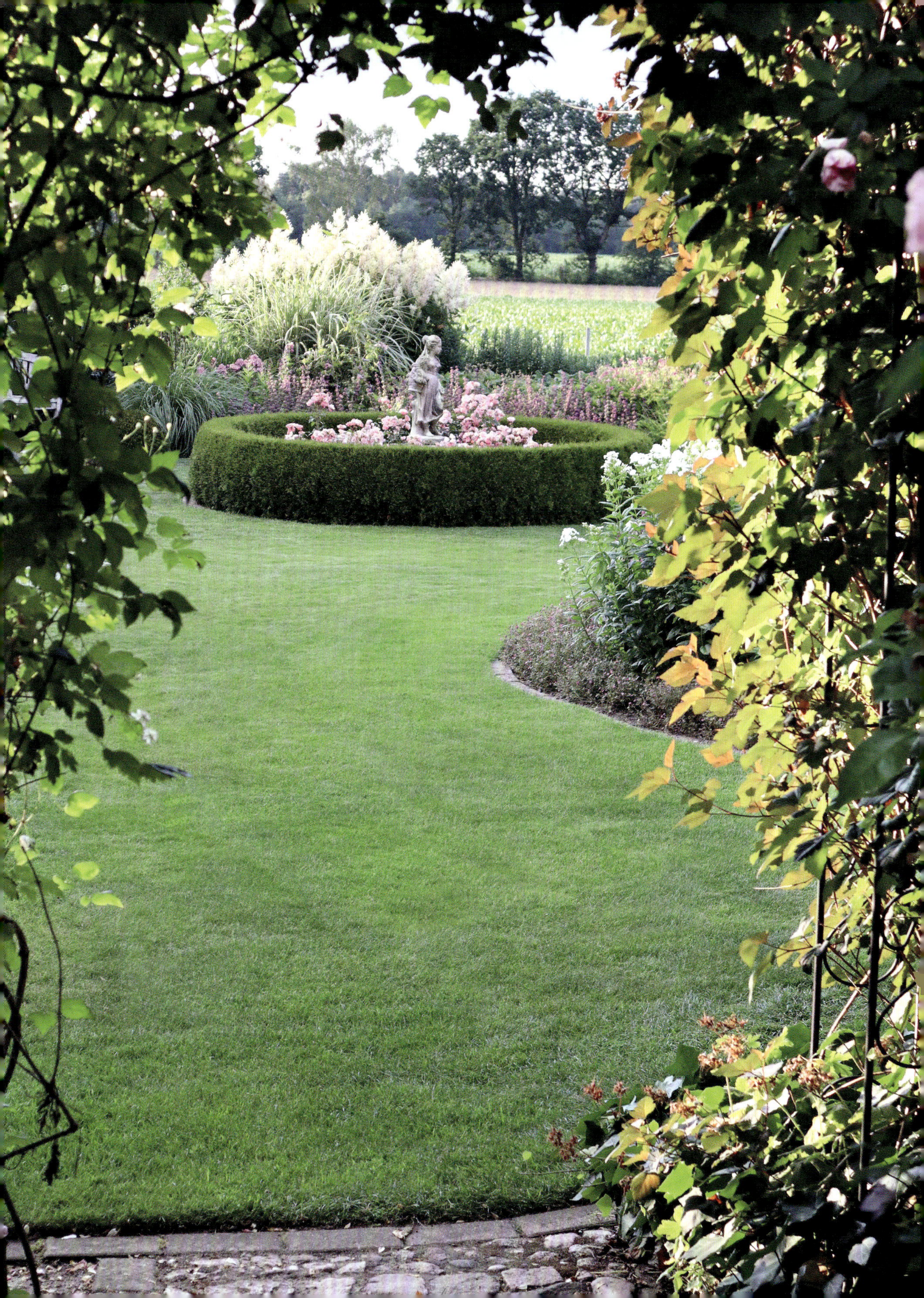

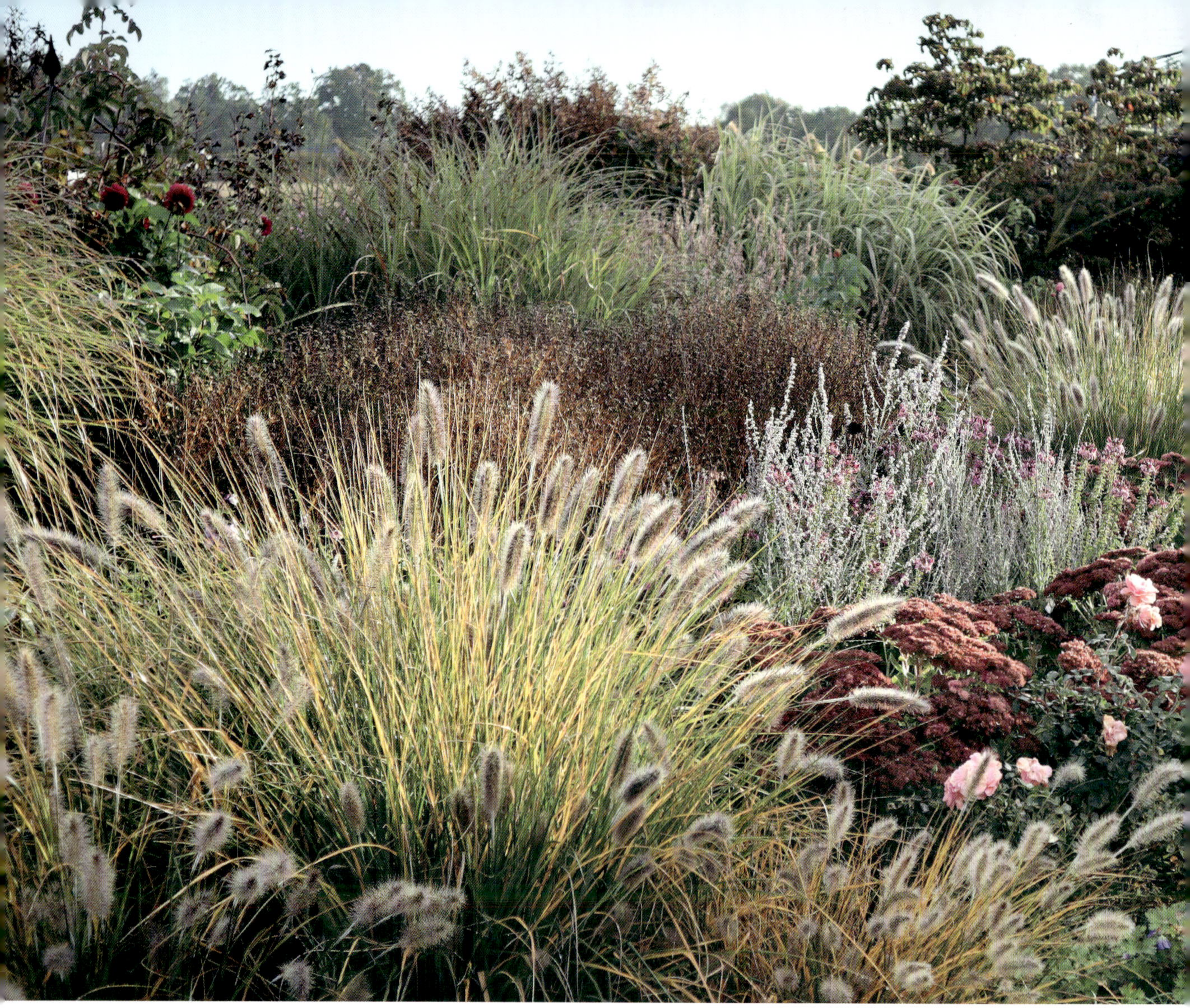

Struktur in den Beeten

Mein Rezept für ruhige Strukturen im Beet ist das Pflanzen von Masse einer Sorte in sogenannten Drifts oder Bändern, wie ich es in den englischen Gärten oft gesehen habe. Die Menge der eingesetzten Pflanzen liegt bei ca. 7 bis 15 Stück pro Tuff. Also wieder mal KLOTZEN STATT KLECKERN!

Höhengestaffelte Staudenborder

Durch die großen, farbigen Beetflächen, die nahtlos ineinander übergehen, erfasst das Auge des Betrachters Harmonie und Ruhe im Beet. Optimalerweise wiederholt sich jeder Pflanzentuff mindestens noch einmal an einer anderen Stelle im Staudenborder.

Es wurden sowohl Stauden mit unterschiedlicher Blatt- und Blütenstruktur, als auch mit unterschiedlicher Blütezeit von mir kombiniert. Für die Leichtigkeit und den Strukturaspekt im Herbst und Winter habe ich im Laufe der Jahre noch Massen an Gräsern mit eingefügt. Gepflanzt wurde höhengestaffelt, das heißt vorne am Rand des Beetes wurden niedrige Stauden integriert und nach

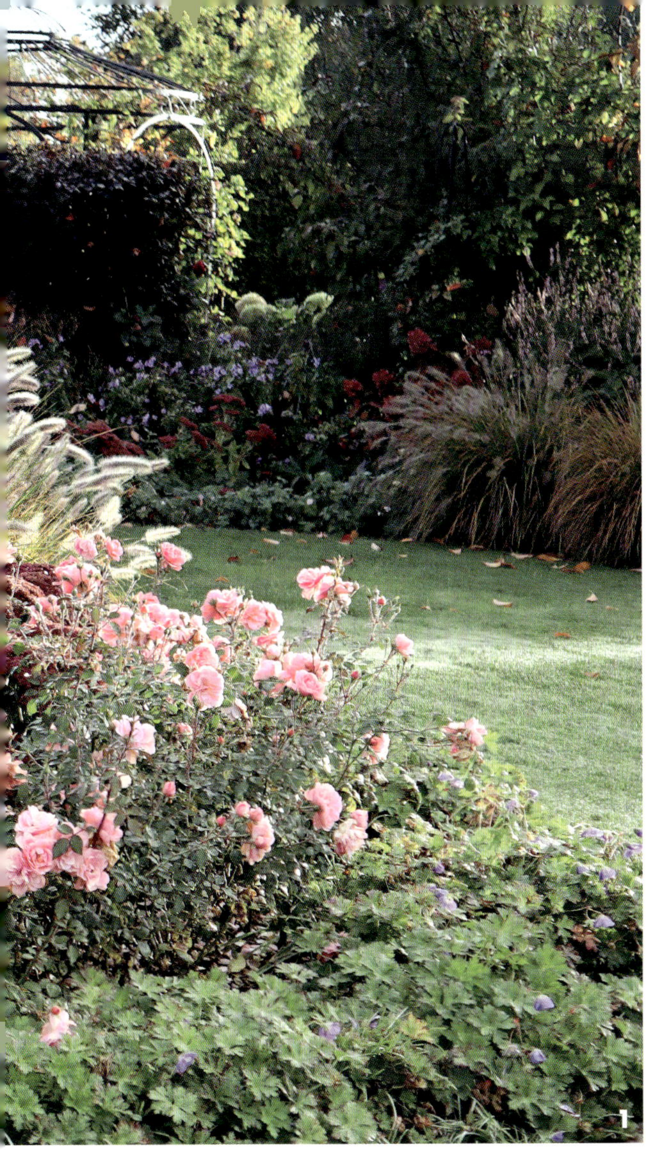

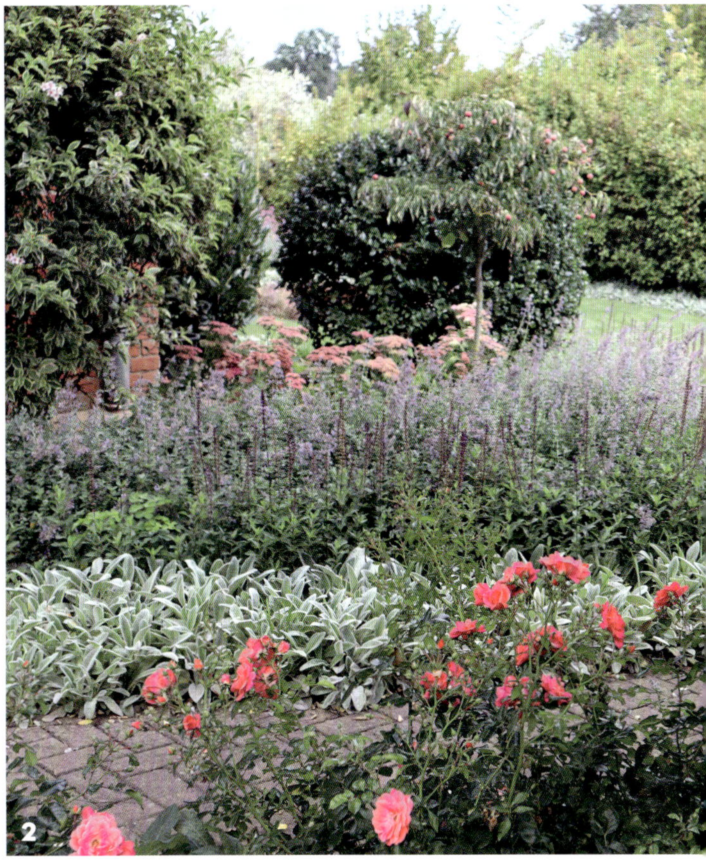

1 Blick auf den großen Border im Herbstgarten mit Masse an Gräsern, Stauden und Rosen. **2** Stauden wie Katzenminze 'Six Hills Giant' und Blütensalbei 'Caradonna' blühen nach dem Remontierschnitt ein zweites Mal im Spätsommer.

hinten ins Beet sind die höheren Pflanzen eingezogen. Da ich mich aufgrund des Platzmangels auf eine bestimmte Anzahl an Stauden begrenzen musste, habe ich mich vor allem für Pflanzen mit einer langen Blütezeit, einer tollen Blattstruktur und solche, die remontieren (nach der Hauptblüte später im Jahr nochmal blühen) entschieden. Alle anderen Pflanzen, die nicht in mein Konzept passten, mussten – nachdem sie den Spaten sahen – ihre Koffer packen und sind in den Garten von Nachbarn oder Freunden umgezogen. ■

»Man kann einfach nicht alle Pflanzen im Garten haben, musste ich feststellen.«

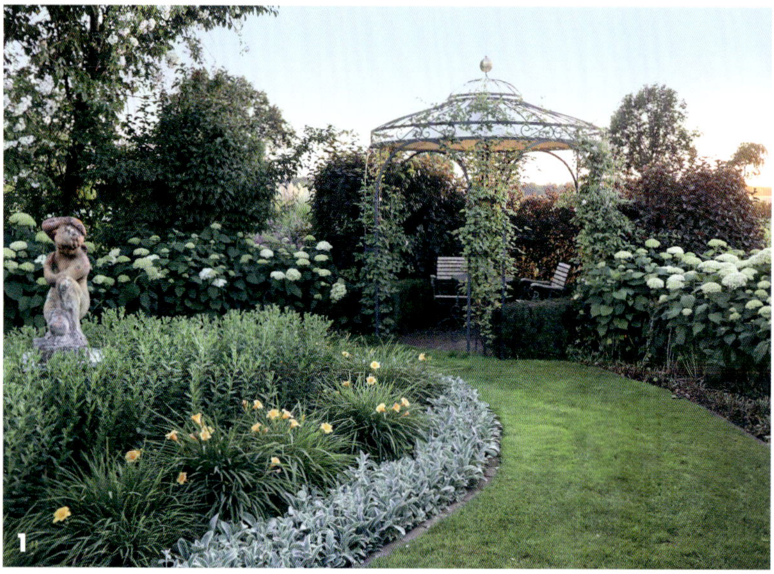

1 Im Inselbeet leuchtet die gelbe Taglilie 'Stella de Oro' über Monate.

2 Blattschmuckstauden wie Blaublatt-Funkie 'Big Daddy' sind tolle Strukturgeber im Schattenbeet.

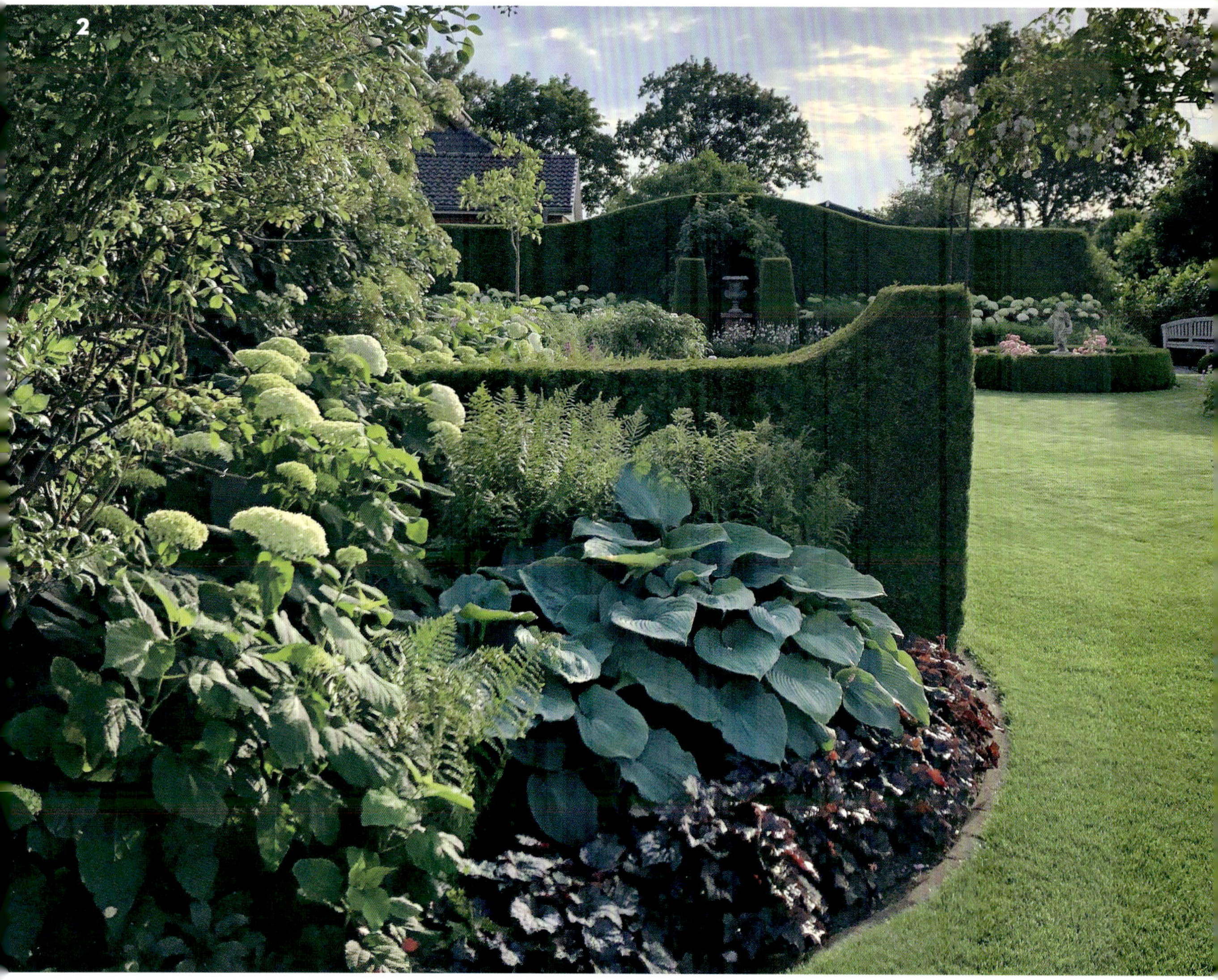

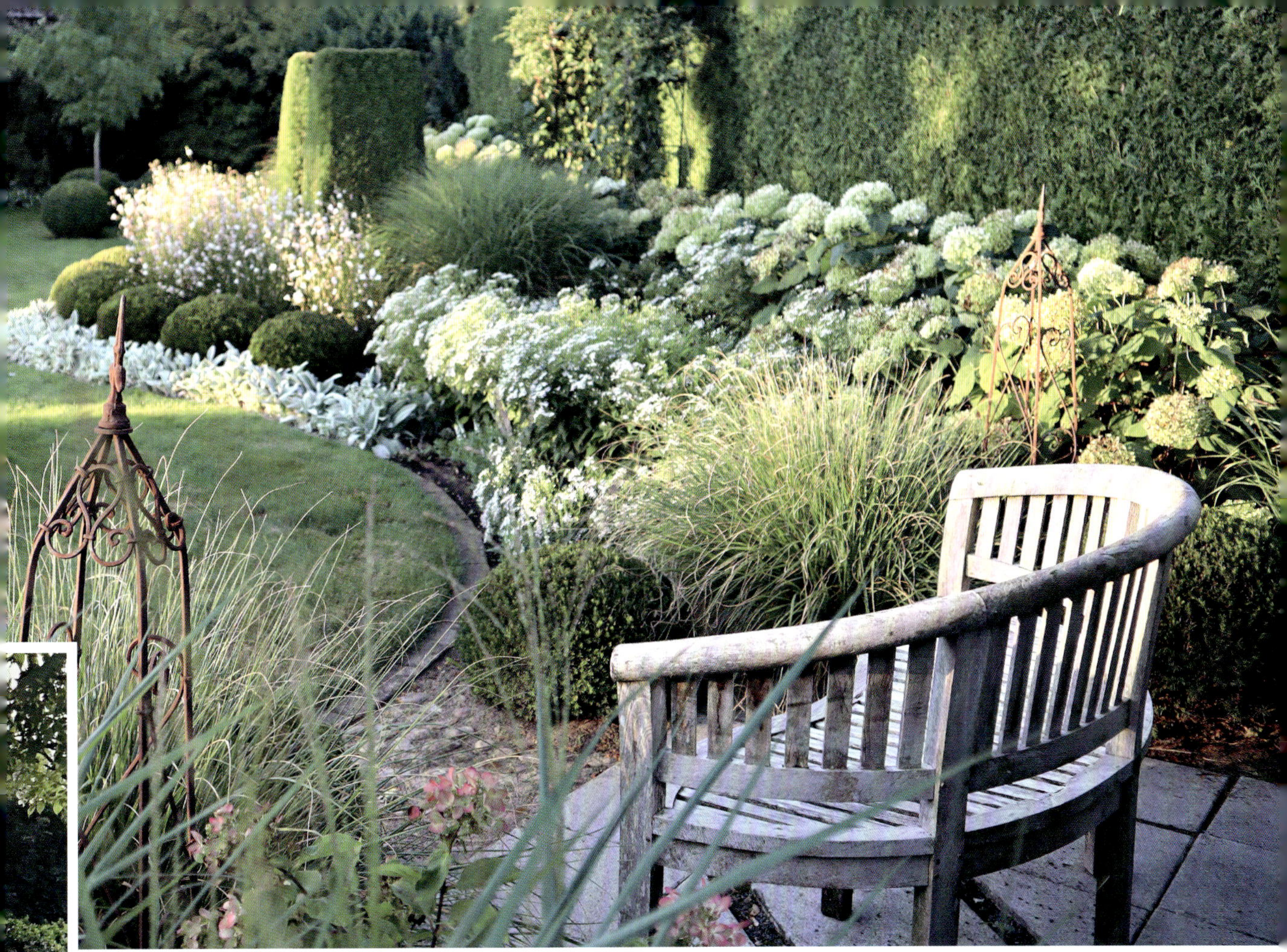

Grüne und weiße Stauden in Kombination mit grauem Wollziest lassen dieses Beet ruhig und edel erscheinen.

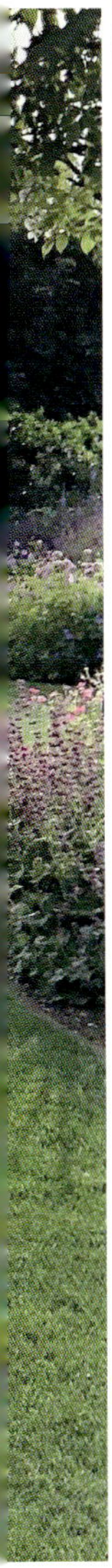

Tipp

Die Masse an Stauden und das dichte Bepflanzen in den Beeten, machen meinen Garten übrigens auch recht pflegeleicht, selbst wenn das auf den ersten Blick nicht so aussieht. Ein Hacken in den Beeten, wie ich es einst von meiner Oma kannte, entfällt komplett und fliegendes Beikraut hat es ebenfalls schwer, sich in der Fülle der Pflanzen auszusamen. Sicherlich versteckt sich auf dem Boden in der Tiefe das ein oder andere Unkraut. Aber alles was ich nicht weiß, macht mich bekanntlich nicht heiß. Des Weiteren wird der Boden durch die Pflanzendichte besser beschattet und trocknet so im Sommer weniger schnell aus.

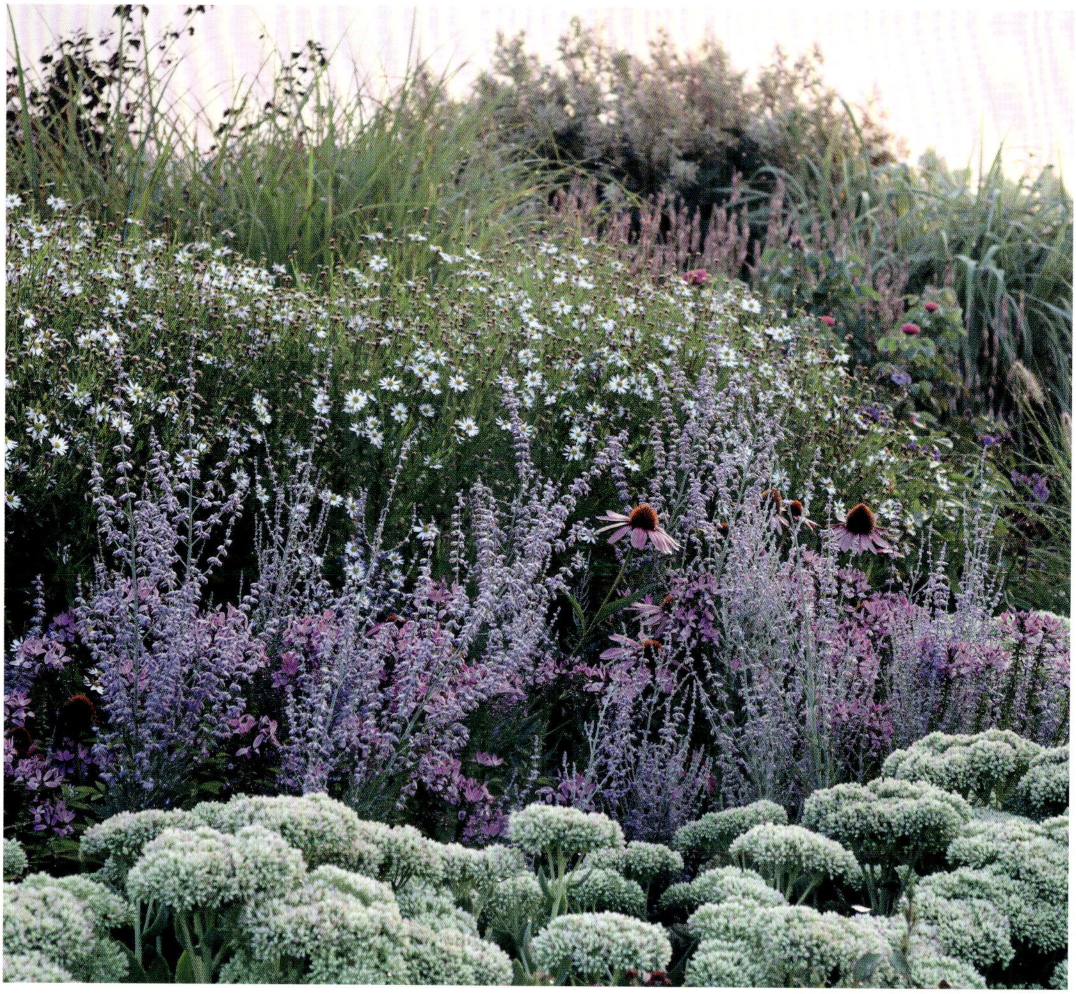

Höhengestaffelt haben hier Sedum 'Herbstfreude', Blauraute 'Little Spire', einjährige Spinnenblumen, Sonnenhut und Schönaster ihren großen Auftritt

»Klotzen statt kleckern ist hier angesagt, Leute.«

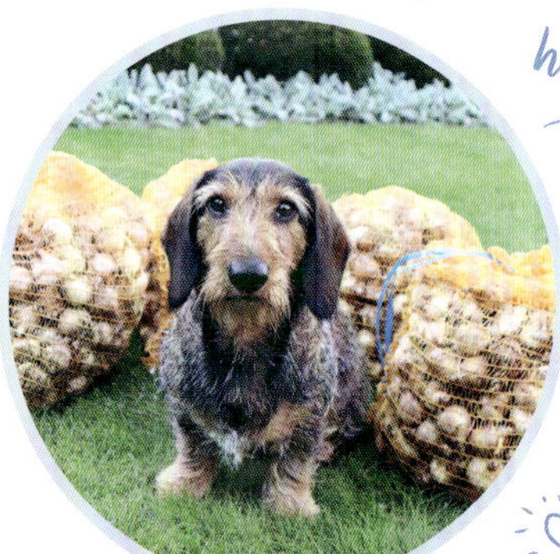

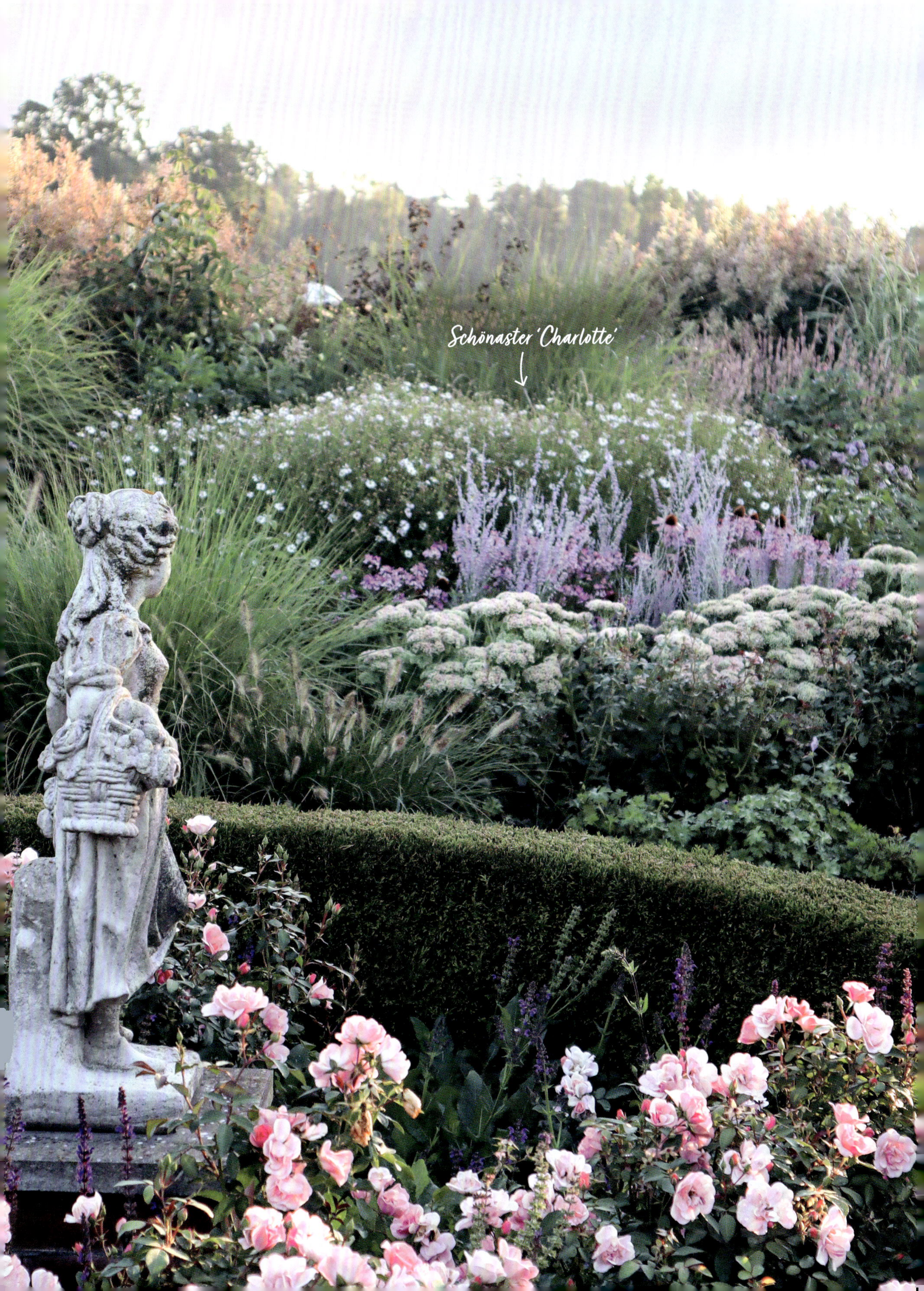
Schönaster 'Charlotte'

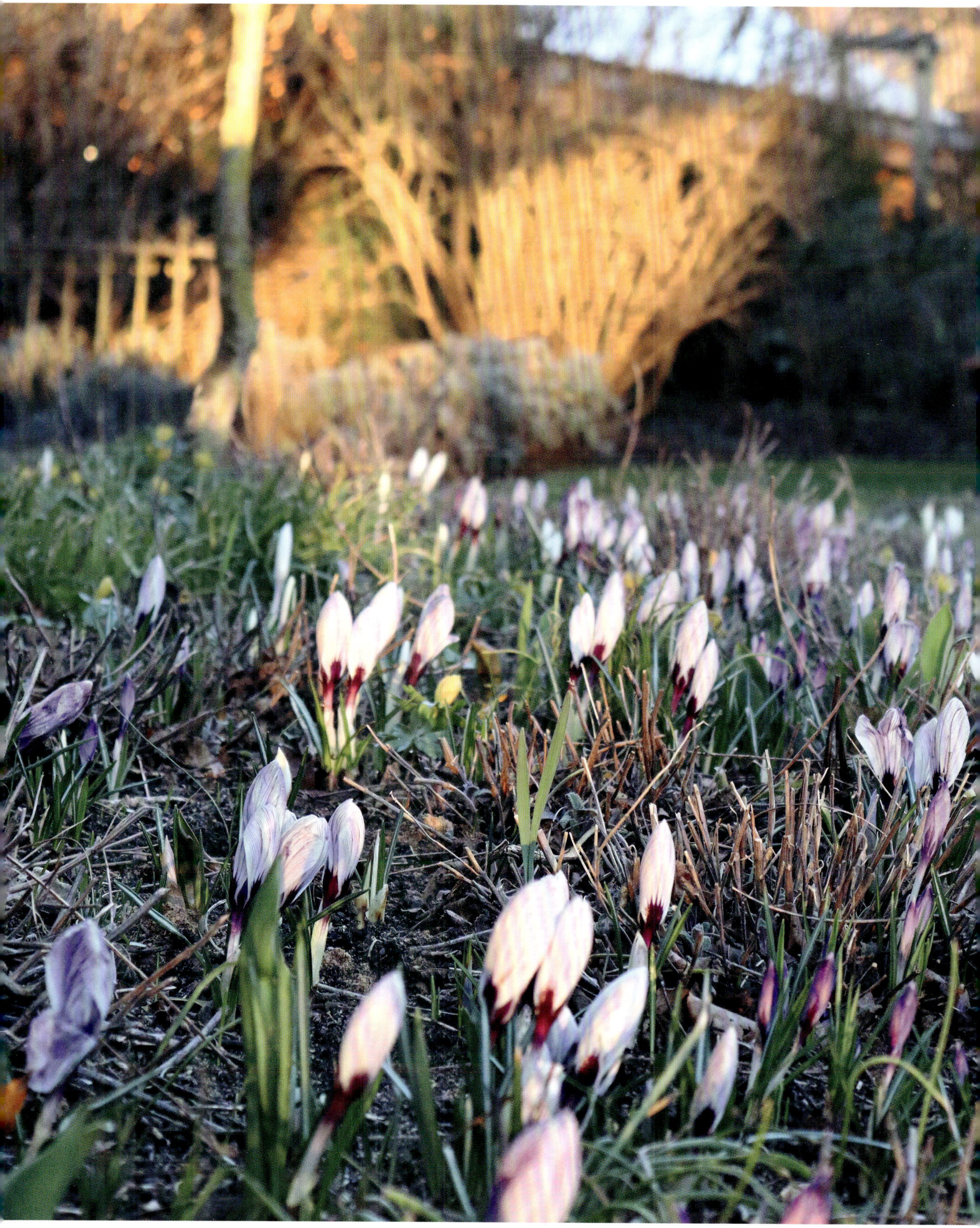

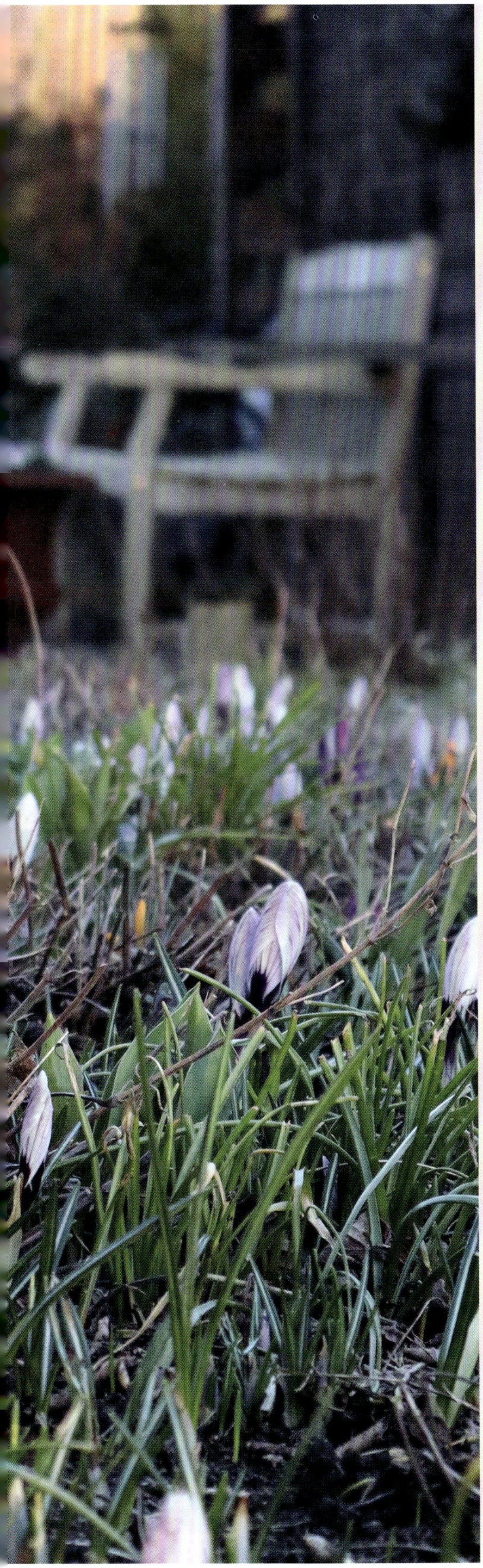

Wenn ich im Frühsommer Blumenzwiebeln bestelle, kann es schon mal passieren, dass es zu einem leichten Kaufrausch kommt. Und so hatte ich plötzlich gravierende Erinnerungslücken, als die Post im Herbst vorfuhr und sich im Hof plötzlich Unmengen an Blumenzwiebelkisten stapelten. Um einer mittelschweren Ehekrise vorzubeugen, mussten Massen an Kartons mit Tulpen und Co. schleunigst verschwinden. Aber wohin auf die Schnelle? An welchem Ort im Haus schaut der Ehemann niemals nach? Da kam nur eine Stelle in Frage: unterm Ehebett. Und so schlief Katrinchen acht Wochen wie die Prinzessin auf der Zwiebel, bis ich nach und nach Tausende Blumenzwiebeln heimlich versenkt hatte. Im Frühjahr stand ich dann augenzwinkernd und freudestrahlend vor den Beeten: „MENSCH WALDEMAR, UNSERE BLUMENZWIEBELN HABEN SICH ABER PRÄCHTIG VERMEHRT DIESES JAHR, ICH BIN BEGEISTERT".

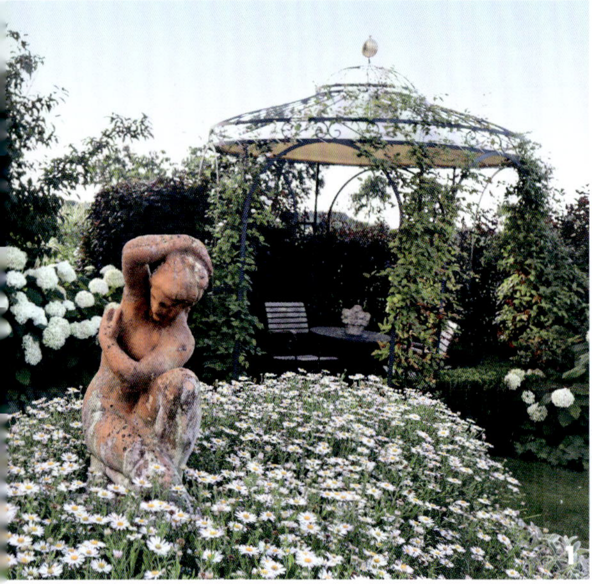

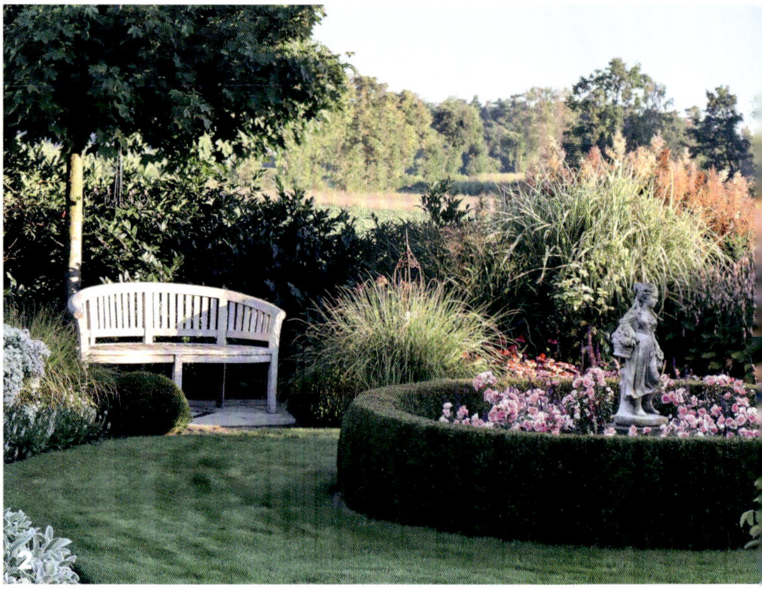

1 Verschiedene Clematis beranken den Sitzplatz im Pavillon. **2** Sitzplatz zwischen den blühenden Staudenbeeten.
3 Die Stellfläche der Liegen wird je nach Sonnenstand hier im Garten variiert. Rollen unter den Liegen machen es möglich.

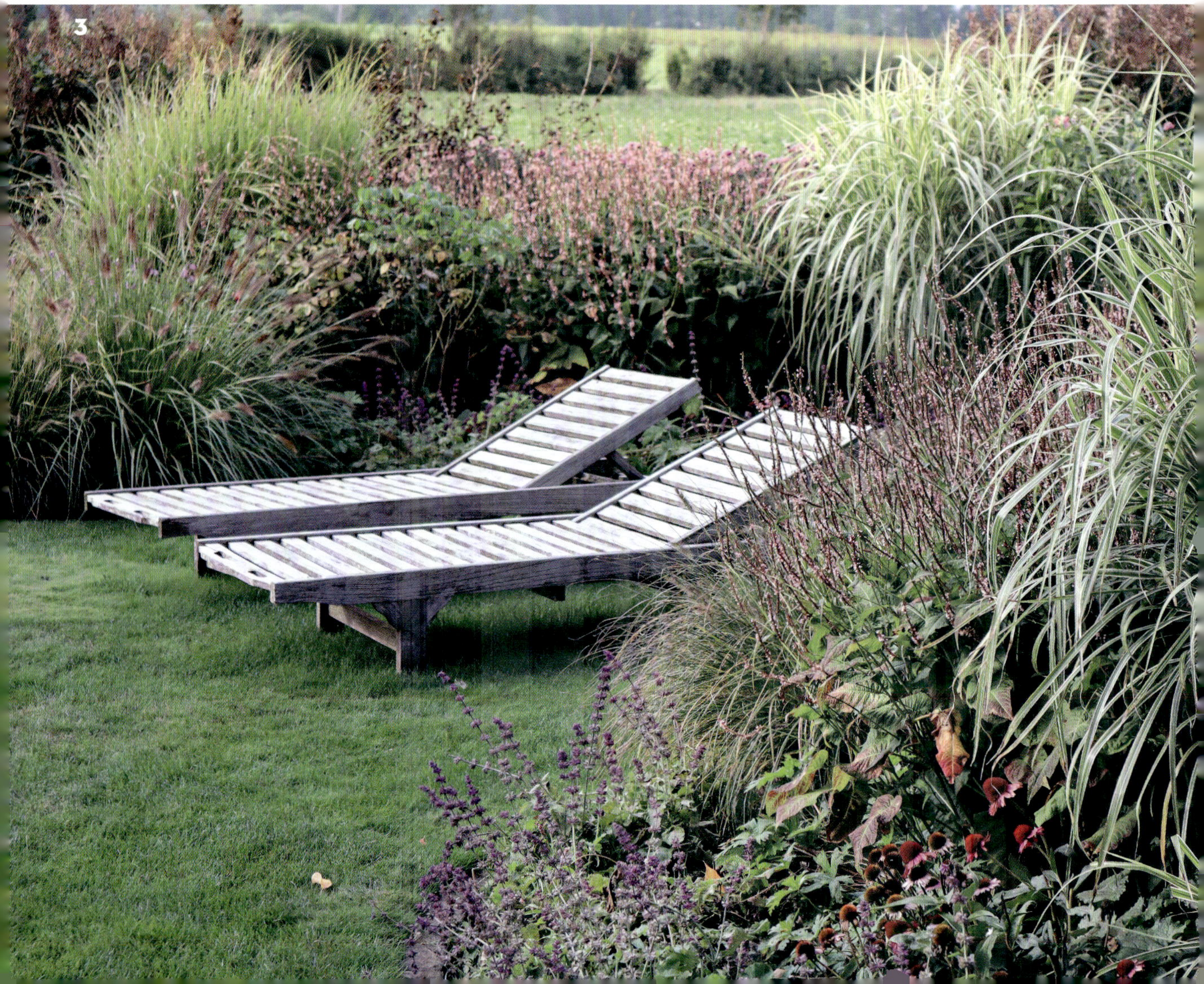

Sitzecken im Garten

Gerade im Sommer ist der Garten bei uns auch Freiluftwohnzimmer, und lauschige Sitzplätze verschönern nicht nur optisch das Gesamtkonzept und geben Struktur im Garten, sondern laden zum gemütlichen Verweilen ein.

Ob morgens zum Frühstück bei strahlendem Sonnenschein und Vogelgezwitscher im ÜBERDACHTEN PAVILLON, nachmittags mit einer Tasse Cappuccino auf der Bank unter dem schattenspendenden Kugelahorn oder abends mit einem Glas Wein auf der Terrasse den Sonnenuntergang beobachtend. Egal, wo man im Garten Platz nimmt, immer ist der Blick und die Gartenperspektive eine andere.

Ehrlicherweise muss ich zugeben, dass SO MANCHE GARTENBANK meinen zarten Popo schon lange Zeit nicht mehr gesehen hat, denn als dynamische Gärtnerin, mit ständig wechselnden Gartenideen, sausen stets die Hummeln in meinem Hintern. Ich gelobe hiermit allerdings Besserung und werde in Zukunft ab und an in einer unserer vielen Sitzecken im Garten verweilen und diese Kleinode hier öfter genießen.

Ach ja, fast hätte ich sie vergessen. Da wären noch die ZWEI LIEGEPLÄTZE auf der Rasenfläche, die natürlich auch Erwähnung finden sollten. Sie werden allerdings nur von Chefgärtner Tyson und meinem Ehemann regelmäßig in Beschlag genommen. Für mich sind die Sonnenliegen reine Rasendekoration. Als sportlich agile Gärtnerin kann ich mir einfach keine offenen wunden Stellen vom Liegen leisten.

Am Tag des offenen Gartens hier in Himbergen laden die unterschiedlichen Sitzplätze zum Verweilen und Genießen ein.

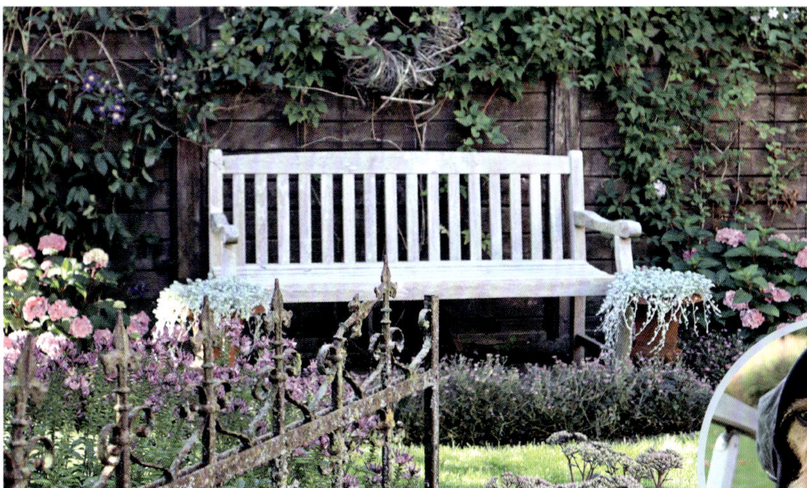

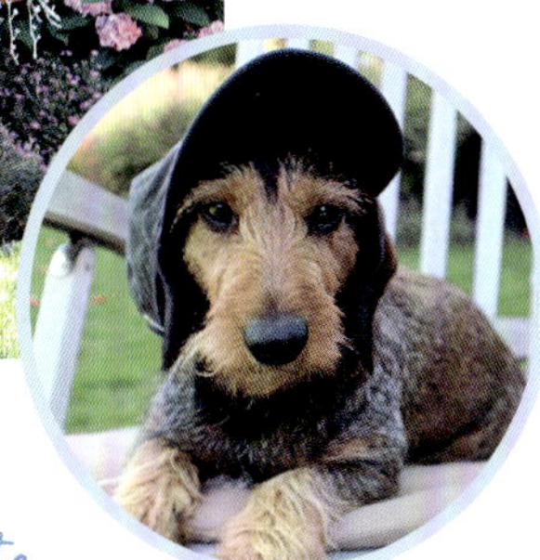

»Also Leute, ich bevorzuge ja die Liegeplätze.«

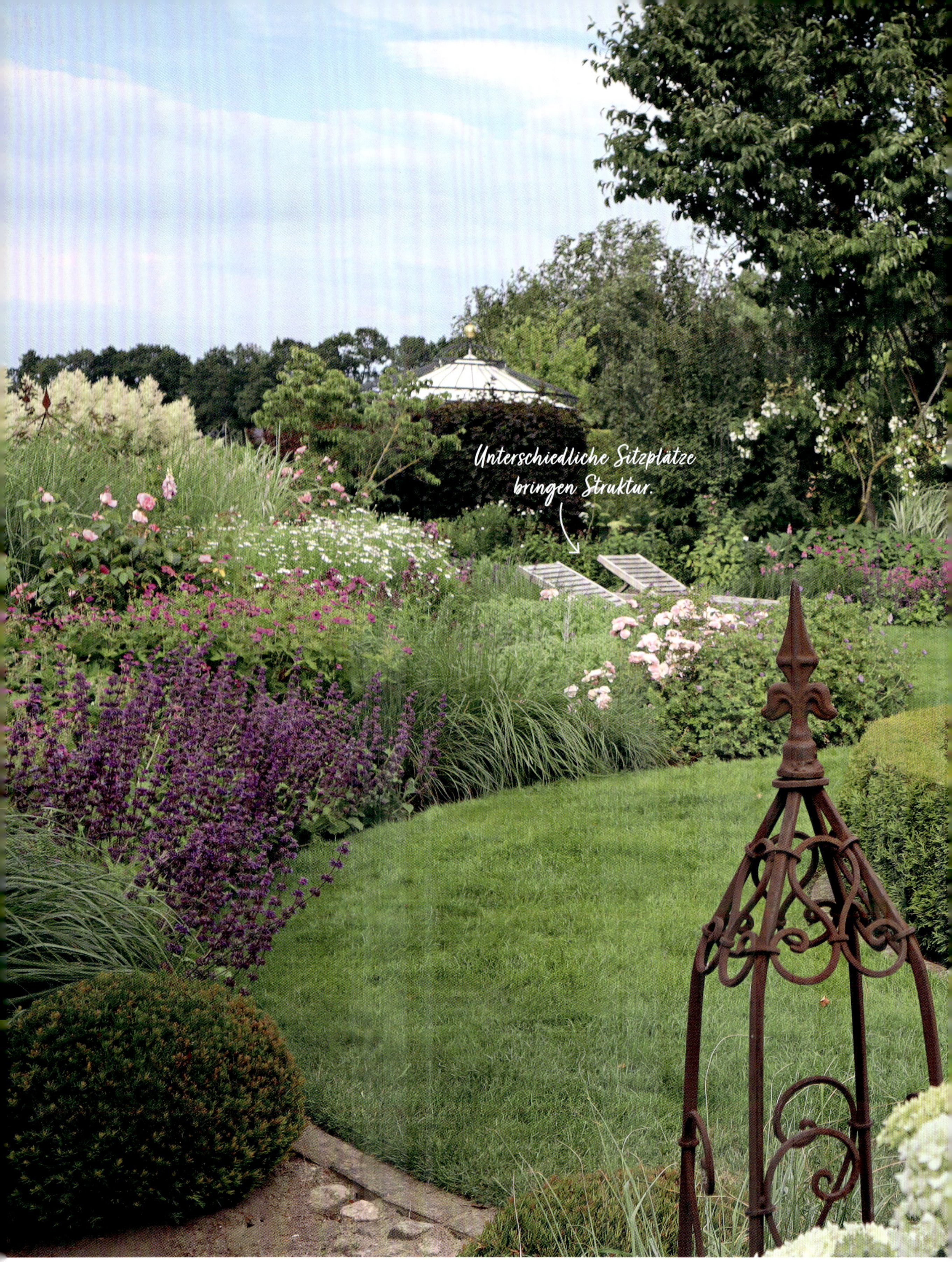
Unterschiedliche Sitzplätze
bringen Struktur.

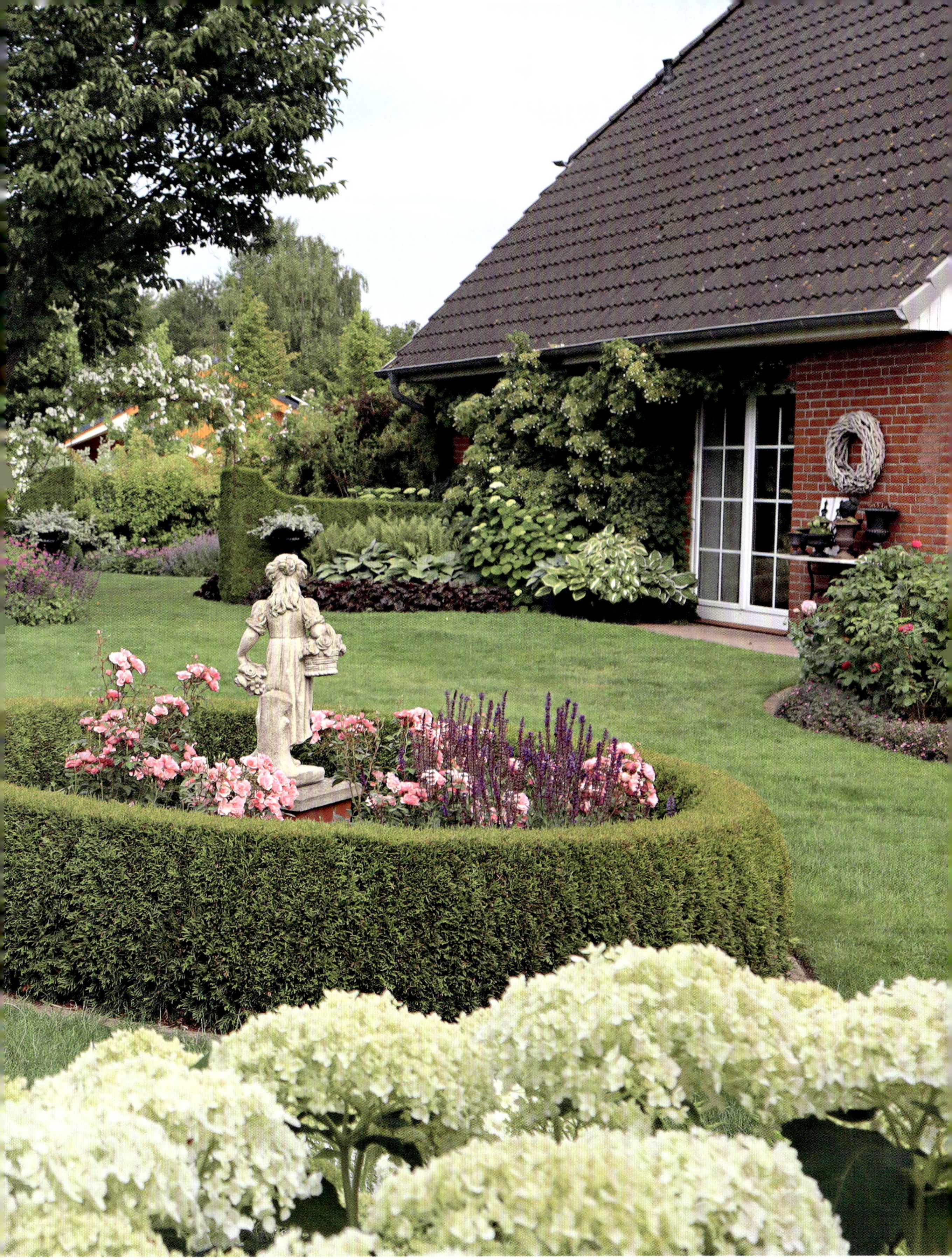

Überdachung der Sitzplätze

Damit wir im Sommer sowohl bei Hitze als auch bei Nieselregen noch im Garten sitzen und eventuell essen können, haben wir zwei Sitzecken in unterschiedlichen Gartenbereichen überdacht.

AUF DER TERRASSE, die direkt ans Haus angrenzt, haben wir uns für eine massive, STURMFESTE PERGOLA aus Schmiedeeisen entschieden. Das außergewöhnlich geschwungene Dach sowie ihre filigranen Elemente harmonieren optisch wunderbar mit unserem Landhausgarten. Gegen eine massive Überdachung aus Holz konnte ich mich durchsetzen, denn Katrinchen wollte eine Pergola, die noch nicht in jedem Garten zu finden ist. Mit 3,50 m Tiefe und 5 m Breite überdacht sie einen Großteil der Terrassenfläche – ein sehr gemütlicher und geschützter Sitzbereich mit ein wenig Patio-Charakter. Gerne sitzen wir hier im Sommer mit der Familie und lieben Freunden zusammen.

Die Pergola ist zusätzlich mit regenfesten Federzugrollos ausgestattet, die je nach Wunsch und Wetter variabel ein- und ausziehbar sind. So bleiben wir stets flexibel, was den Wunsch nach Sonne oder Schatten angeht. Die Überdachung wurde von Waldemar und mir in Eigenleistung selber montiert. Über die Länge der Wand ist sie im Mauerwerk verankert. Die Füße der Pergola haben wir im Terrassenboden einbetoniert.

Auch IM GELBEN ZIMMER ist ein überdachter Sitzplatz eingezogen, der optisch und vom Material her eine tolle Einheit zur Pergola auf der Terrasse bildet. DER PAVILLON ist pulverbeschichtet und aus massivem Eisen. Mit einem Durchmesser von mehr als 3 m bietet er vier Personen reichlich Platz, um gemütlich beisammen-

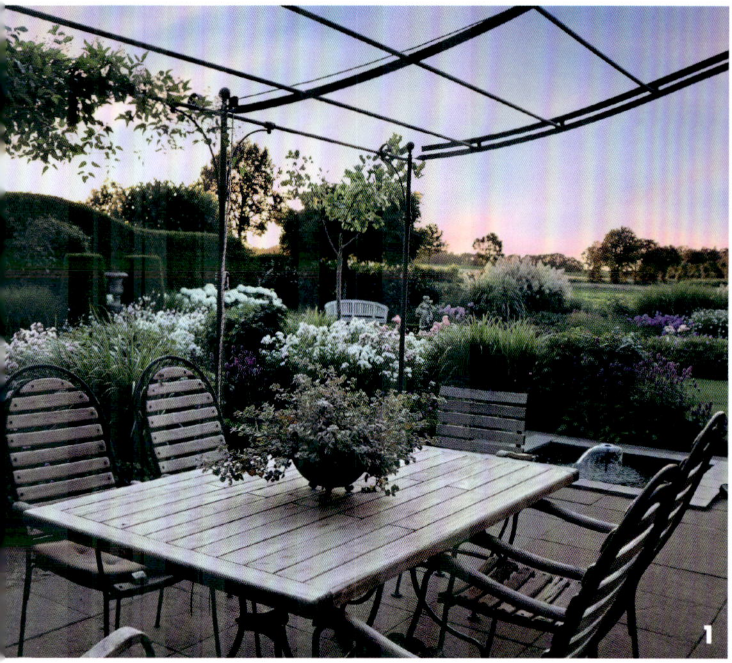

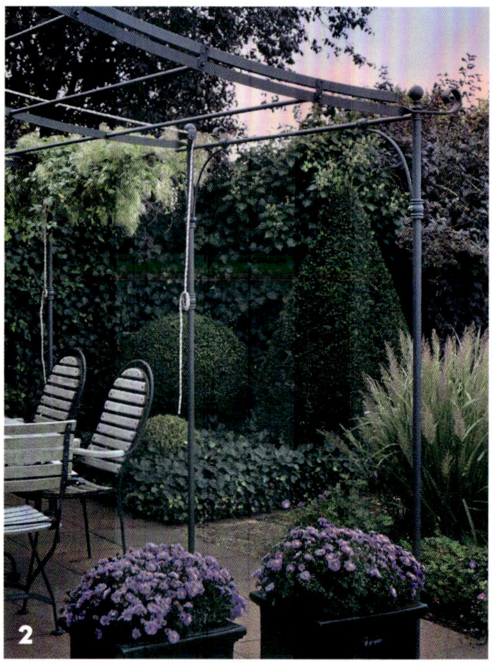

Unser Sitzplatz auf der Terrasse mit einer außergewöhnlichen Dachkonstruktion und ausziehbaren Federzugrollos.

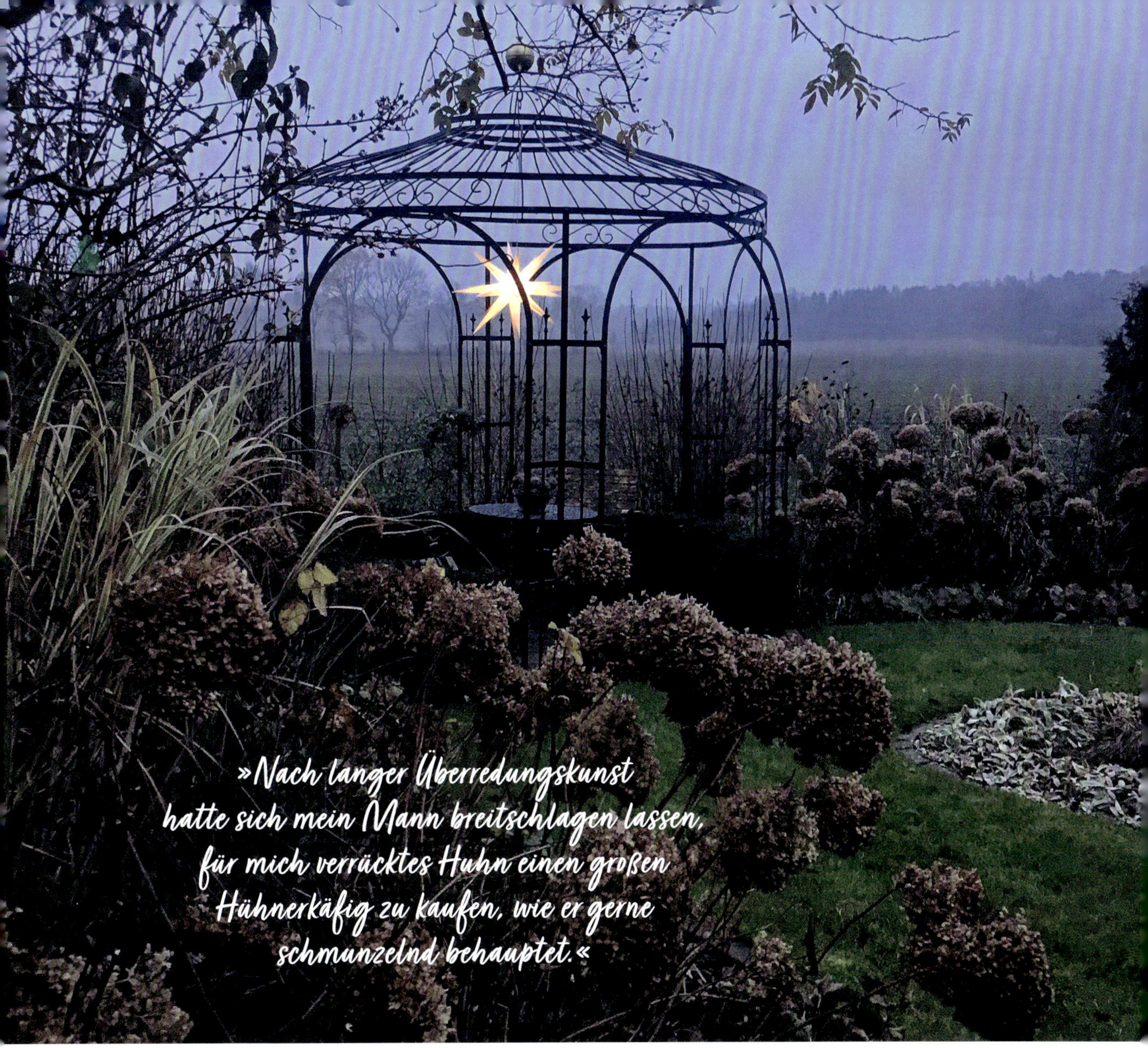

zusitzen. Als Überdachung ist er mit einer regenfesten Plane bespannt, die wir zum Winter hin stets entfernen. Mit einem stolzen Gewicht von über 130 kg haben wir ihn lediglich mit Ankerhaken in der Erde befestigt. Trotz heftiger Stürme hier im Norden, steht er immer noch wie eine Eins und wird aufgrund seiner hochwertigen Qualität später wohl sicher auch in die Erbmasse eingehen – wie so manch andere Deko hier im Garten.

Täglich schaue ich dankbar aus dem Küchenfenster in Richtung Sitzecke mit Pavillon und erfreue mich immer wieder an seinem Anblick. Er ist ein toller Strukturgeber sowohl im Sommer als auch Winter und wertet die vorher kahle Sitzecke optisch auf. Zur Adventszeit leuchtet jährlich ein großer Weihnachtsstern von der Kuppel und lässt den Pavillon in dieser dunklen Jahreszeit hell erleuchten.

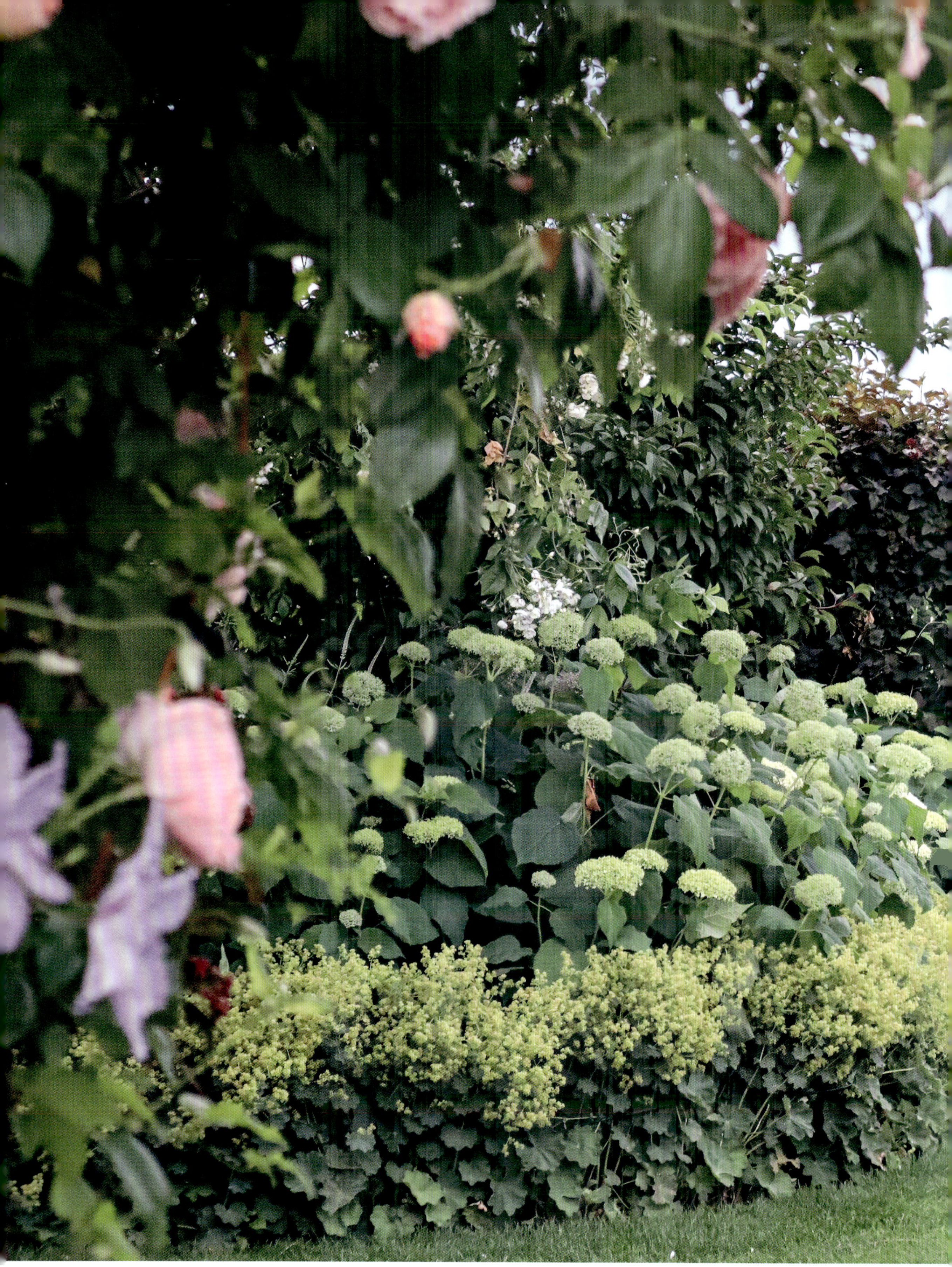

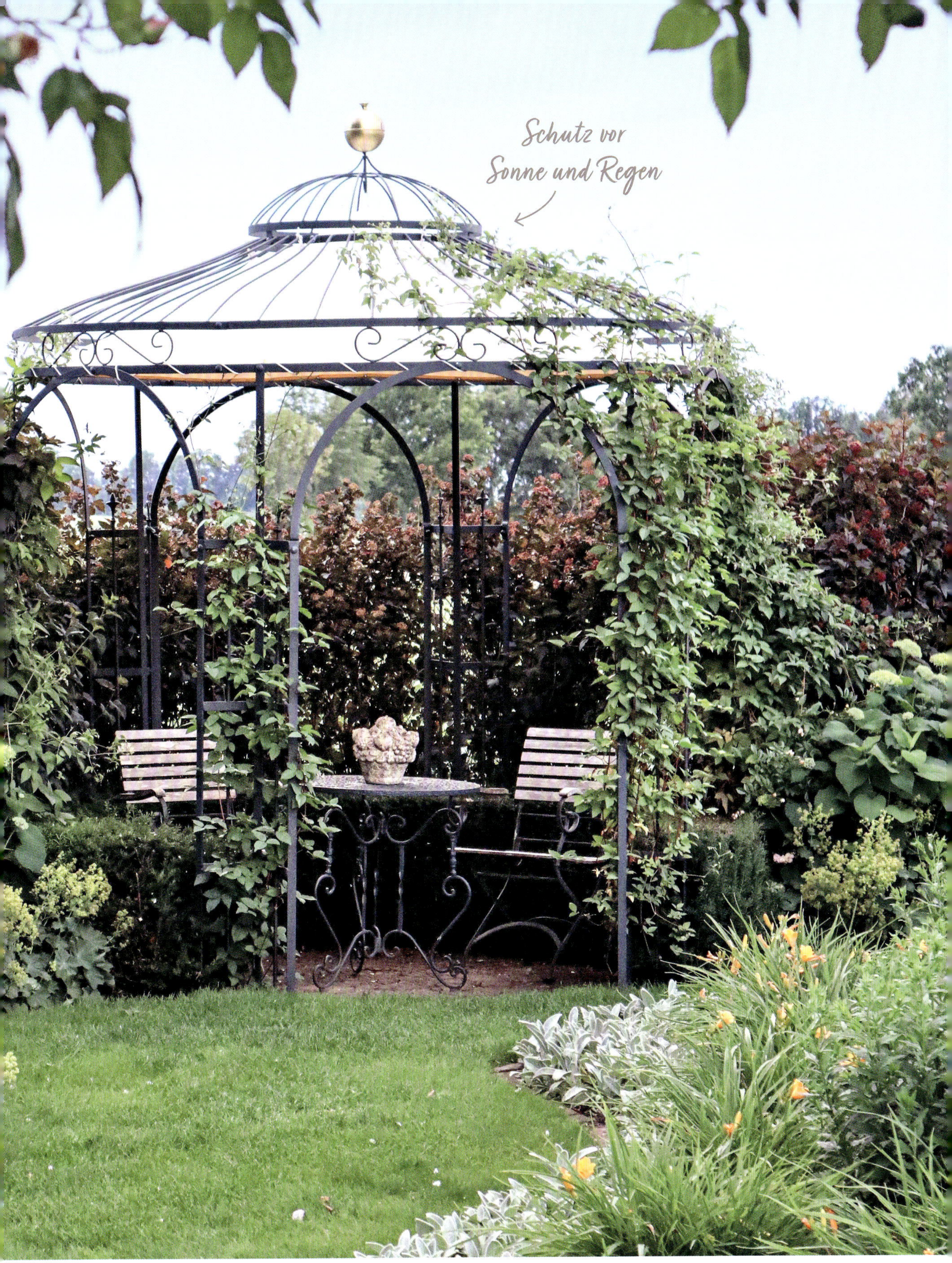
Schutz vor
Sonne und Regen

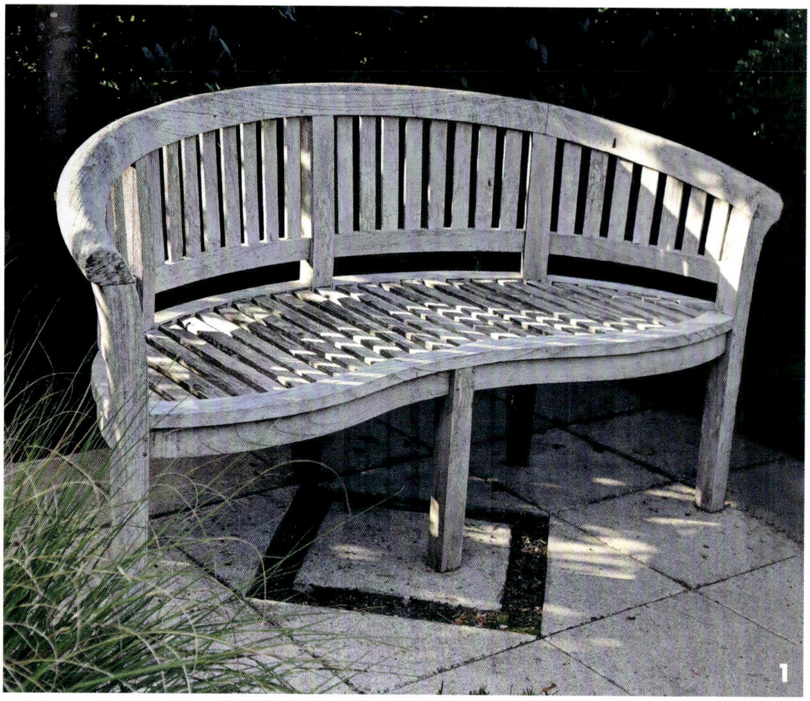

1

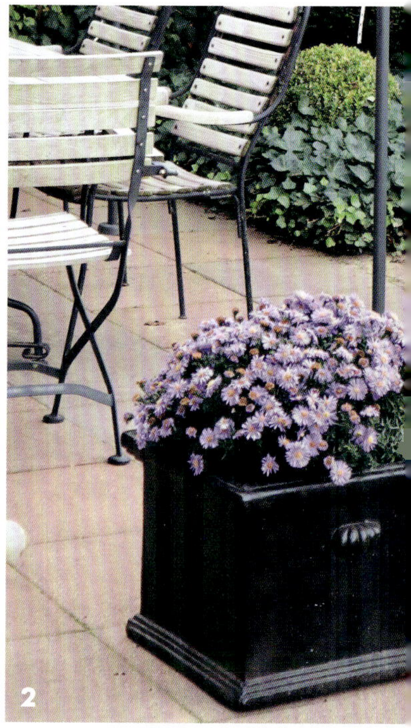

2

Bodenbeläge der Sitzecken

Der Bodenbelag im Außenbereich sollte im Idealfall zu Haus und Garten passen und euch gefallen. Bedenkt auch, dass manche Beläge im Laufe der Zeit regelmäßig gereinigt und gepflegt werden müssen, was mir persönlich jedes Jahr zu aufwändig wäre. Auch hält nicht jeder Bodenbelag ein Leben lang.

Unsere Bodenbeläge haben wir im Laufe der Jahre auf unterschiedliche Weise nach und nach stets in Eigenleistung gestaltet. Dabei haben wir uns in allen Bereichen gegen Holz entschieden, da es optisch nicht unbedingt zu meinem Gartenstil passt. Zudem hatten uns schmerzliche Erfahrungen beim Nachbarn gezeigt, dass bemooste Holzdielen schnell zur gefährlichen Rutschbahn werden können und ein geprelltes Steißbein nicht so schnell vergessen ist, was bei der gebückten Gartenarbeit zum Problem werden kann.

Als Untergrund für die Sitzecke IM PAVILLON dient ein großer PFLASTERKREIS mit einem Durchmesser von 3 m. Diesen könnt ihr komplett im Baustoffhandel kaufen. Es ist ein genauer Plan zum Verlegen der einzelnen Steine dabei, sodass auch jeder Nicht-Puzzler den Kreis auf jeden Fall fertiggestellt bekommt. Lediglich der Außenrand des Pflasterkreises wurde von Waldemar auf Fertigmörtel gesetzt.

Die TERRASSE haben wir komplett mit strapazierfähigen und rutschfesten BODENPLATTEN aus Beton gestaltet. Diese sind nicht nur kostengünstig, sondern auch haltbar.

ANDERE SITZPLÄTZE im Garten haben dagegen nur einen einfachen Untergrund, zum Beispiel aus Resten von RECYCELTEN PFLASTERSTEINEN, Natursteinen oder Waschbetonplatten erhalten. Hier haben wir oft einfach und kreativ alles miteinander kombiniert. Der Fantasie und dem Geldbeutel sind, was Bodenbeläge angeht, keine Grenzen gesetzt. Ob eine Gartenbank auf poliertem Granit oder auf Waschbeton steht, ist der Gartenbank ziemlich egal, denke ich. Hauptsache, sie bleibt stehen, wenn man sich niederlässt.

Alle Sitzplätze haben vor dem Verlegen der Platten mit dem Gummihammer ein Kiesbett erhalten, das mit einem Handrüttler verdichtet wurde. ■

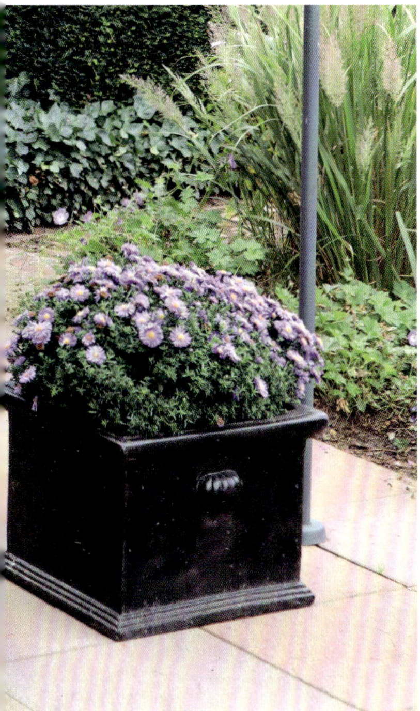

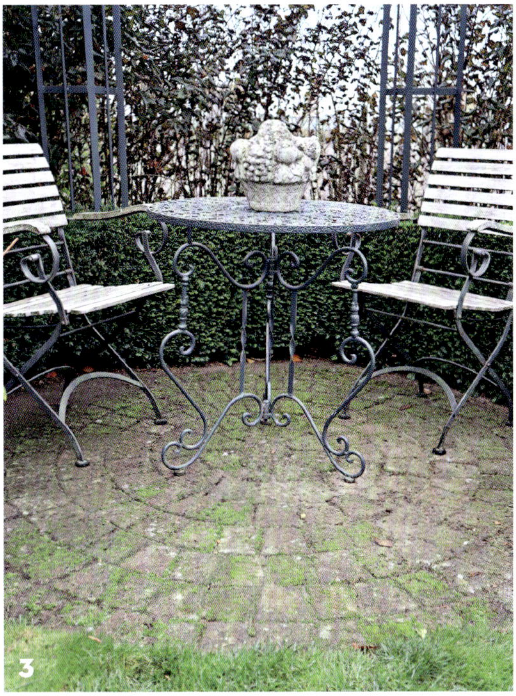

3

1 Sitzplatz mit Bodenbelag aus recycelten Waschbetonplatten

2 Strapazierfähige Waschbetonplatten als Terrassenbelag

3 Pflasterkreis von 3 m Durchmesser unterm Pavillon

Tipp

Wir haben bei örtlichen Bauunternehmen nach kostengünstigen Resten von Steinen und Platten gefragt und auch über eBay-Kleinanzeigen das ein oder andere Bodenbelag-Schnäppchen mit dem Autoanhänger nach Hause geholt. Es muss nicht immer alles neu und teuer sein. Im Gegenteil, die Jagd nach nachhaltigen Baustoffen kann richtig Spaß machen, und bevor so manche Steinplatte zur Deponie gefahren wird, kann man ihr noch ein gutes Zuhause geben.

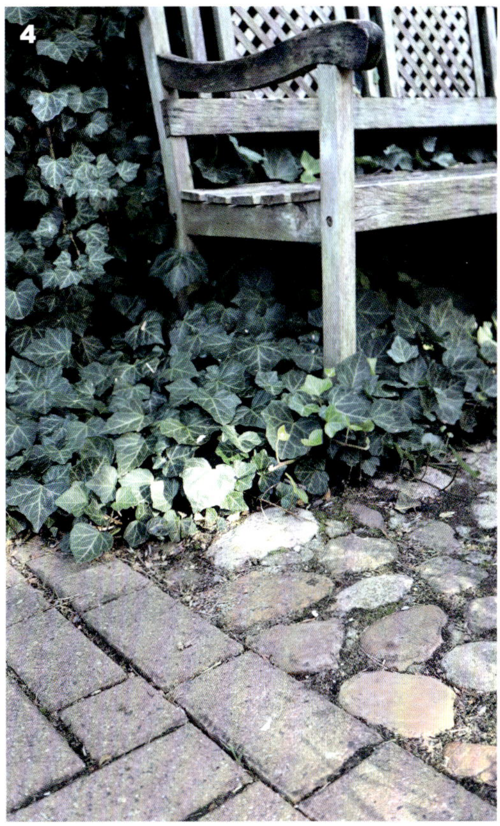

4

4 Eine Kombination aus verschiedenen Bodenbelägen erzeugt Spannung.

Gartenmöbel

Genauso wie der Bodenbelag der Sitzecken, sollten sich eure Gartenmöbel optisch ins Gesamtbild integrieren. Sie sind das i-Tüpfelchen in euren geschaffenen Gartenräumen und verleihen jedem Sitzplatz Charakter und Gemütlichkeit. Auch hier habt ihr die Qual der Wahl. Ob modern, rustikal oder klassisch, die Auswahl ist ja riesig und die Gestaltungsmöglichkeiten daher unendlich.

Hochwertig und nachhaltig

Bei Gartenmöbeln lohnt es sich im Sinne der Nachhaltigkeit immer, für gute Qualität lieber einen Euro mehr auszugeben. Wer billig kauft, kauft oft zweimal ein, sagte meine Oma schon. Und ich muss Oma an dieser Stelle recht geben. Eine solide Gartenbank sollte das Gewicht von drei knackigen, kräftigen Gärtnerjungs tragen können, ohne dass sie gleich die Grätsche macht – bei drei solchen Hilfsgärtnern hier im Garten würde ich übrigens nicht Nein sagen.

Die Möbel in unseren Sitzecken sind schon fast alle 20 Jahre alt. Wir haben uns damals in allen Gartenräumen für qualitativ hochwertiges Teakholz entschieden. Es passt optisch wunderbar in unseren Landhausgarten, der einen leicht englischen Touch hat. Außerdem ist hochwertiges Teakholz sehr robust, extrem langlebig und witterungsbeständig. Alle Gartenmöbel bleiben deshalb seit Jahren, Sommer wie Winter, draußen und geben dem Garten dann auch an schneebedeckten Tagen noch Struktur. Heute würde ich nur Teakholz aus nachhaltiger Holzwirtschaft mit dem FSC-Siegel oder recycelt kaufen, oder Möbel aus heimischen Hölzern. ■

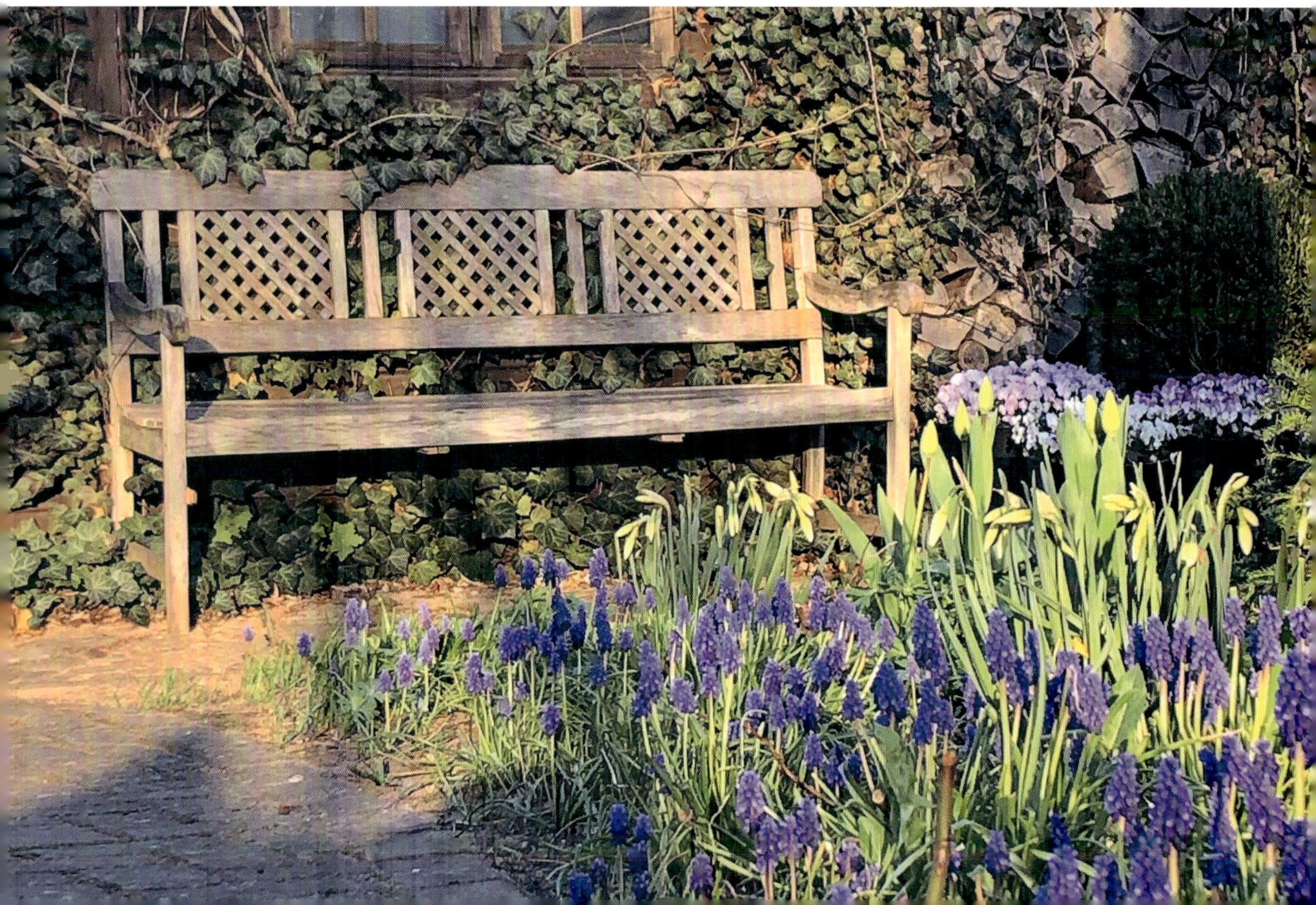

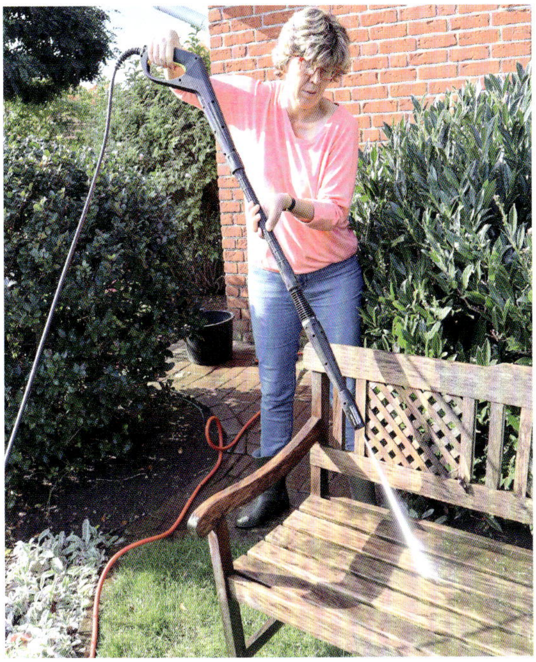

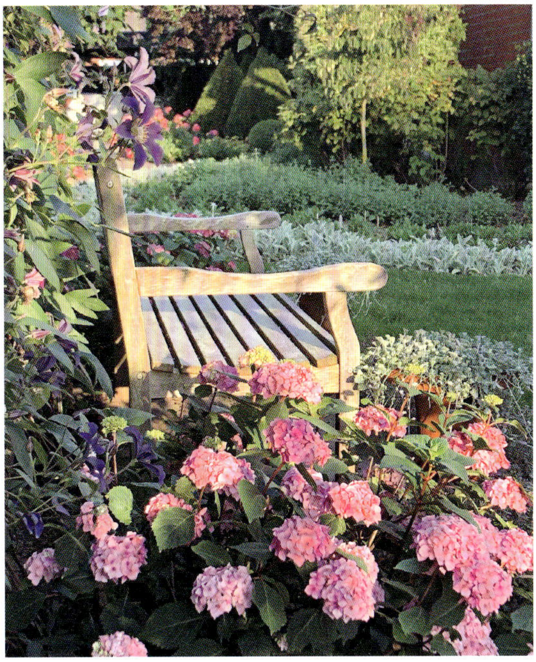

Tipp

Im Frühjahr werden alle Teakmöbel von Schmutz, angesetztem Moos und Grünspan befreit. Ich erledige das stets in Gummistiefel-Montur und mit dem Hochdruckreiniger. Auf leichter Stufe und mit ordentlich Abstand zum Holz, rücke ich so dem Schmutz der Möbel zu Leibe. Diese Art der Reinigung ist umstritten, wie ich weiß, da das Holz angeblich Schaden nimmt. Ich konnte es in den letzten 20 Jahren allerdings nicht feststellen. Daher nehme ich an, dass Abstand und Druck hier eine Rolle spielen oder aber die hochwertige Qualität der Möbel. Mein Motto lautet ja stets: Probieren geht über studieren.

Natürlich könnte ich den Kampf gegen das Moos und den Grünspan auf den Möbeln auch mit einer Wurzelbürste und warmem Wasser aufnehmen. Aber mal im Ernst, Leute: Bei vier Bänken, acht Stühlen, einem großen Tisch auf der Terrasse und zwei Liegen wäre wahrscheinlich die Gartensaison zu Ende, bis ich fertig wäre, und Arme wie ein Affe hätte ich auch.
Im Übrigen behandele ich unsere Teakmöbel nach der Reinigung niemals mit Öl oder Ähnlichem. Ich mag natürliche, tolle graue Patina, die sich im Laufe der Saison bildet. Aber wie alles im Leben ist das bekanntlich Geschmacksache.

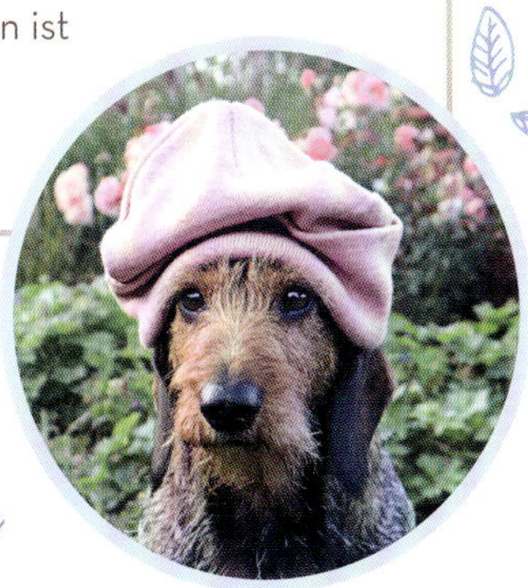

»Auf die richtige Arbeitskleidung kommt es an.«

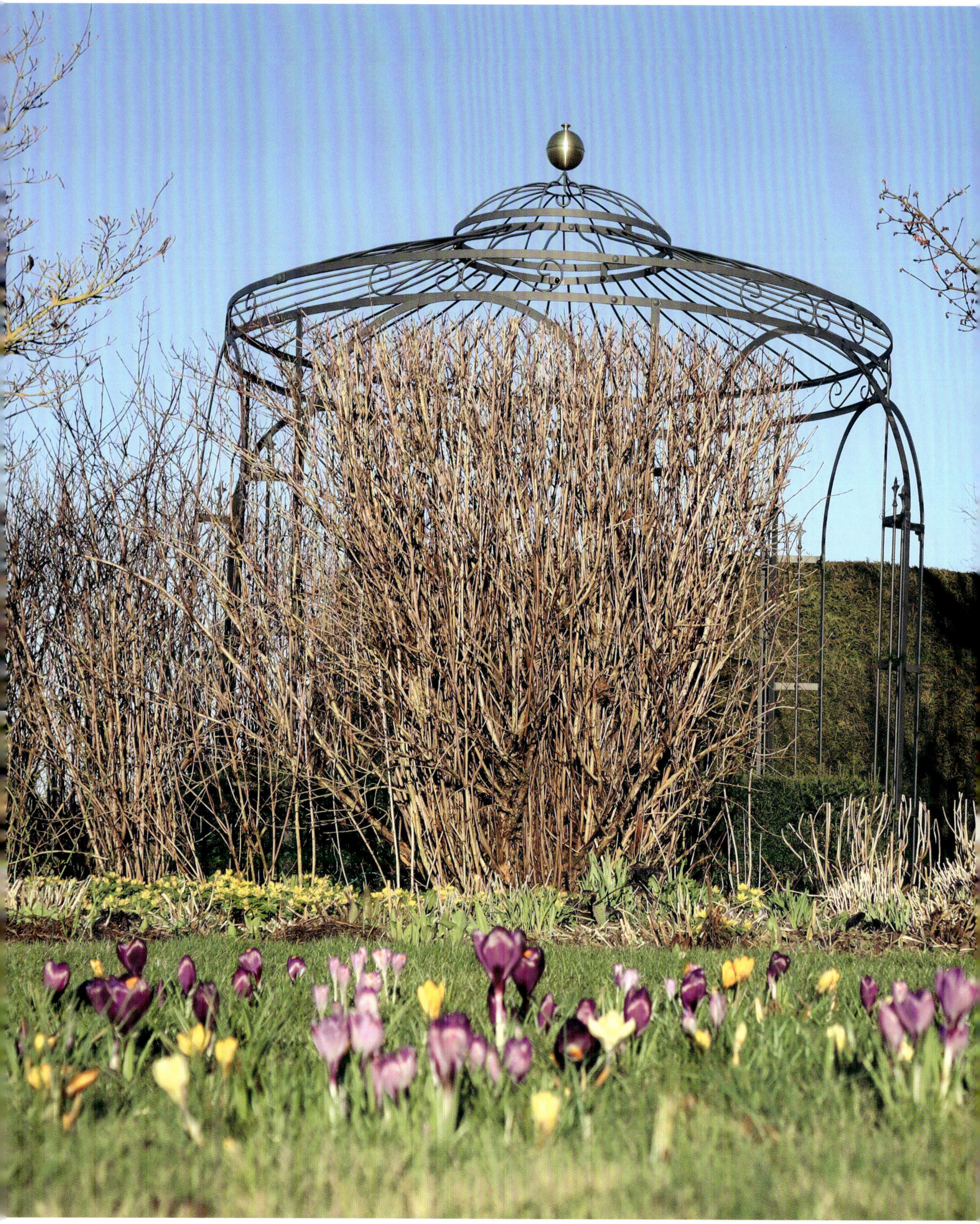

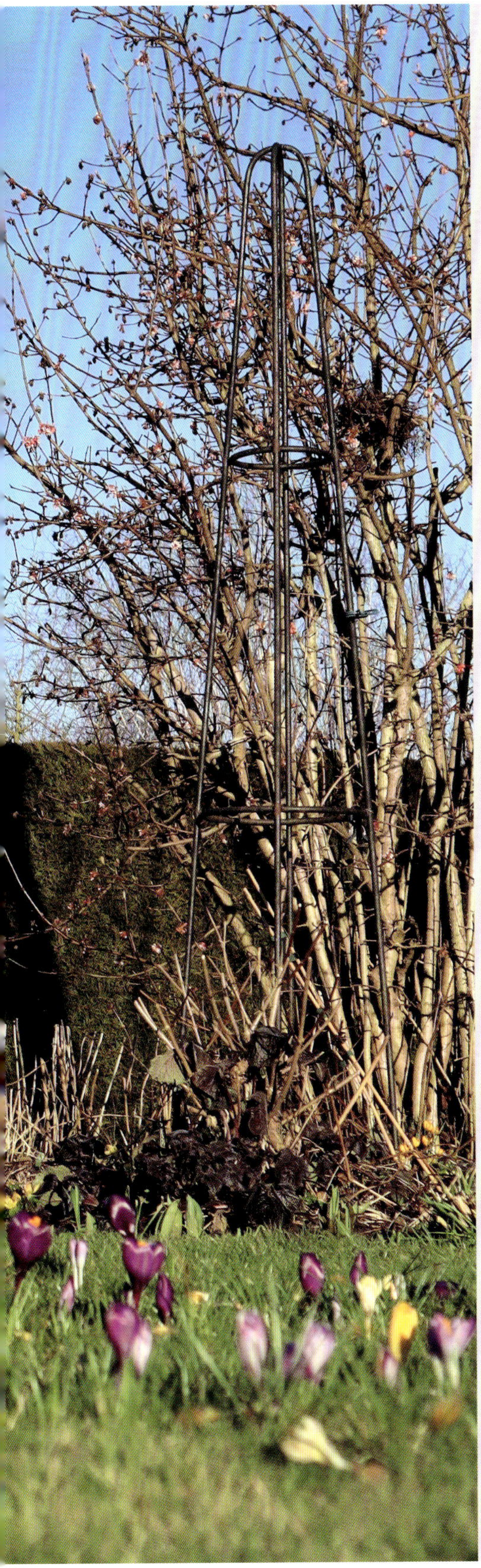

Einst wollte ich im zeitigen Frühjahr meine frisch getriebenen Krokusse im Rasen gegen starken Spätfrost schützen. Massen von Teelichtern mussten her, um Wärme zu erzeugen. Das Problem war nur, ich hatte nicht genug Windlichtgläser im Haus. Aber Katrinchen ist ja clever – glaubte ich, zumindest bis der Abend anbrach.
Die Kerzen leuchteten hell im Garten, meine Krokusse hatten es schön warm und Katrin war zufrieden. Bis zu dem Moment, als mein Mann völlig entsetzt aus dem Fenster schaute und rief: „DU HOLST SOFORT ALLE MEINE TEUREN WHISKEYGLÄSER WIEDER REIN."

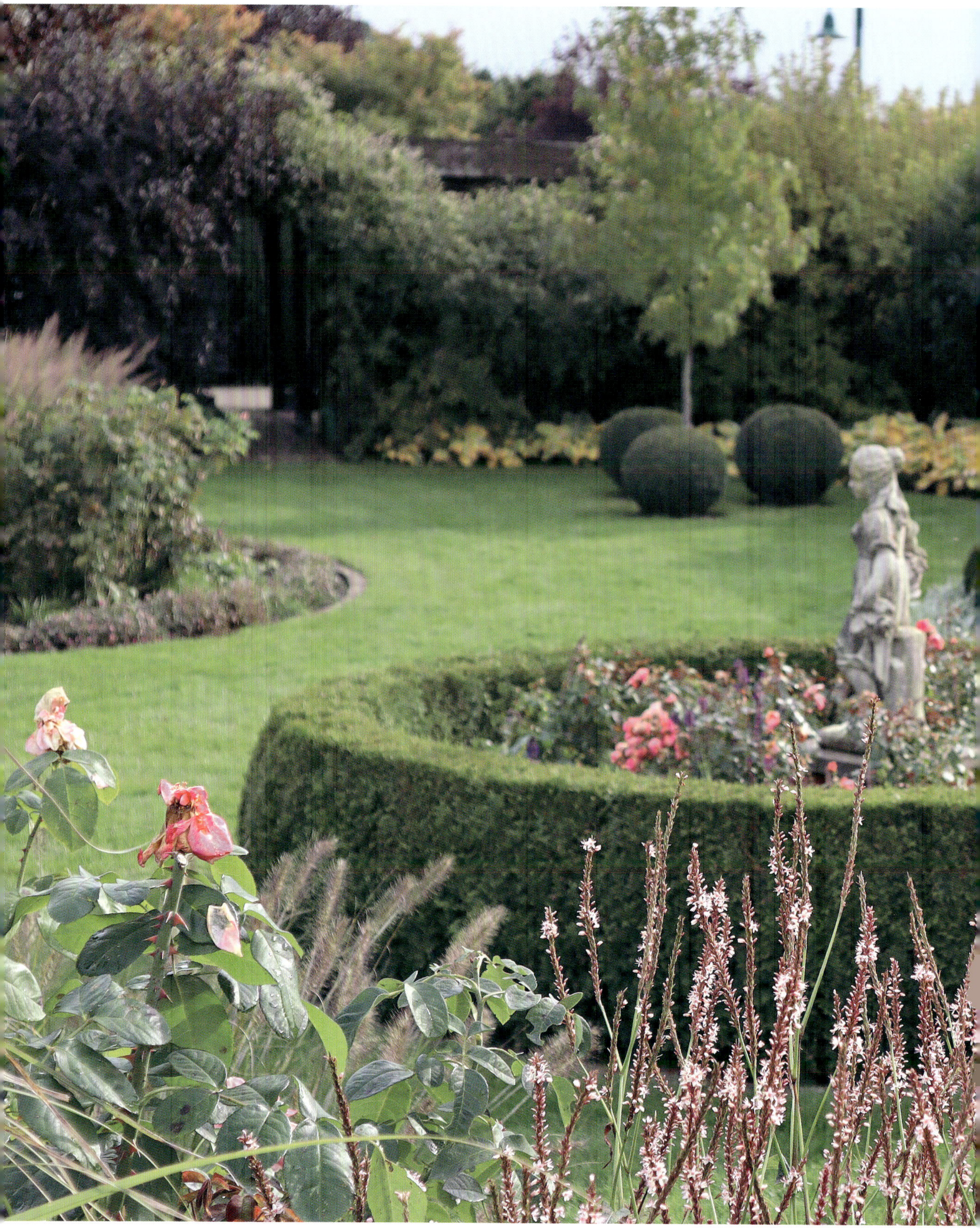

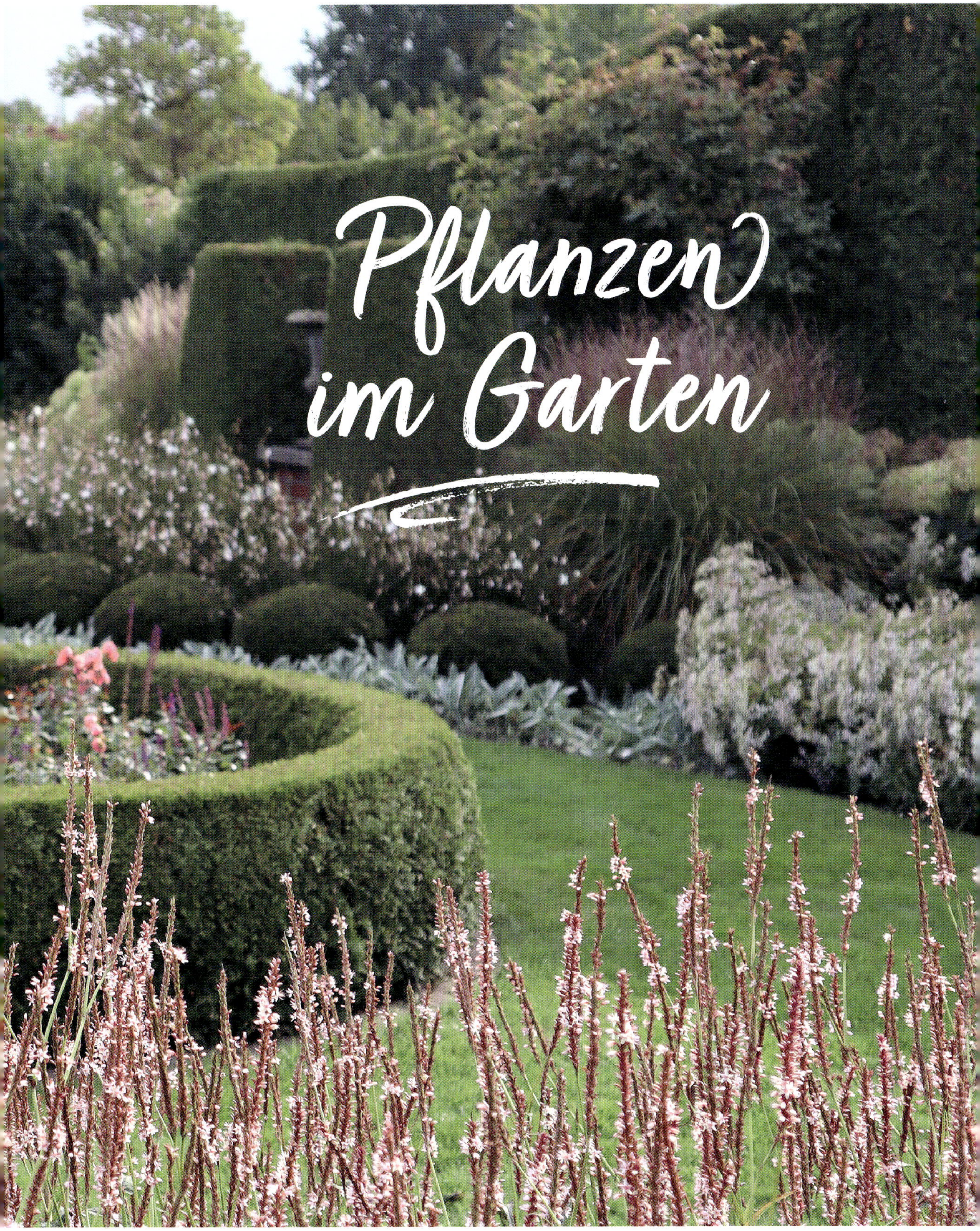
Pflanzen
im Garten

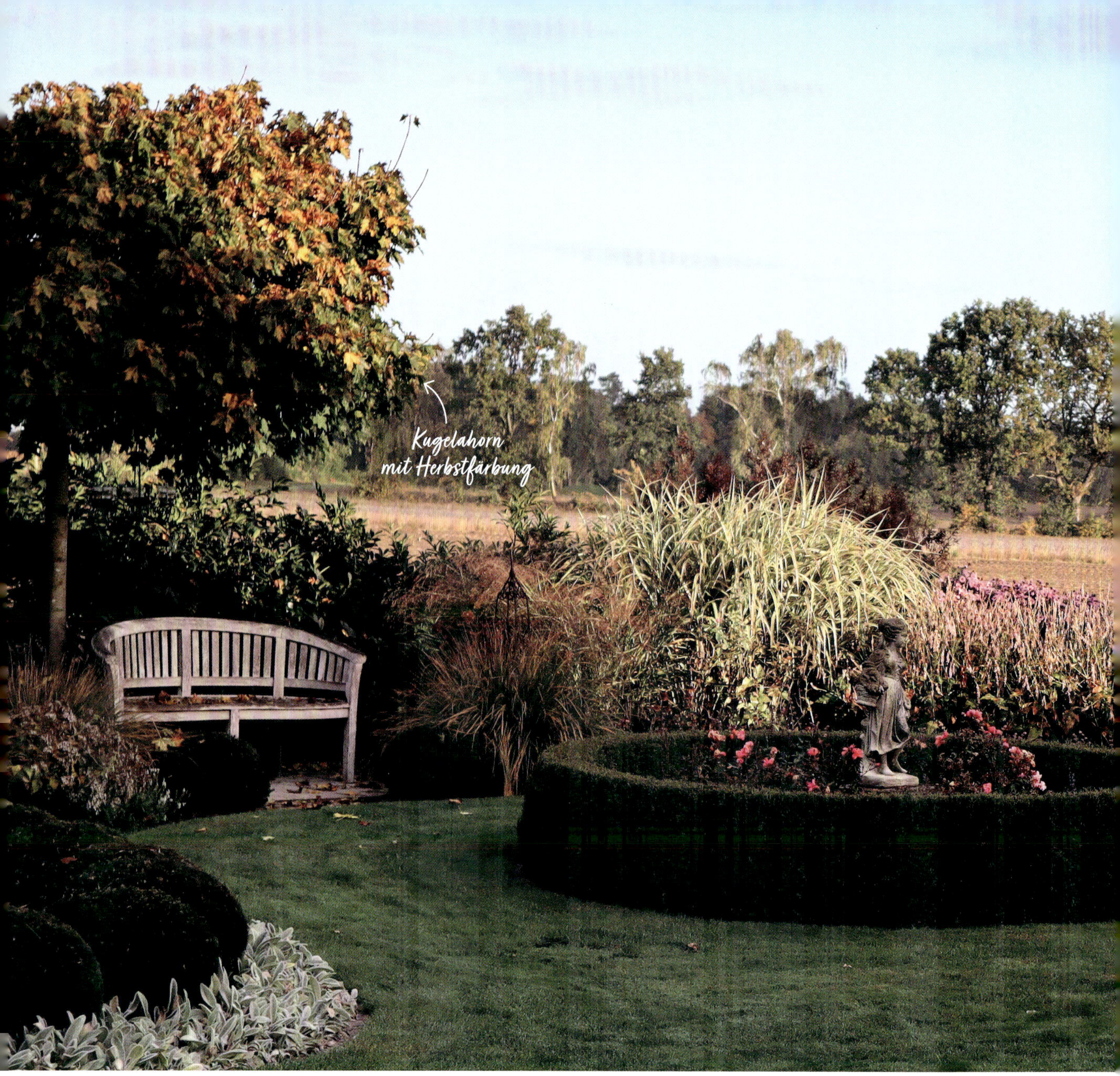

Bäume im Garten

Bäume sind an heißen Tagen nicht nur angenehme Schattenspender, sie setzen mit unterschiedlichen Formen und Farben auch vertikale Akzente im Garten und verleihen gleichzeitig die nötige Struktur in der Höhe. Des Weiteren sind sie für unser Klima auf Erden unverzichtbar, denn sie binden über Jahre CO_2 aus der Atmosphäre.

Gut auswählen

Die Wahl eurer Bäume sollte sich der vorhandenen Grundstücksgröße anpassen, denn Kronenwachstum und Wurzeldruck werden oft unterschätzt. Wer in eine kleine Reihenhaussiedlung einen Walnussbaum oder gar eine Blutbuche setzt, der hat irgendwann Stress mit den Nachbarn,

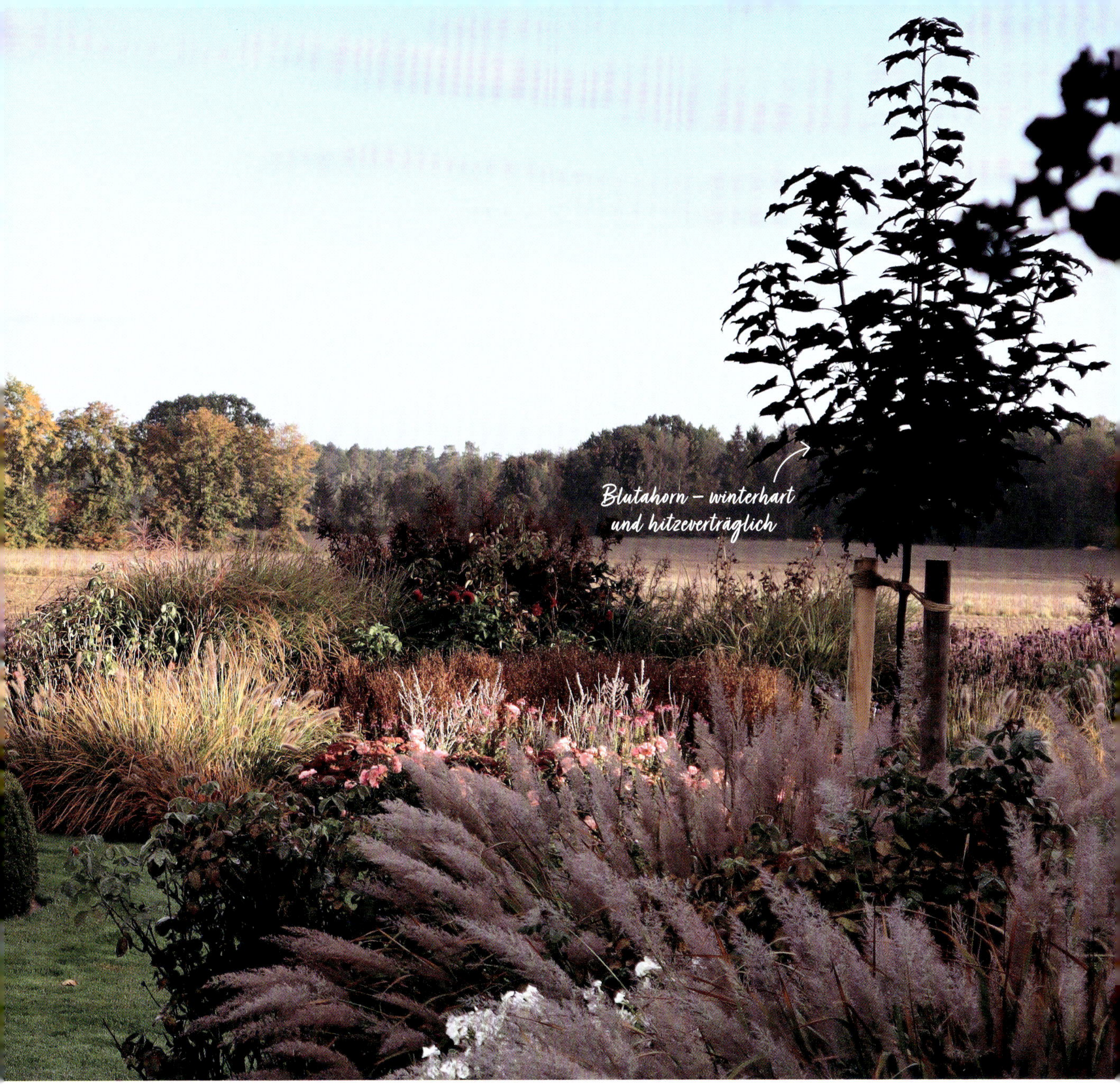

Blick in den blühenden Herbstgarten mit seiner spektakulären Laubfärbung.

denn manch ein Baum wird riesig und wächst euch sprichwörtlich gewaltig über den Kopf. Dann hilft auch keine kleine Handsäge mehr, wie ich sie einst zum Fällen meiner Tannen benutzt habe.

Da die Auswahl an Bäumen schier unendlich ist, habe ich mich stets vor dem Pflanzen eines Baumes in der ortsansässigen Baumschule beraten lassen, was Größe, Licht und Bodenanspruch des Baumes betrifft. Hier erhaltet ihr fachmännische und kompetente Beratung. Wie ich aus eigener Erfahrung weiß, ist so mancher Baum logistisch nicht ganz einfach zu transportieren. Nehmt also gerne den angebotenen Lieferservice in Anspruch, es sei denn, ihr seid genauso ungeduldig wie ich.

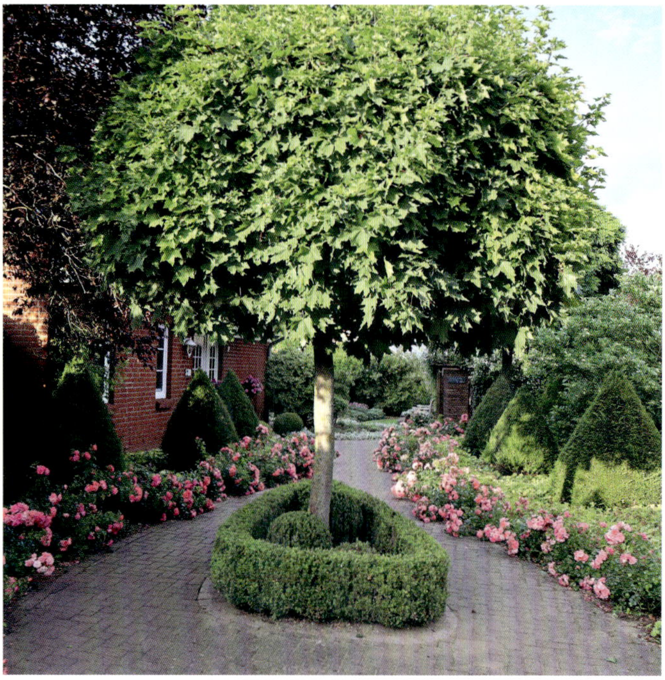

Bei Bedarf in Form schneiden)

Kugelahorn in einem Rondell aus Buchsbaum

Bäume in meinen Gartenräumen

Auf unserer 1.350 qm Gartenfläche haben wir verschiedene Bäume integriert, wobei der Schwerpunkt in der Vertikalen auch zum Teil wieder das Thema Rund aufgreift. So haben wir IM VORGARTEN neben einer Blutpflaume, die im April rosa blüht und über das Jahr hinweg ein tolles rotes Laub zeigt, einen Kugelahorn und eine Kugelrobinie integriert. Sowohl der Kugelahorn als auch die Kugelrobinie werden von uns alle paar Jahre bis auf die Veredlungsstelle zurückgeschnitten, um beide Kugelbäume in Form zu halten.

Vor zwei Jahren sind im SPRINGBRUNNEN-ZIMMER noch zwei junge Zieräpfel 'Red Sentinel' eingezogen. Diese tollen kleinen Hausbäume blühen wunderschön im April und warten im Herbst noch mit hübschen roten Zieräpfeln auf, die sehr gerne von den Vögeln verputzt werden.

Eine vier Jahre alte Kugelplatane ziert mittlerweile das PAVILLON-ZIMMER und soll mir im Rentenalter den Platz für eine Hängematte sichern. Ob ich da allerdings mit 65 noch reinklettern kann, werden wir dann mal sehen, wenn es soweit ist.

Auf dem Weg in den Hauptgarten kommt man an unserer 20 Jahre alten riesigen japanischen Zierkirsche vorbei. Es war der allererste Baum, der einst hier im Garten einzog. Sie blüht im April rosa und beschenkt uns jedes Jahr im Herbst mit einer spektakulären Laubfärbung in sämtlichen Orangetönen.

Im HAUPTGARTEN-ZIMMER findet man im großen Staudenborder einen Japanischen Blumen-Hartriegel *(Cornus kousa)*. Dieser bringt im Juni wunderschöne weiße Blüten hervor, welche sich zum Herbst hin in litschiartige, rote Früchte verwandeln. Auch diese werden gerne von den Piepmätzen genascht.

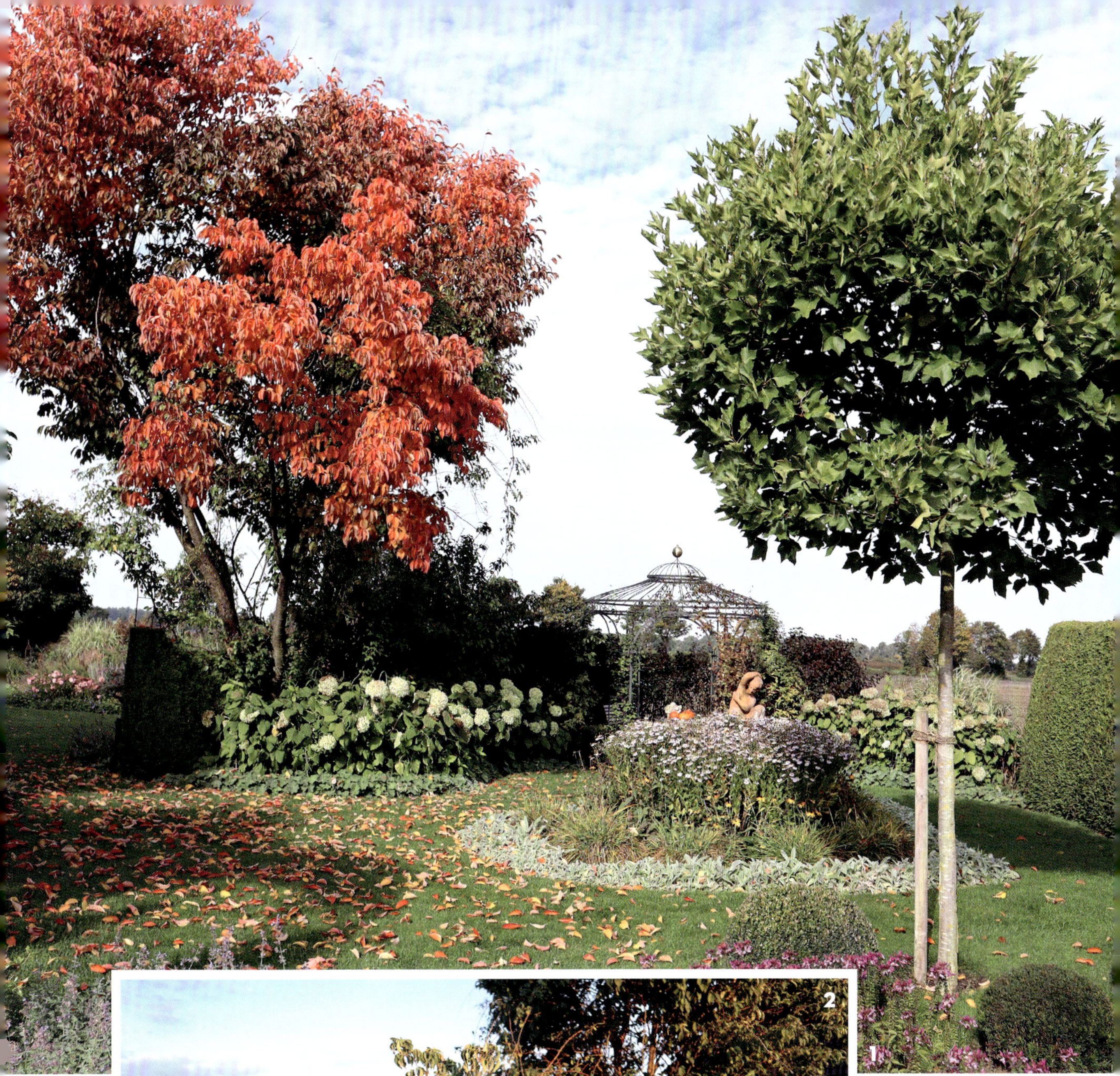

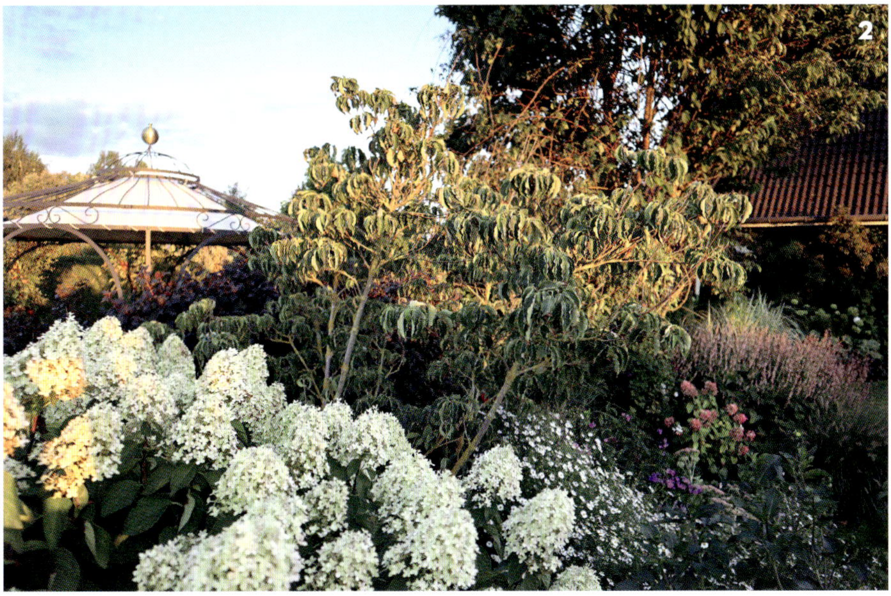

1 Blick auf die japanische Zierkirsche (*Prunus sargentii*) mit ihrer orangeroten Laubfärbung im Herbst.

2 Japanischer Blumen-Hartriegel im Hauptgarten-Zimmer.

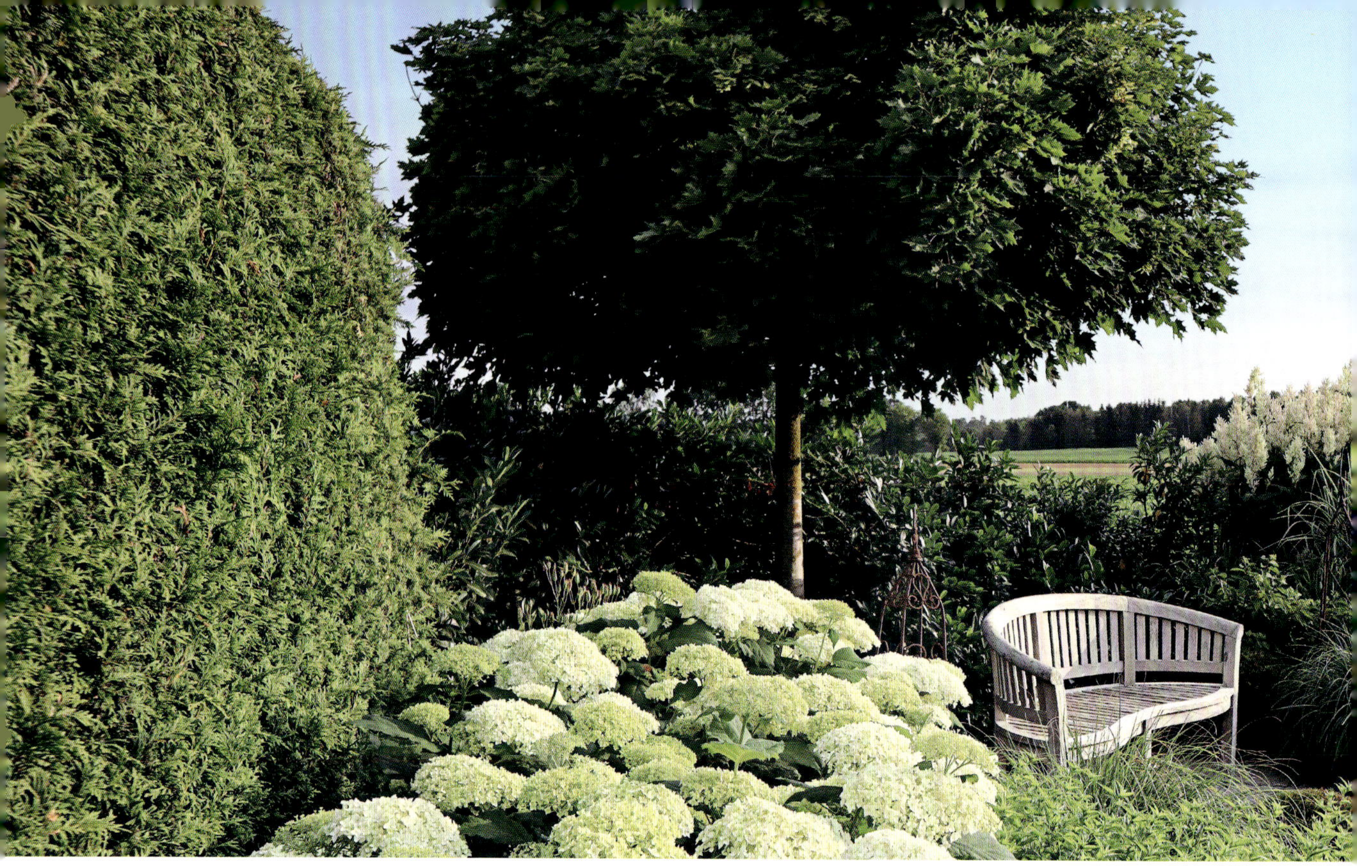

Bäume in meinem Garten

Blutpflaume,
Kugelahorn,
Kugelrobinie,
Zierapfel 'Red Sentinel',
Kugelplantane,
Zierkirsche,
Japanischer Blumen-Hartriegel,
Amberbaum,
Blutahorn 'Crimson Sentry'

Ebenfalls im HAUPTGARTEN-ZIMMER, habe ich einen Kugelahorn in die Sitzecke integriert und einen Amberbaum im Rasen platziert, der im Herbst ebenso mit einer gigantischen Laubfärbung aufwartet.

Im letzten Gartenzimmer wird die angrenzende TERRASSE mit einem Baum gekrönt, der aber erstmal noch einer werden möchte. Vor vier Jahren verloren wir hier durch ein sehr schweres Unwetter einen wunderschönen großen Kugel-Trompetenbaum. Deshalb ziert dort mittlerweile ein noch junger Blutahorn 'Crimson Sentry' den Terrassenbereich. Er bezaubert das ganze Jahr über mit einem tollen dunkelroten Laub, das später ebenfalls eine spektakuläre Herbstfärbung annimmt. Gut Ding hat hier Weile und Katrinchen muss sich etwas in Geduld üben: Er wird einfach jedes Jahr im Frühling reichlich mit Masse an Kuhscheiße gedüngt (in Form von abgelagerten Pellets) und somit dem Wachstum des Ahorns etwas nachgeholfen. ■

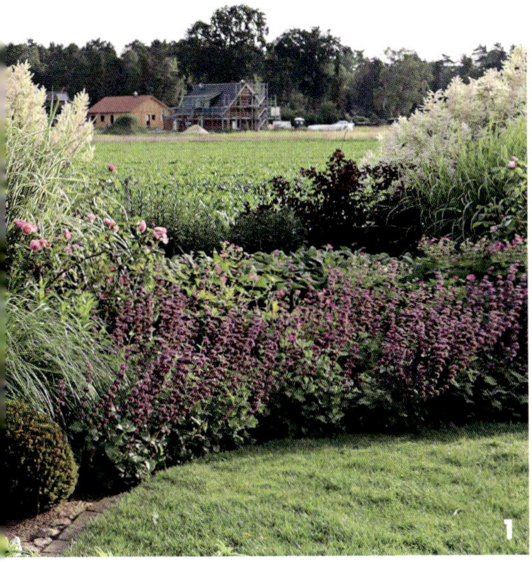

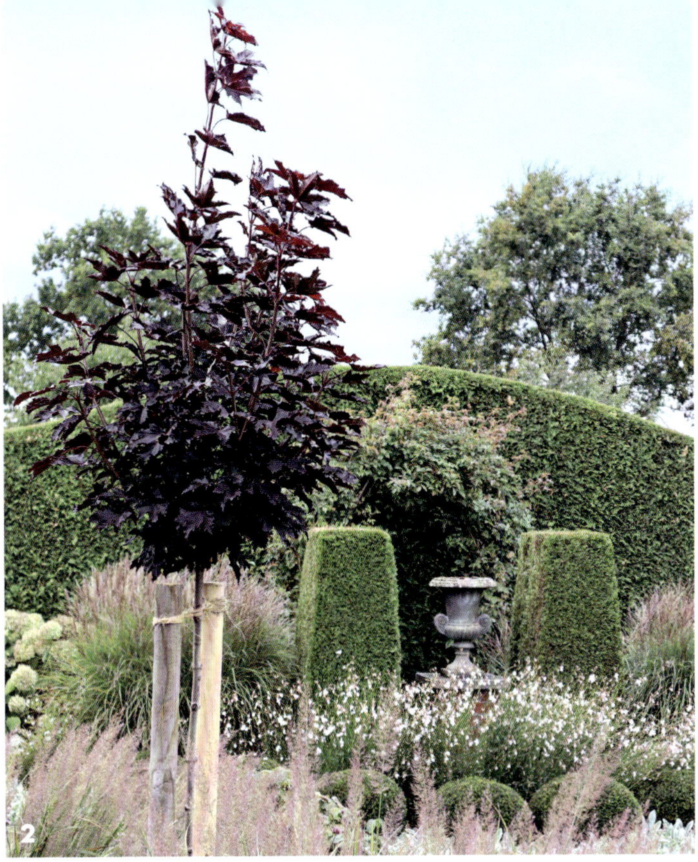

1 Kugelahorn als Schattenspender und Formelement. **2** Der Blutahorn 'Crimson Sentry' bringt von Frühling bis Herbst Farbe in den Garten. **3** Der Amberbaum steht hier vollsonnig und dankt es uns jährlich mit einer tollen Herbstfärbung.

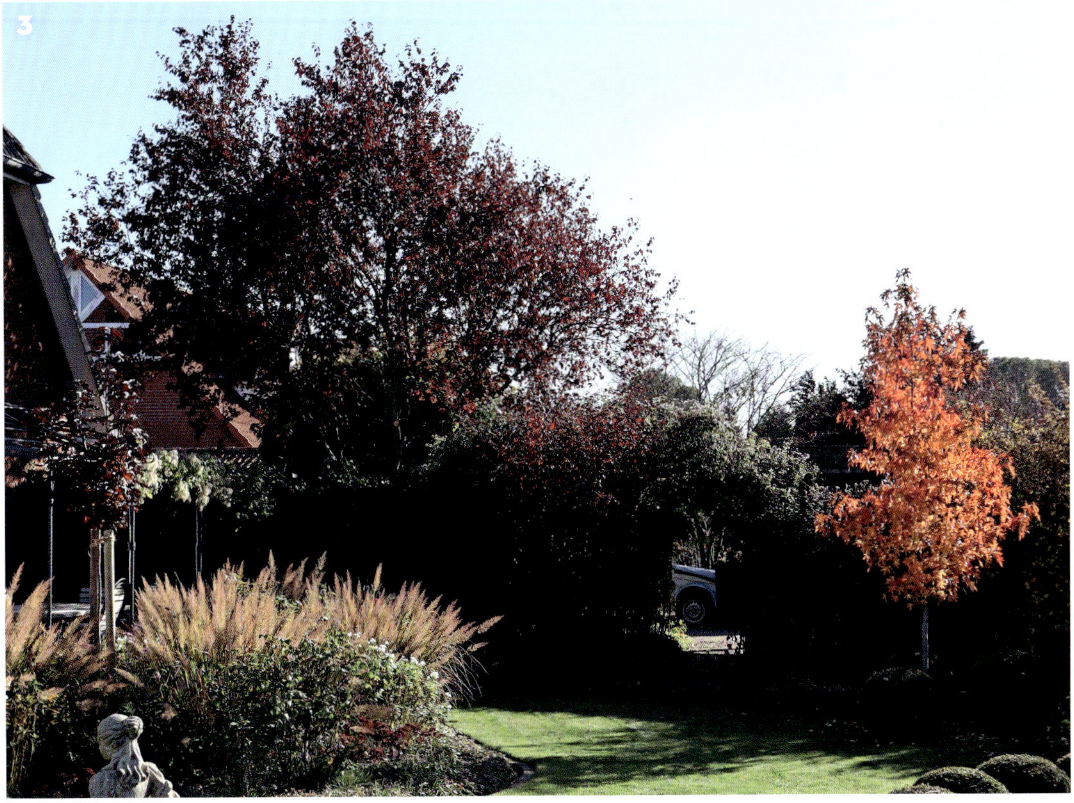

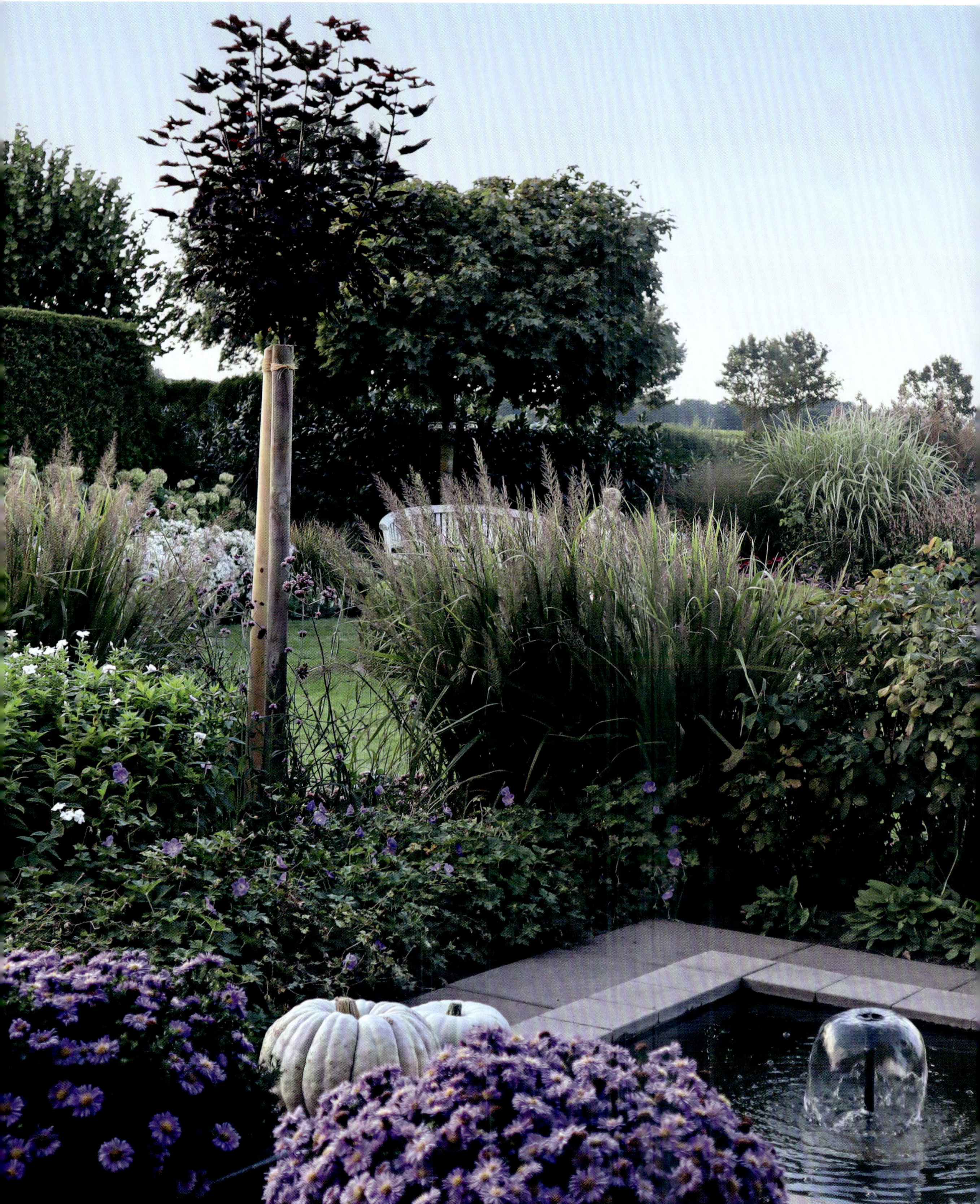

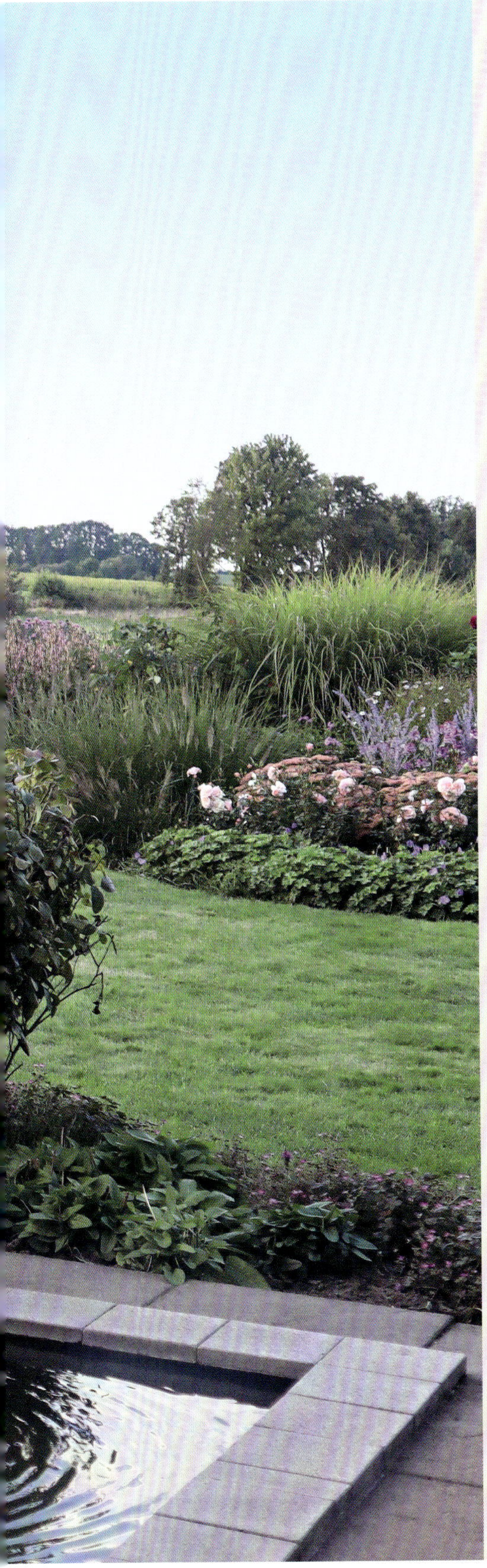

Ich hab ihn gesehen und es war um mich geschehen! So erging es mir beim Anblick des Blutahorns in der Gärtnerei, der heute das Terrassenbeet ziert. Der Baum musste mit, koste es was es wolle. Das Problem war lediglich die Logistik, denn mein kleines Gartenauto ist für große Baumtransporte nicht ausgelegt. Aber wo ein Wille, da bekanntlich ja auch ein Weg. Und so wurde der Baum von mir kurzerhand durch den kompletten Innenraum des Autos geschoben. Nur war das Auto kürzer als der Baum und am Ende schaute die ganze Baumkrone aus dem Kofferraum. Höflich wurde ich darauf hingewiesen, dass ich diese plötzlich auftretende Überlänge des Wagens kennzeichnen muss. Eine rote Fahne musste her, schließlich hatte ich mich mit der Baumverladung schon ordentlich abgerackert. Aber woher nehmen, wenn nicht stehlen? Am Ende fuhr ich dank meiner Kreativität vorschriftsmäßig im Schritttempo nach Hause. MEIN BROMBEERROTER BH, DEN ICH VORBILDLICH IN DIE BAUMKRONE GEBUNDEN HATTE, LEUCHTETE LOCKER IM FAHRTWIND.

Hecken im Garten

Hecken, ob als natürliche Einfriedung des Grundstücks oder als SICHTSCHUTZ zum neugierigen Nachbarn, sind wichtige Strukturgeber im Garten. Des Weiteren sind sie bei WIND- UND LÄRMSCHUTZ effektiv.

Ich persönlich würde bei der Entscheidung, ob Sichtschutzwand oder Hecke, immer wieder die GRÜNE HECKE wählen. Gerade Sichtschutzwände aus Holz brauchen im Laufe der Jahre oft Pflege und sind in der Anschaffung recht kostspielig. Auch hält so manche Holzwand dem nächsten Sturm nicht stand. Hecken dagegen sind nicht nur preiswerter und haben eine viel höhere Lebensdauer, sondern sind auch leichter anzulegen. Bis auf einen Formschnitt im Jahr sind sie absolut pflegeleicht. Ihre unebene, natürliche Oberfläche trotzt hier jedem Sturm.

Ein weiterer wichtiger Aspekt für eine Hecke im Garten ist der ökologische Wert. Im Vorgarten und auf der Ostseite des Grundstücks habe ich mich für eine blühende, naturnahe und laubabwerfende Hecke aus unterschiedlichen Blühsträuchern entschieden, die besonders den vielen Piepmätzen hier im Garten wichtigen Lebensraum bietet. NATURNAHE HECKEN schützen Vögel vor Kälte und Nässe und sind als Brutplatz wichtig. Aber auch zahlreiche Insekten finden sich zur Blütezeit hier ein.

Das Wasserbecken wird täglich von den vielen Vögeln im Garten besucht.

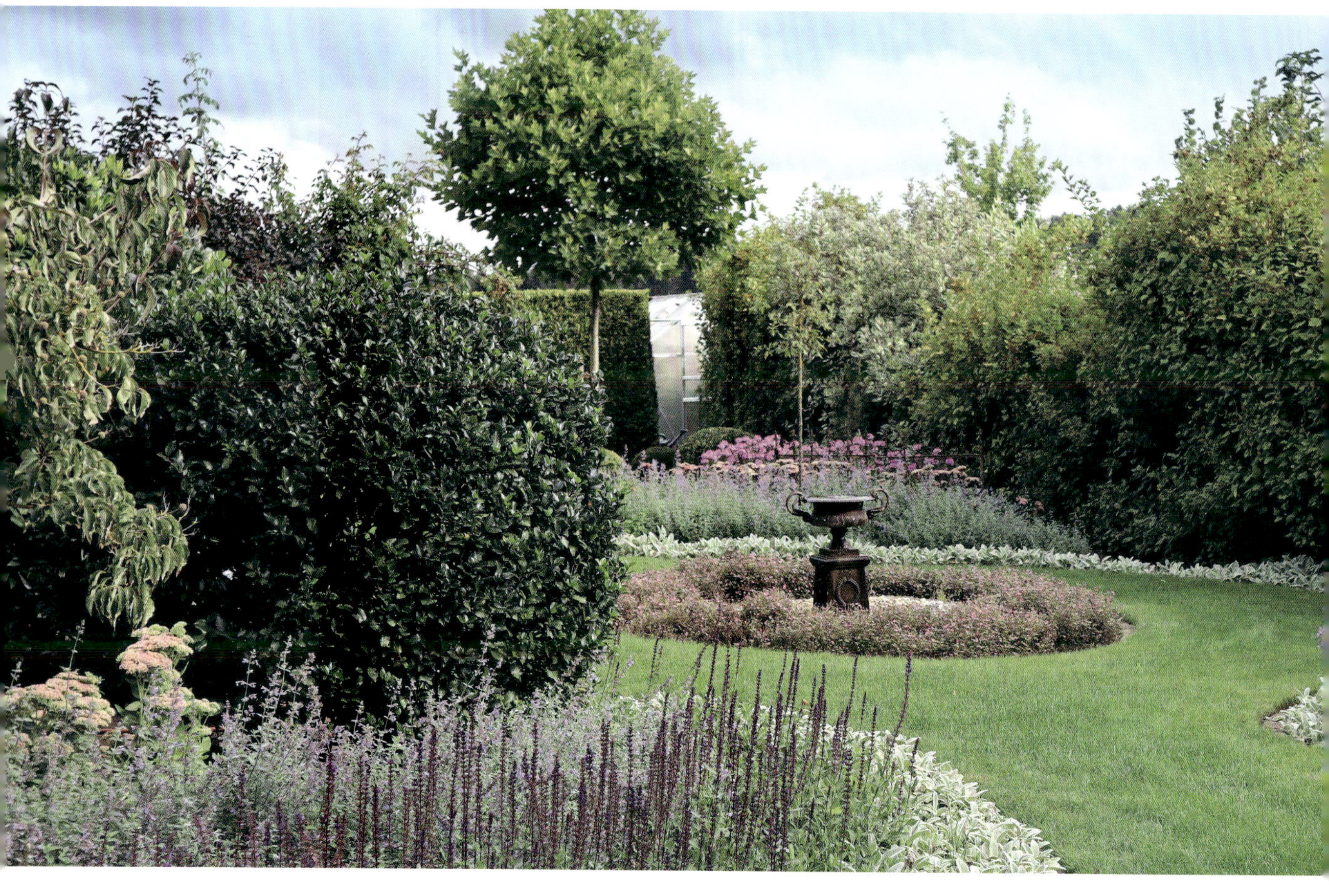

Tipp

Um den Pavillon habe ich als Sicht- und Windschutz eine laubabwerfende Hecke gepflanzt. Hier habe ich mich für eine Einfriedung aus Dunkelroter Blasenspiere 'Diabolo' entschieden, die ich zweimal im Jahr leicht in Form schneide. Ihre zartrosa-weißen Blütendolden locken im späten Frühling unzählige Bienen und Hummeln an und bilden einen tollen Kontrast zum roten Laub. Ein völlig unkompliziertes Gehölz, das sowohl in voller Sonne als auch im Schatten klarkommt. Die Blasenspiere wird nicht von Schädlingen befallen, ist super schnittverträglich und kommt gut mit Trockenheit zurecht, sie toleriert aber auch Nässe. Daher ist die Pflanze in meinem Garten auch als Solitärstrauch anzutreffen.

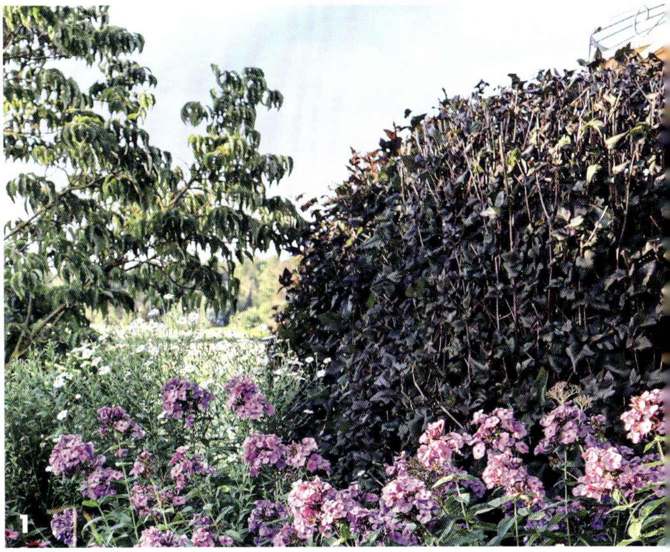

1 + 2 Die Blasenspiere 'Diabolo' umrahmt den Pavillon.

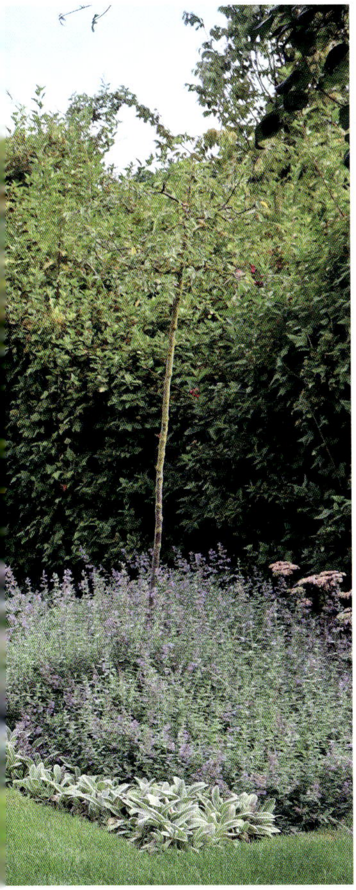

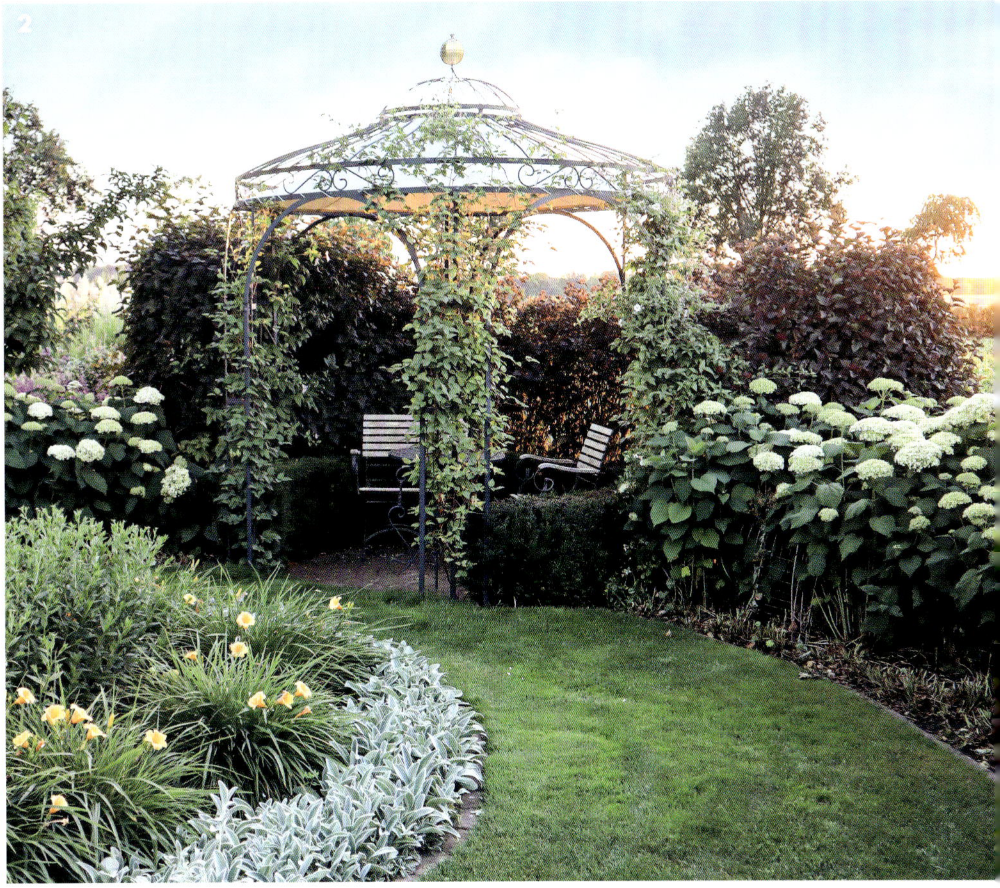

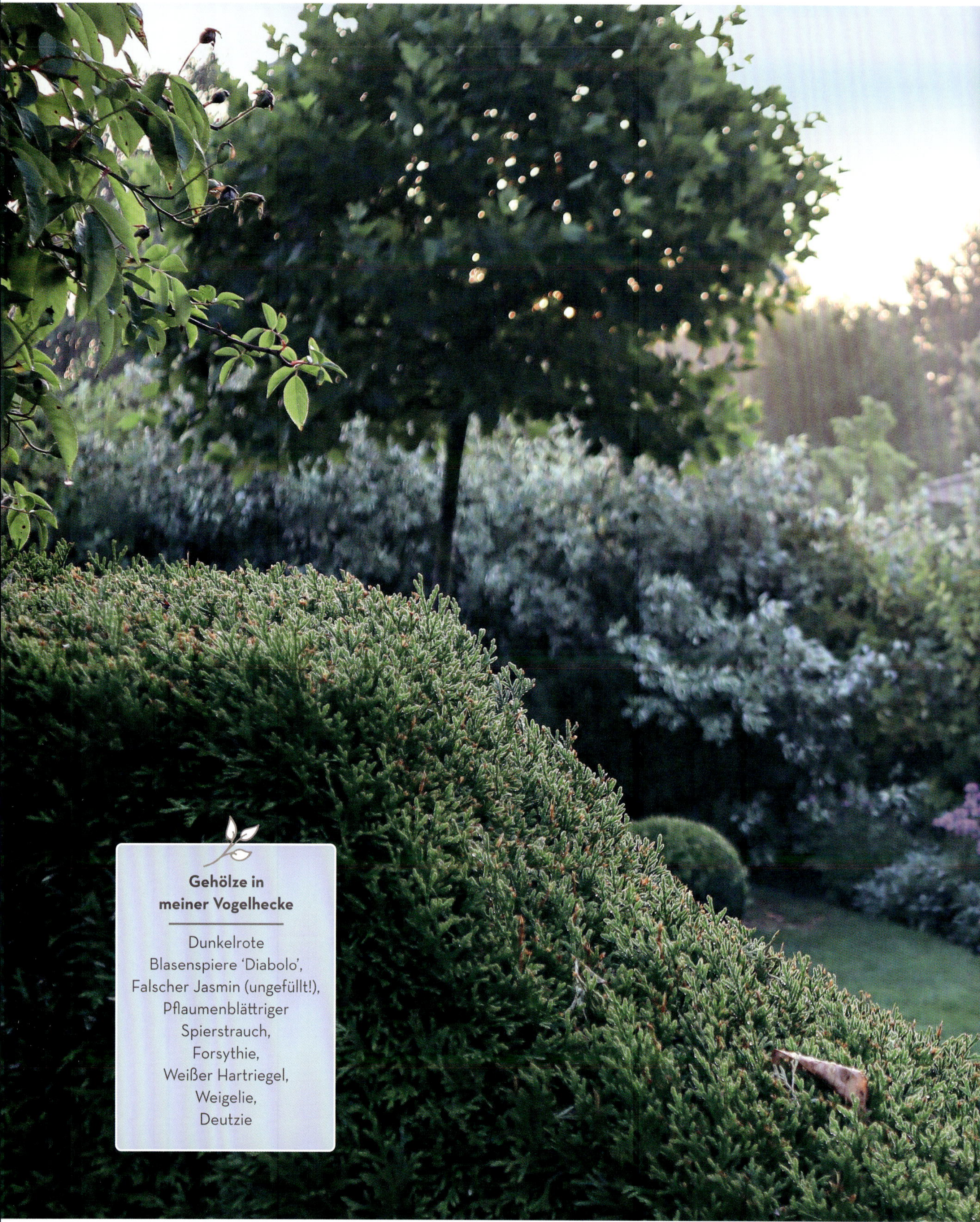

Gehölze in meiner Vogelhecke

Dunkelrote Blasenspiere 'Diabolo', Falscher Jasmin (ungefüllt!), Pflaumenblättriger Spierstrauch, Forsythie, Weißer Hartriegel, Weigelie, Deutzie

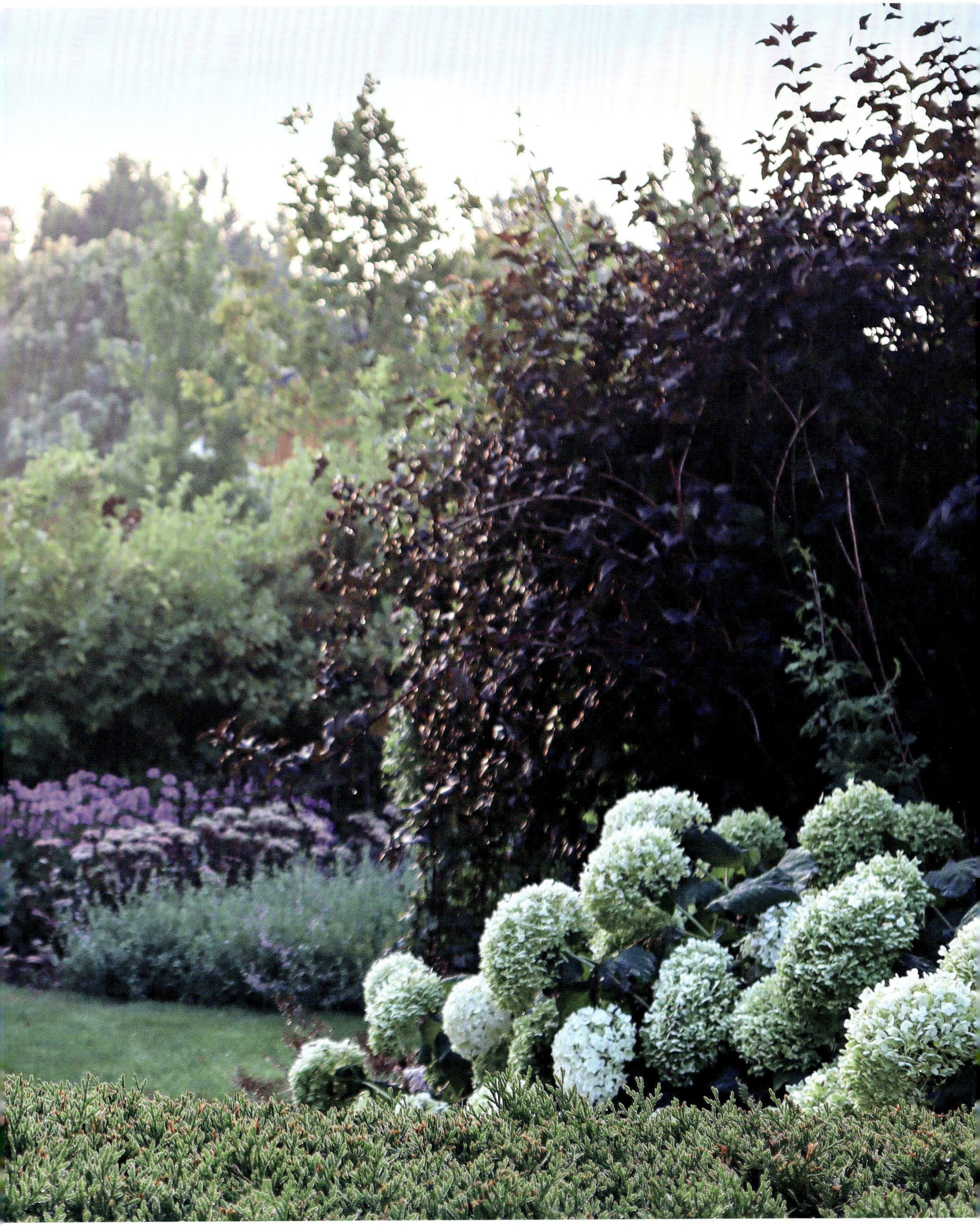

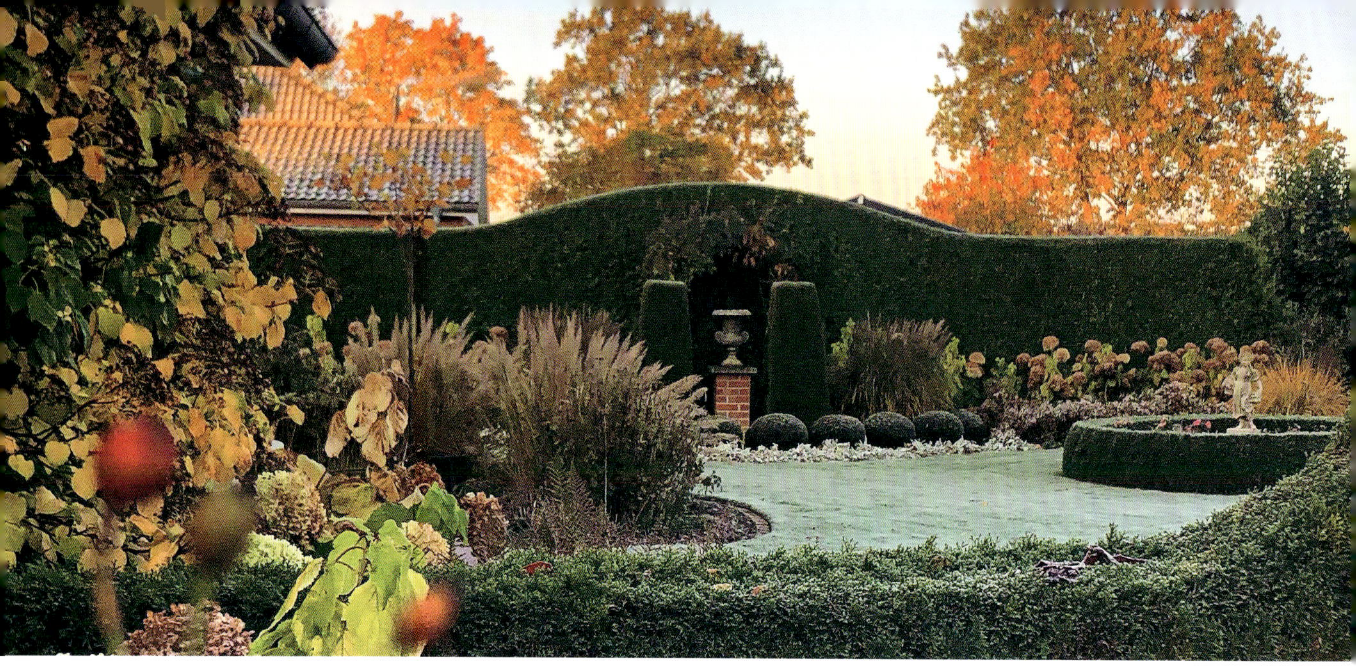

Immergrüne in meinen Hecken

Thuja 'Smaragd', Thuja 'Brabant', Lorbeerkirsche, Efeu

Immergrüne Hecken

Da ich auch im Winter morgens oft in Nachthemd und Wollsocken durch den Garten pirsche und ich auf keinen Fall möchte, dass meine schon betagten Nachbarn Herzklabastern bei dem Anblick bekommen, habe ich mich im Hauptgarten auf der Westseite für eine geschwungene, immergrüne und schnell wachsende SICHTSCHUTZHECKE aus Thuja 'Brabant' entschieden.

Besonders im Winter sind immergrüne Hecken attraktiv und bringen Farbe in den sonst schon grauen Garten. Im Sommer dagegen, wenn der Garten bunt und üppig blüht, treten sie dezent in den Hintergrund.

Als RAUMTEILER zwischen den einzelnen Gartenräumen und als EINFASSUNG vom kleinen Inselrondell habe ich eine Hecke aus langsam wachsender Thuja 'Smaragd' gewählt. Der Sitzplatz im Pavillon dagegen wurde mit einer niedrigen immergrünen Hecke aus Eibe eingerahmt. Als WINDFANG um den Sitzplatz unter dem Kugelahorn ist ein Halbrund aus immergrüner Lorbeerkirsche eingezogen.

Im hinteren Teil des Grundstücks befindet sich der Gemüsegarten meines Mannes. Dieser Bereich wurde ebenfalls durch eine immergrüne, schnell wachsende Hecke aus Thuja 'Brabant' vom Rest des Gartens getrennt. Bei einer gartenwahnsinnigen Ehefrau muss der Mann schließlich ein Rückzugsörtchen haben, an dem er meditieren kann. Und das muss nicht immer nur das stille Örtchen im Haus sein.

Aber auch immergrünes Efeu ist als eine Art Hecke beziehungsweise Raumteiler im Garten zu finden. So haben wir um die Terrasse einen kompletten SICHTSCHUTZZAUN aus Holz mit Efeu beranken lassen, der dadurch das ganze Jahr über einen natürlichen grünen Anstrich bekommt. Das Efeu wird einmal im Jahr in Form geschnitten, eine Pflege der Holzwand entfällt komplett.

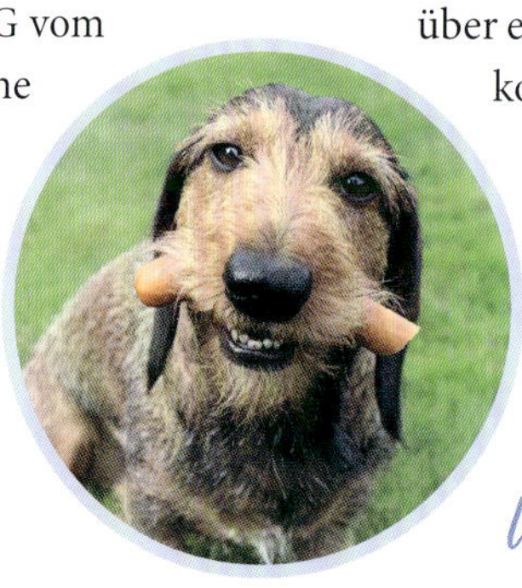

»Ohne Belohnung läuft hier nichts!«

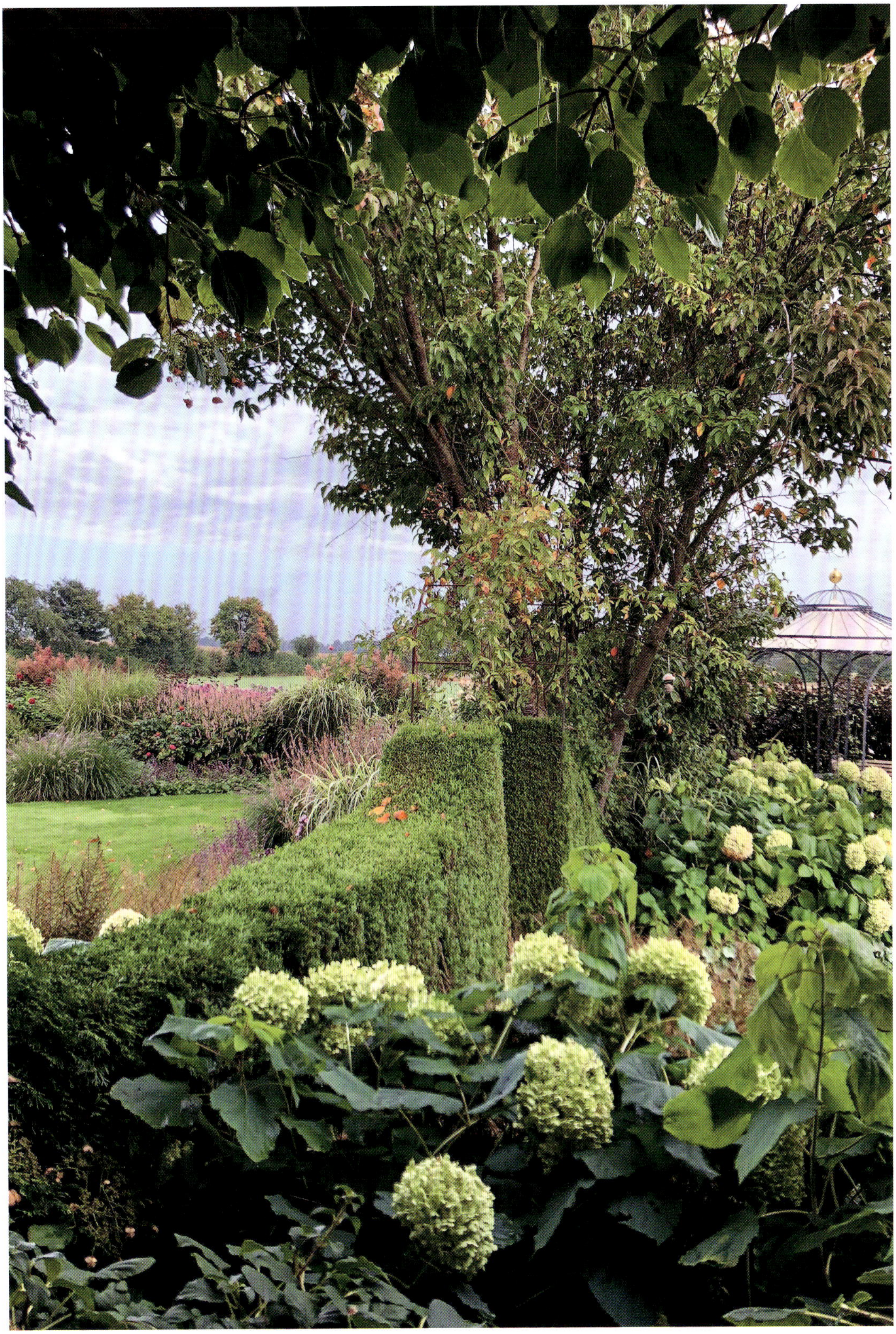

Thuja 'Smaragd' kommt hier mit Schwung als Raumteiler daher.

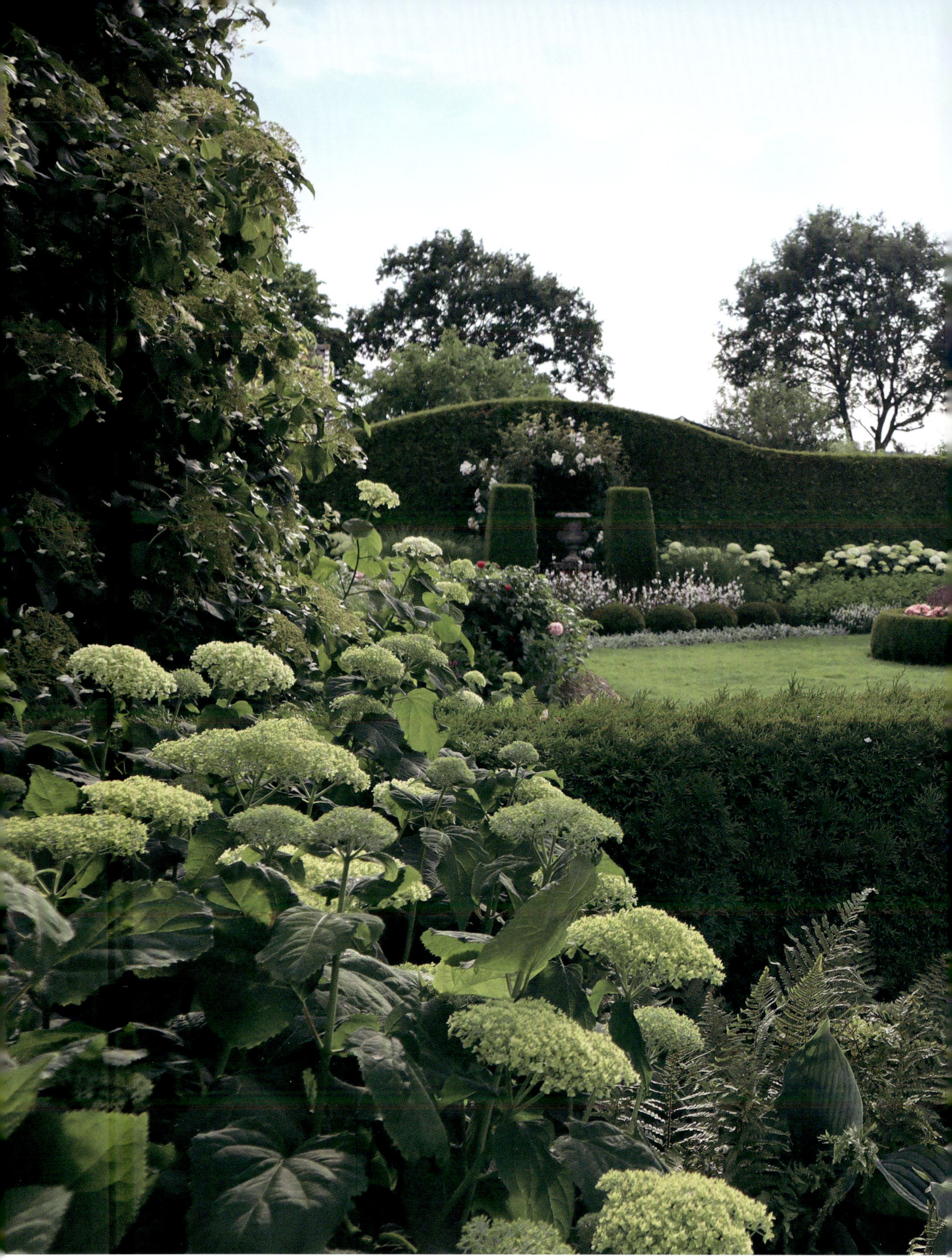

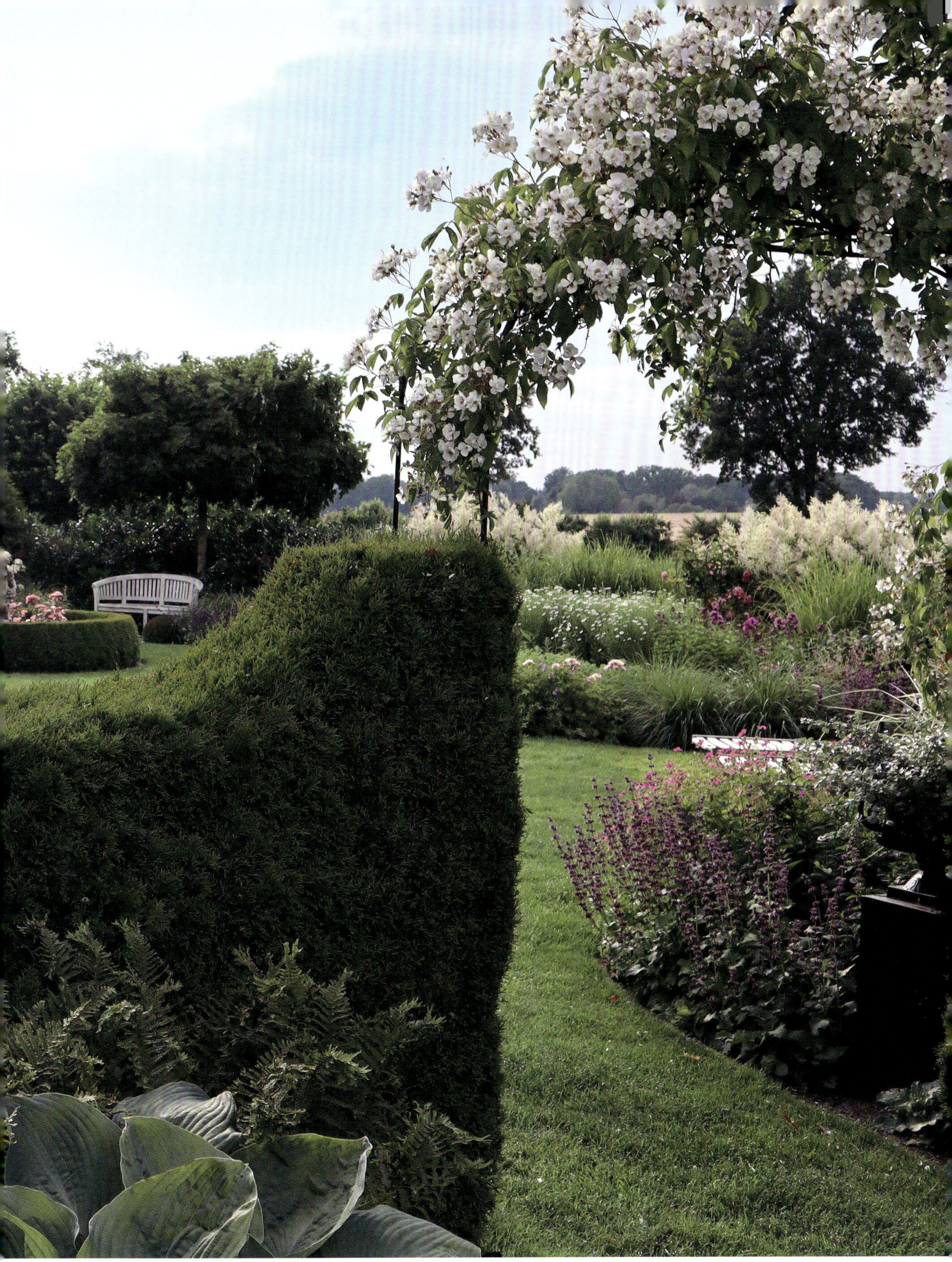

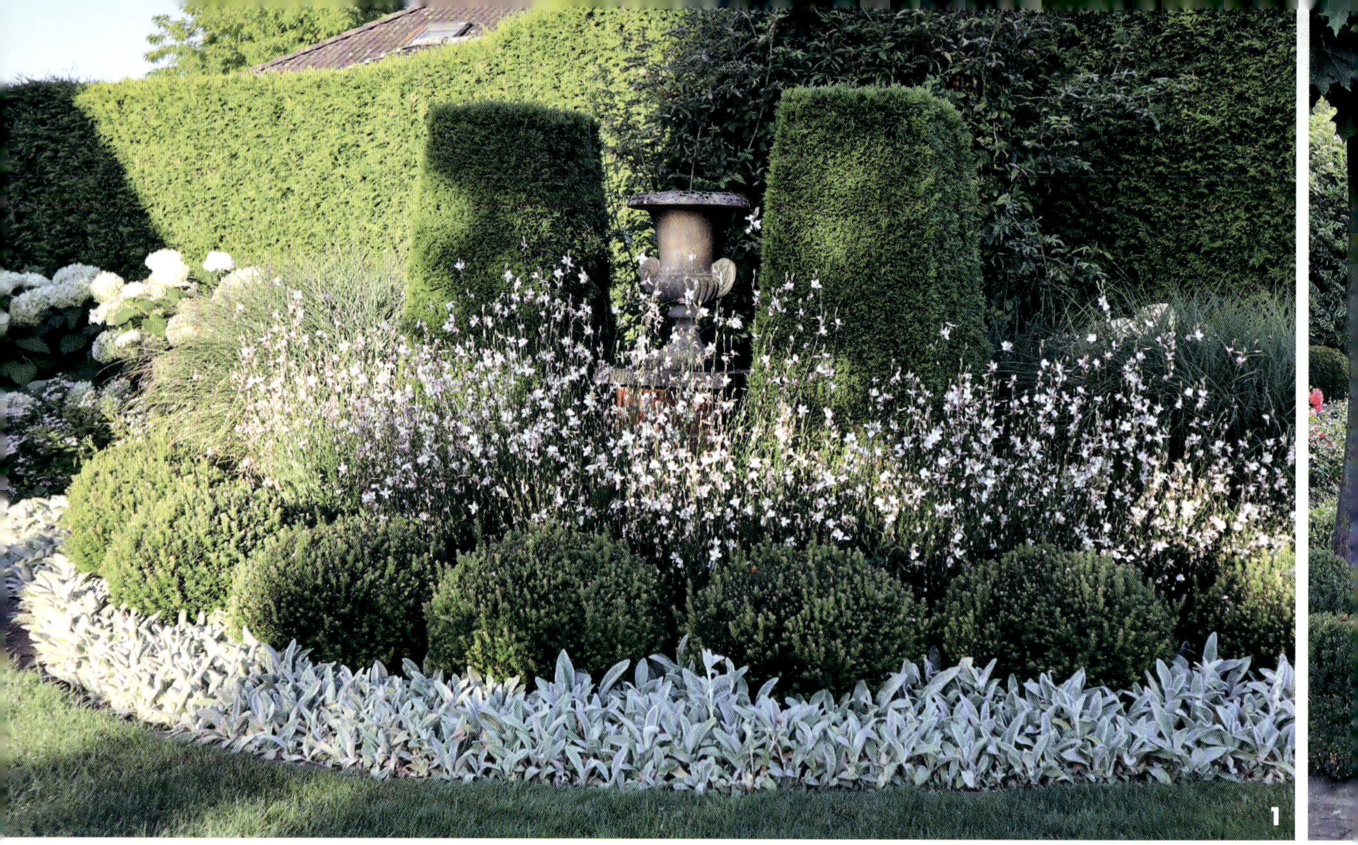

1

Meine Formschnitt-Pflanzen

Eibe, Buchsbaum

Formschnittgehölze

Neben immergrünen Hecken, spielen viele Formschnittgehölze in meinem Garten eine große Rolle. Sie sind in den Beeten nicht nur Ruhepol, sondern dienen als Kontrast zwischen den vielen farbigen Stauden und Gräsern. Gerade auch im Winter, wenn die Stauden in den Hintergrund treten, sind immergrüne Kugeln und Kegel prächtige Strukturgeber. Mit Schnee überzuckert sehen sie einfach zauberhaft aus, und die geometrischen Formen kommen zu dieser Jahreszeit toll zur Geltung.

IN FAST ALLEN GARTENBEREICHEN habe ich Formschnittgehölze integriert. Sie betonen Sitzecken, flankieren den Hauseingang und sind ein wichtiges Gestaltungselement was Symmetrie hier im Garten betrifft.

Nach den vielen Buchsbaumschädlingen der letzten Jahre, sind in meinem Garten hauptsächlich Eibenkugeln als Formschnittgehölze eingezogen. Sie kommen gut mit meinem Sandboden zurecht und sind, bis auf den Formschnitt zweimal im Jahr, recht pflegeleicht.

IM HAUPTGARTEN liebe ich besonders die edle Kombination aus den ruhigen Kugeln der Eibe und den wild anmutenden weißen Prachtkerzen *(Gaura)*. Hier dienen die Eibenkugeln gleichzeitig als Stütze der Prachtkerzen, da diese zum Auseinanderfallen neigen.

Nach dem Buchsbaumtriebsterben habe ich versucht, die Japan-Stechpalme *(Ilex crenata)* im Garten zu integrieren. Nach nur kurzer Zeit musste ich allerdings feststellen, dass der Ilex mit meinen Bodenverhältnissen nicht klarkommt. Er hat sprichwörtlich den Löffel abgegeben.

Im Bereich des VORGARTENS war mir die Integration von immergrünem Formschnitt besonders wichtig, denn dieser Bereich wird ganzjährig betreten und soll zu jeder Jahreszeit gut aus-

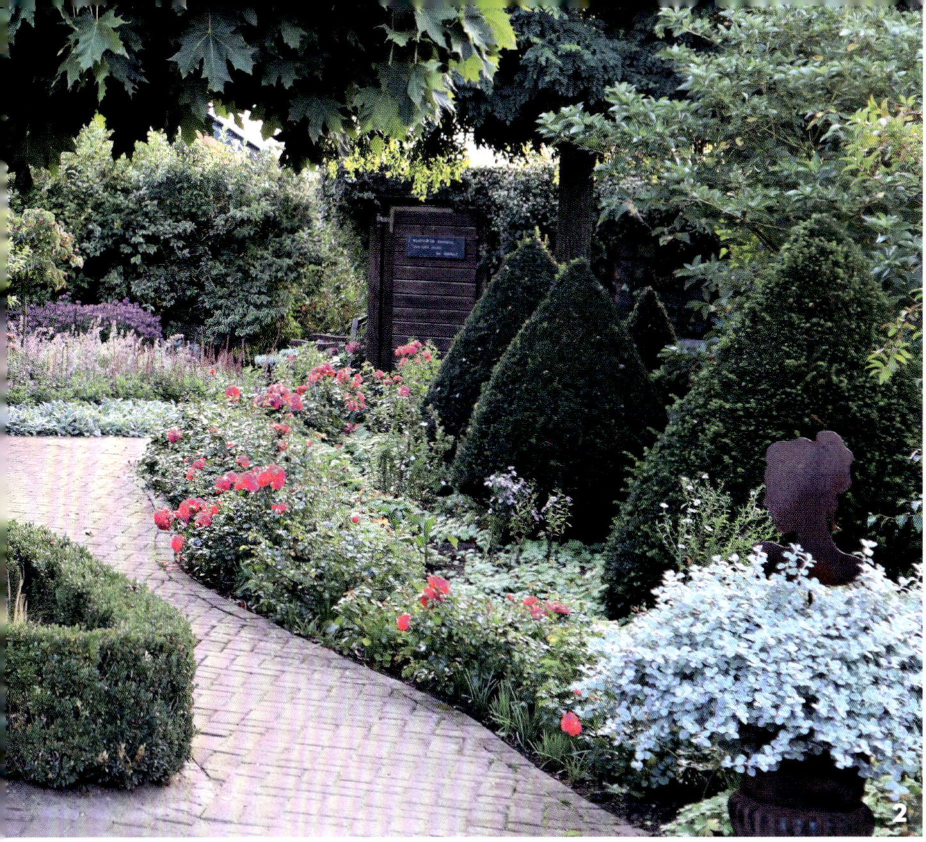

1 Wie Perlen einer Kette wurden Eibenkugeln (*Taxus baccata*) aneinandergereiht.

2 Streng in Form geschnitten, bringen Eibenkegel Struktur in den Vorgarten.

sehen. Daher habe ich mich hier für sieben große Eibenkegel entschieden, die den Weg zum Haus auf beiden Seiten säumen. Man muss ja schließlich auch dem Postmann, der hier öfter dreimal klingelt, was fürs Auge bieten, oder? ■

Tipp

Bevor ich meine Immergrünen Anfang Juni und Ende August mit der Schere in Form bringe, drapiere ich stets alte ausrangierte Bettlaken um die Kugeln und Kegeln. Das Schnittgut fällt so direkt ins Laken, das ich anschließend in der Komposttonne ausschüttele. Ein umständliches Aufharken oder Fegen entfällt somit. Ihr könntet auch stilvoll und elegant einen Friseurumhang um eure Kugeln legen. Ein bisschen Klasse statt Masse darf ruhig auch mal sein, finde ich.

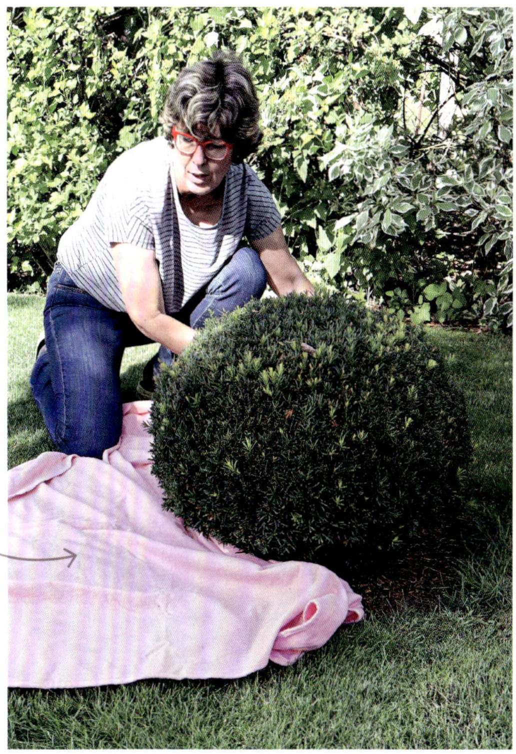

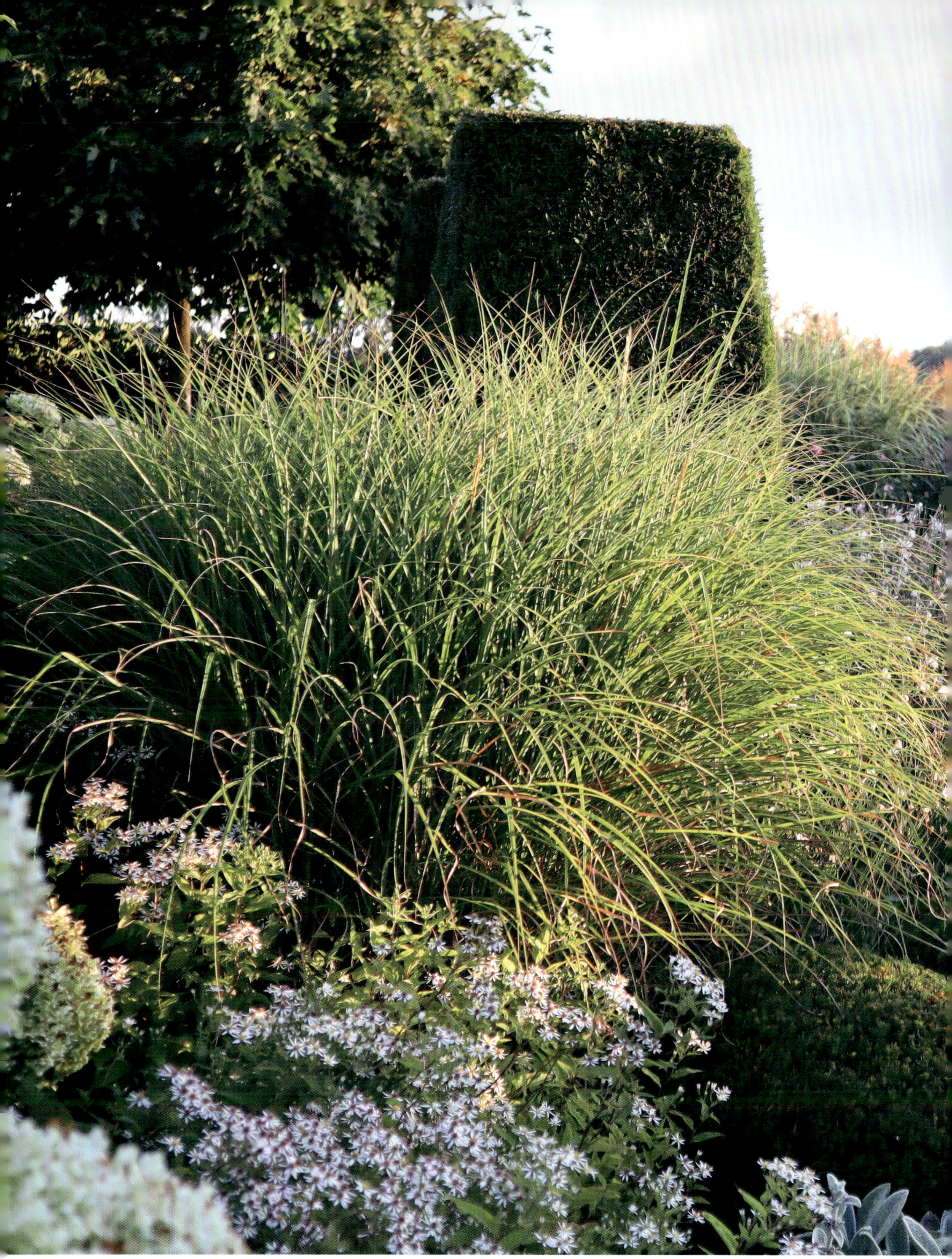

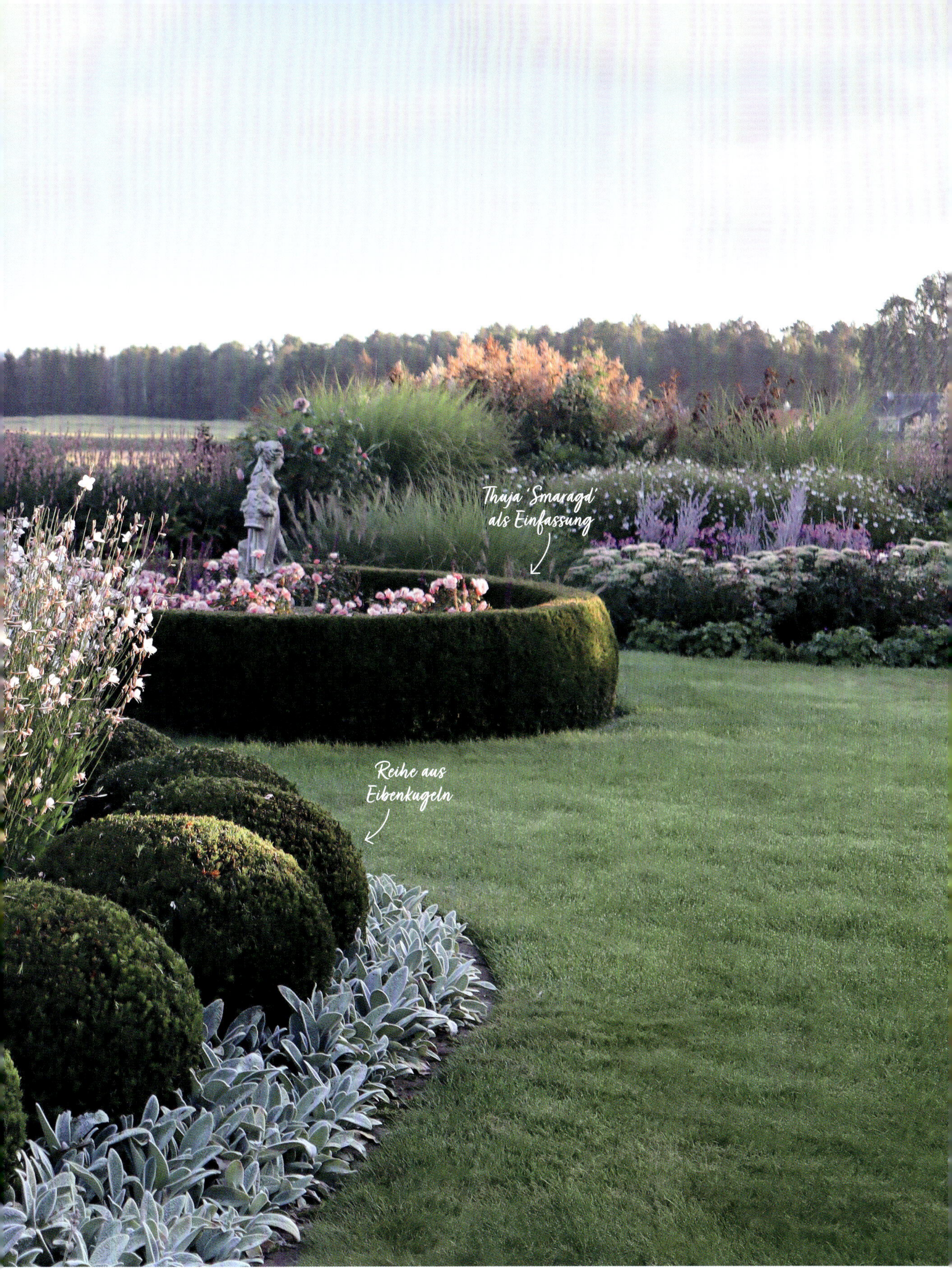
Thuja 'Smaragd' als Einfassung
Reihe aus Eibenkugeln

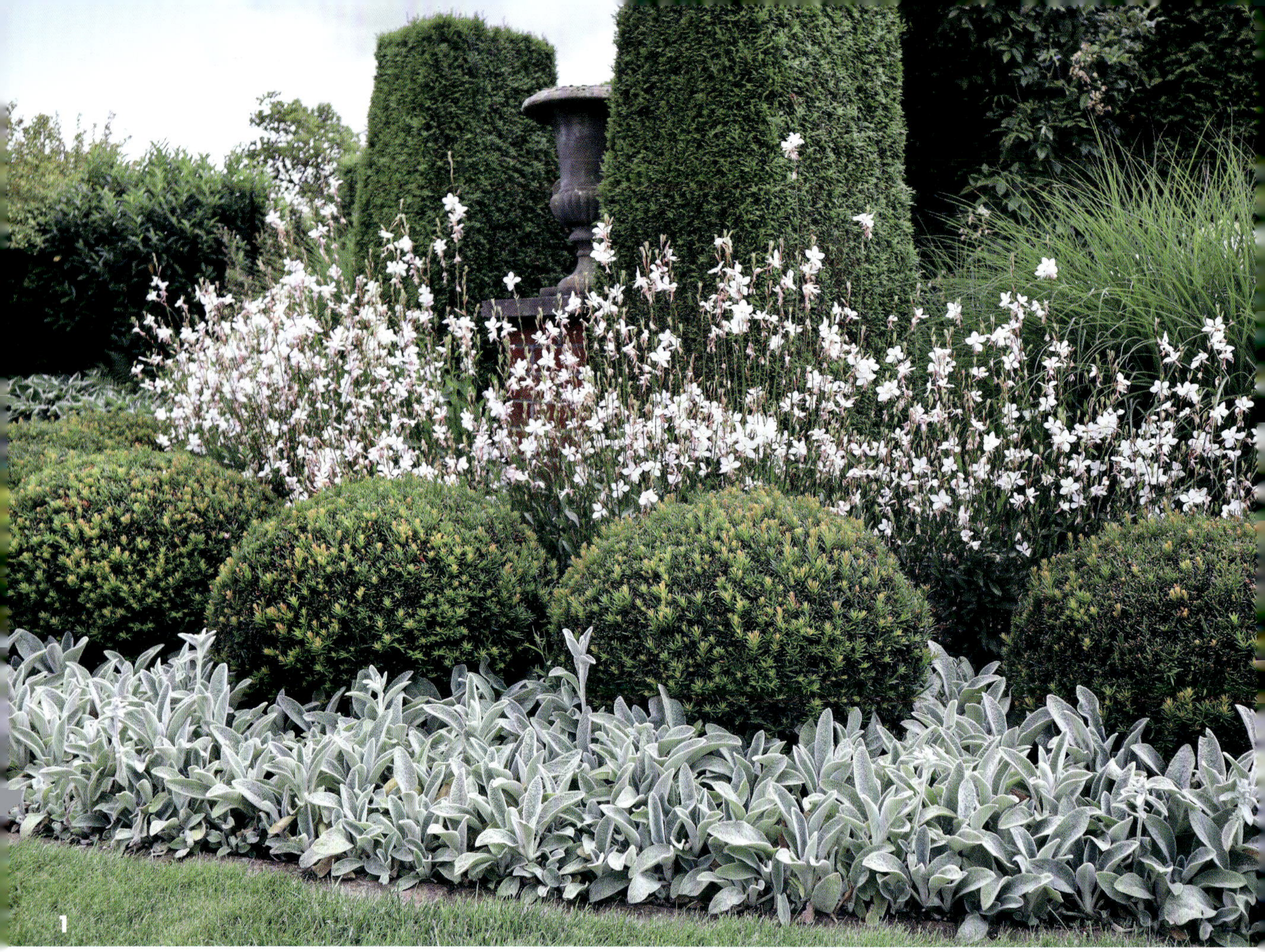

1 + 2 Ein dichtes Band aus grauem Wollziest 'Silver Carpet' legt sich um Stauden und Immergrüne.
3 Storchschnabel 'Orkney Cherry' glänzt ganzjährig mit bronzefarbenem Laub.

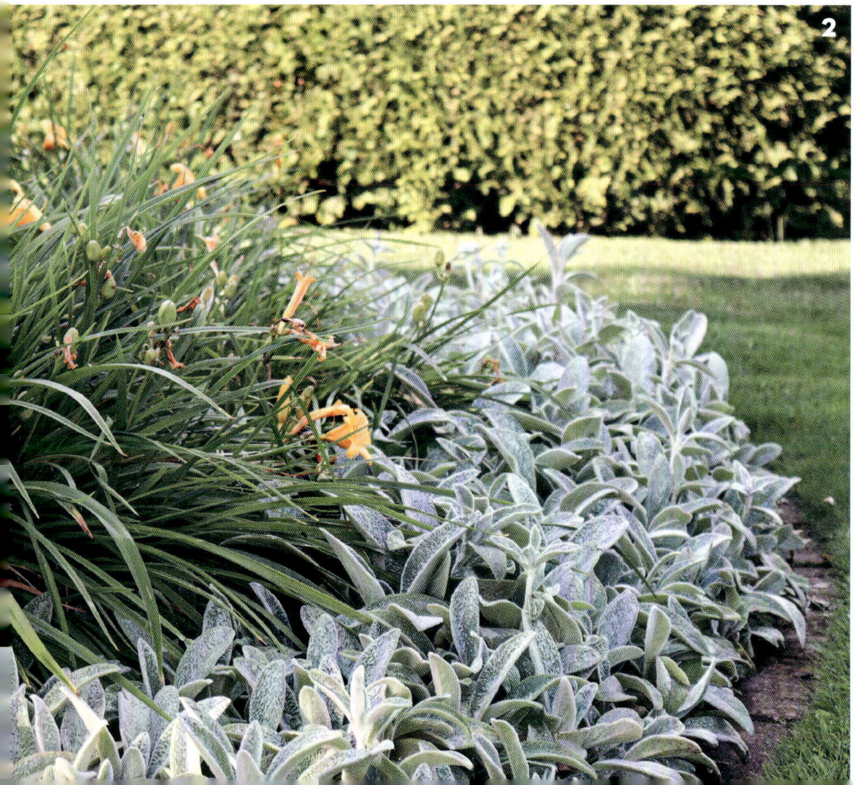

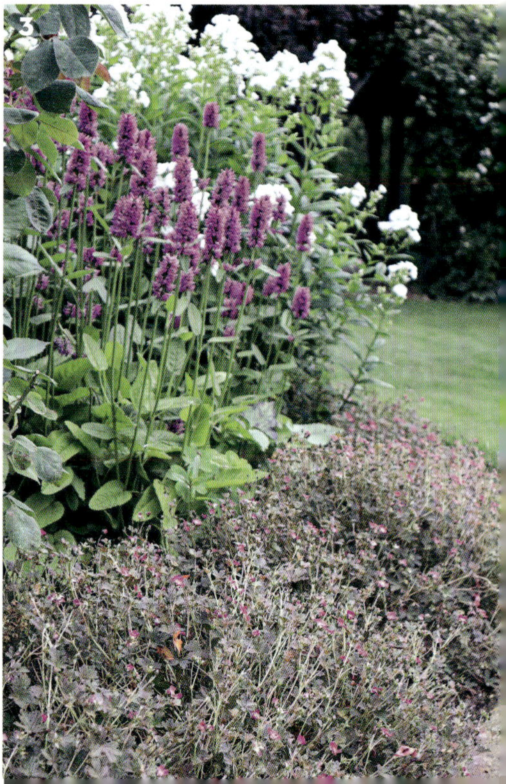

Beeteinfassungen mit Staudenbändern

Zum Einfassen von Beeten gibt es neben kleinen immergrünen Hecken weitere tolle Möglichkeiten, um dem Übergang zum Rasen oder zu den Gartenwegen noch mehr Struktur zu verleihen. Ich habe mich im kompletten Garten für eine Einfassung mit Bändern aus Stauden entschieden.

Im Idealfall WIEDERHOLT SICH EINE BEETEINFASSUNG an anderer Stelle im Garten. So findet man in meinem Garten beispielsweise die Einfassung aus immergrünem, grauem Wollziest 'Silver Carpet' in mehreren Gartenbereichen. Auch der von Mai bis Oktober blühende wintergrüne Storchschnabel 'Orkney Cherry' ist an mehreren Stellen als Beeteinfassung zu finden. Er umrahmt sowohl den Amphoren-Brunnen, als auch den Terrassenbereich.

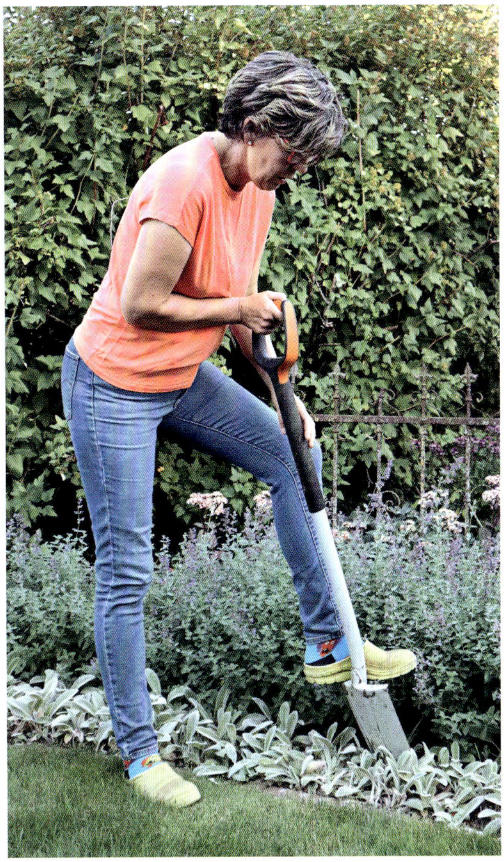

Tipp

Um die Masse an Stauden für eure Beeteinfassungen zu bekommen, müsst ihr nicht gleich die Haushaltskasse plündern. Ich habe stets ein kleines Kontingent in die Beete eingebracht und die Pflanzen im Folgejahr bereits geteilt. Dabei steche ich ganz unbeherzt und ohne Geschiss alle Stauden mit dem Spaten durch. Aus Eins mach Zwei und schon habt ihr doppelt so viele Pflanzen, die ihr dann wieder einsetzen könnt.

»Klotzen statt kleckern ist hier mein Motto, denn die Masse an Stauden einer Sorte beruhigen das Auge des Betrachters und schaffen gleichzeitig eine tolle Überleitung zur ruhigen Rasenfläche.«

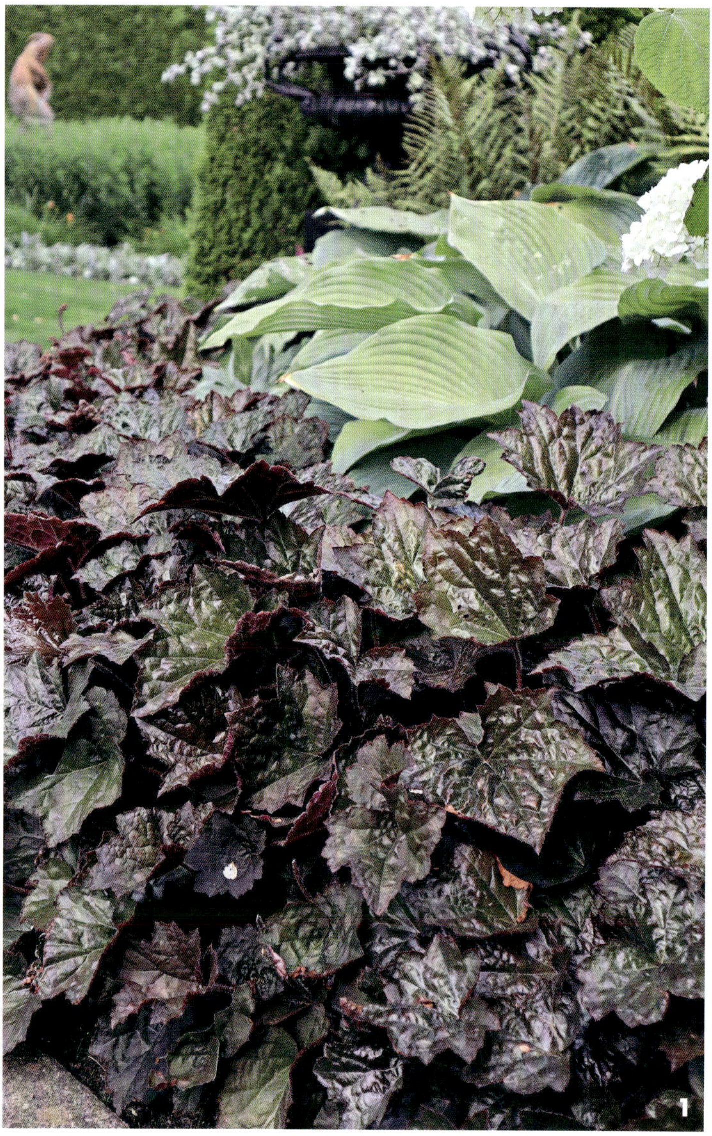

1

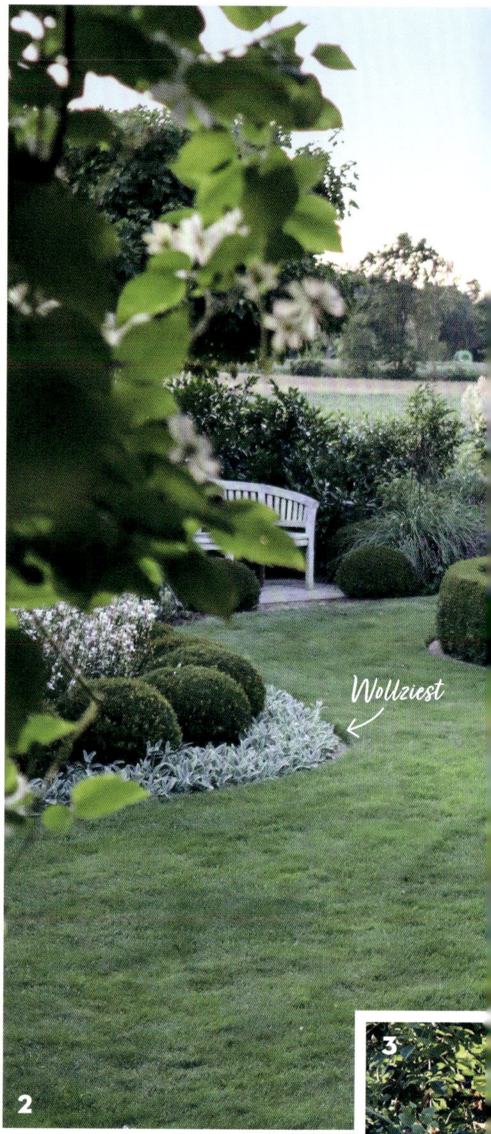

2

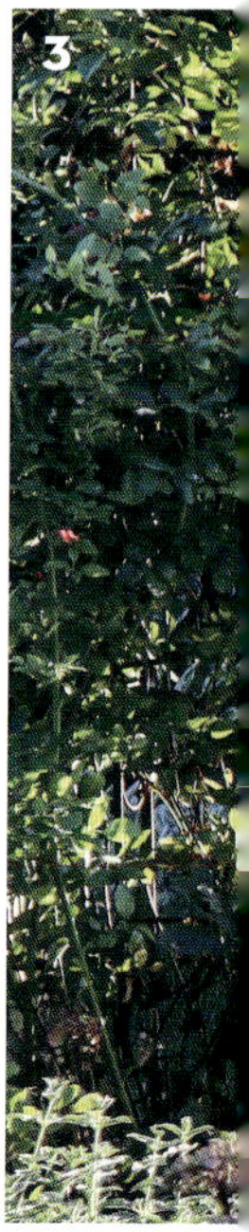

3

In bestimmten Beeten habe ich die Einfassung mit einer Staudensorte ABSICHTLICH UNTERBROCHEN, um noch mehr Spannung ins Gesamtbild zu bringen. Zudem habe ich teilweise das Stilmittel der Symmetrie gewählt, um die Beeteinfassung spiegelgleich laufen zu lassen.

Anhand der Bilder hier auf diesen Seiten kann man schön erkennen, dass sich Heuchera, Frauenmantel, Storchschnabel und Wollziest, aber auch Salbei und Funkien, ideal als Beeteinfassung eignen. Einfach mal ausprobieren!

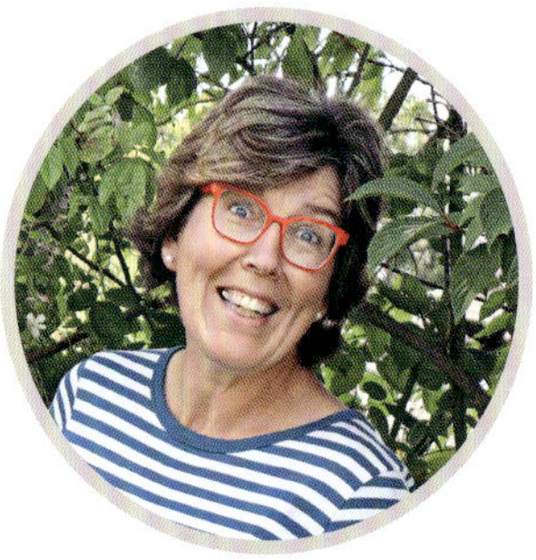

»Ein wenig verrückt, schadet nicht.«

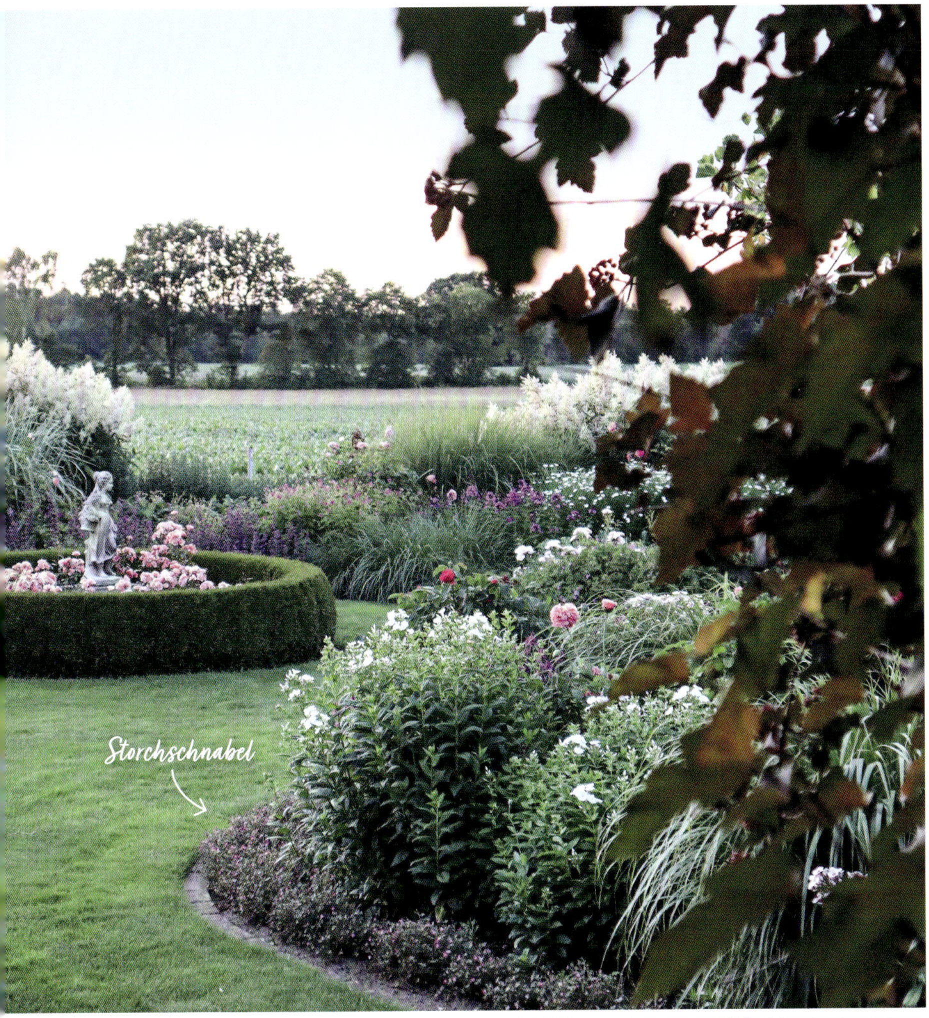

1+3 Die Blattschmuckstaude Heuchera 'Palace Purple' mit ihrem ganzjährig roten Laub ist besonders im Schatten und Halbschatten ein echter Hingucker als Beeteinfassung.

2 Bänder aus einer Staudensorte bringen Ruhe und Struktur in die verschiedenen Gartenräume.

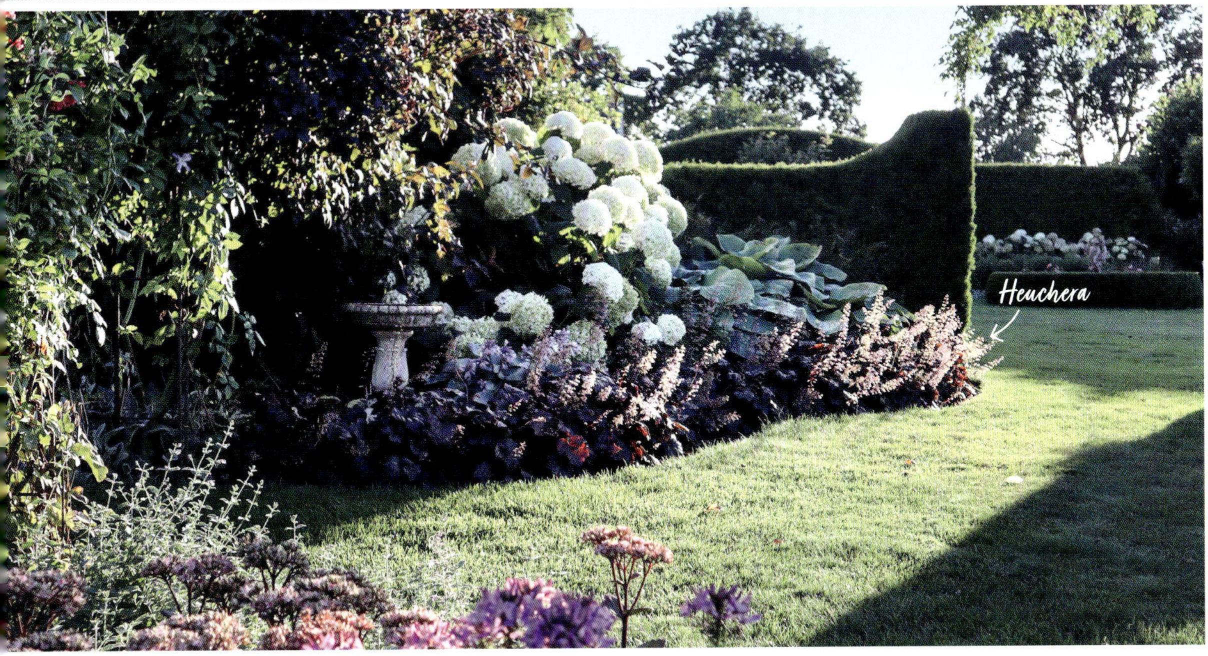

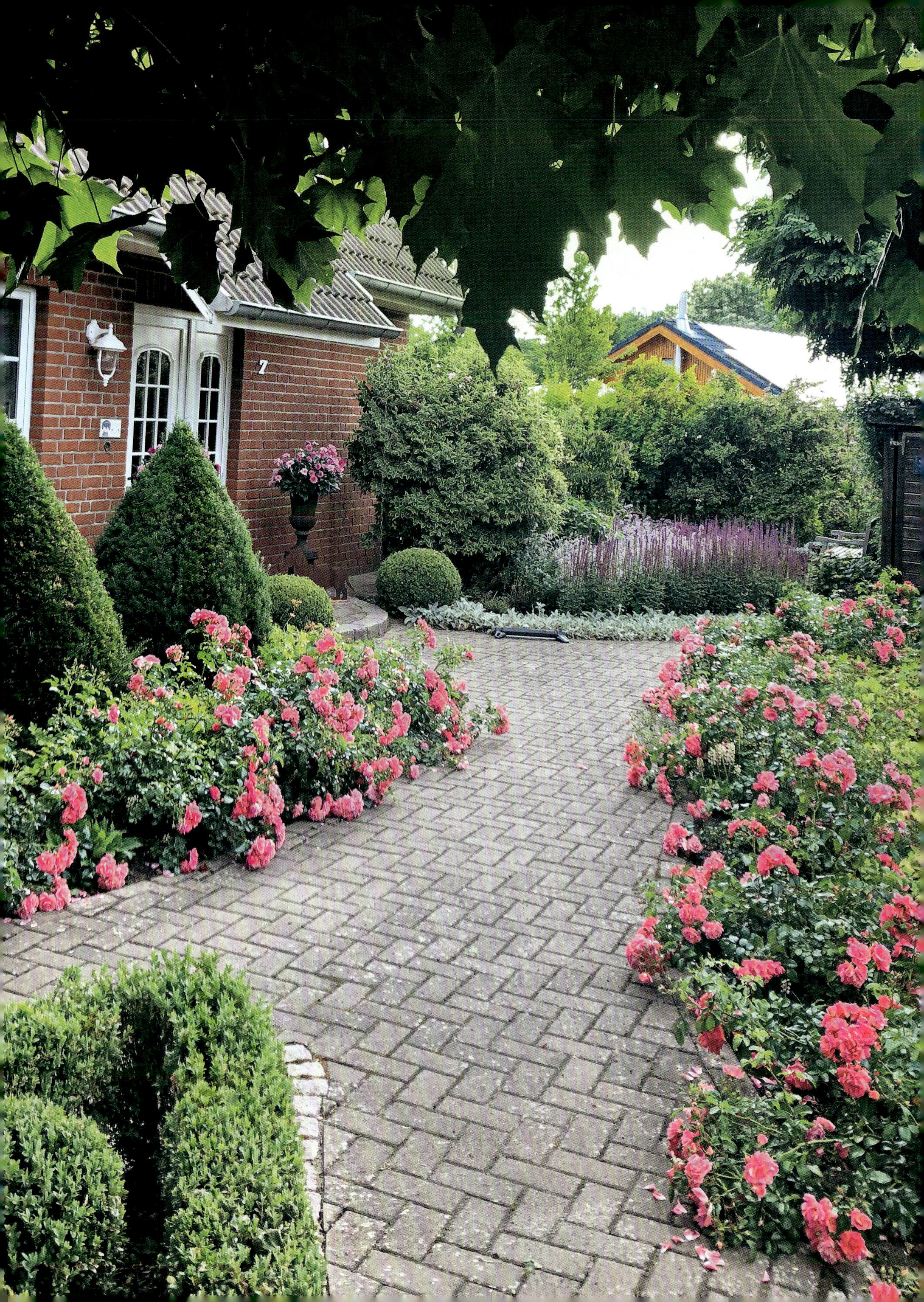

1 Gerade in Schattenbereichen machen Funkien als Beeteinfassung richtig was her. Hier die weißrandige Graublatt-Funkie 'Francee'. **2** Dauerblüher Storchschnabel 'Rozanne' als Band gepflanzt kaschiert den Übergang zur Terrasse.

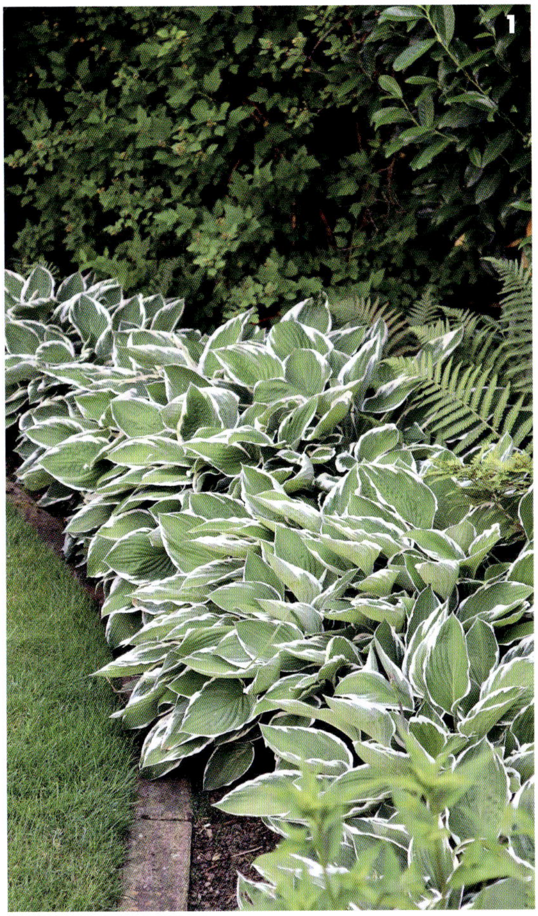

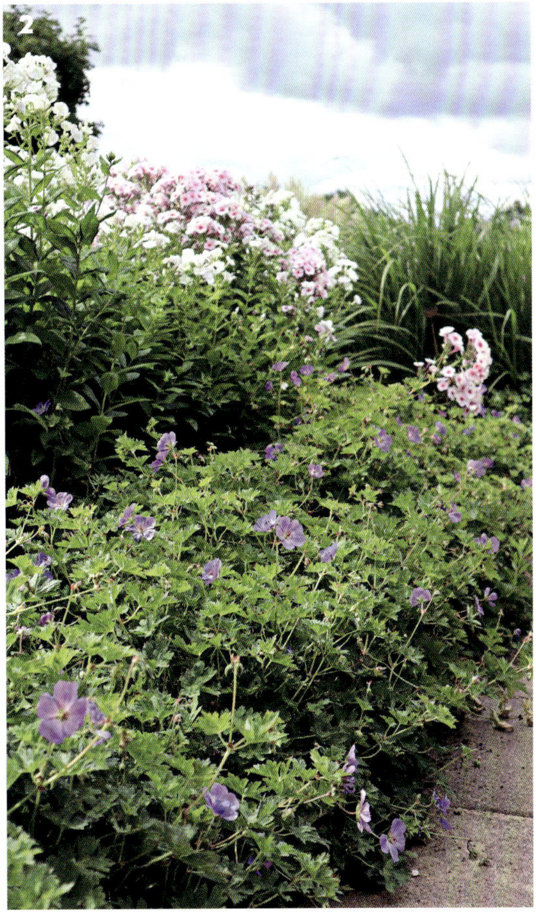

Im Vorgarten habe ich mich für ein ABWECHSELNDES BAND aus der pflegeleichten und öfter blühenden Bodendeckerrose 'Palmengarten Frankfurt' und dem remontierenden Salbei 'Mainacht' entschieden. Beide Pflanzen haben unterschiedliche Blütezeiten. Durch den Trick der regelmäßigen wiederholten Pflanzung ergibt sich entlang des Gehweges links und rechts über das Gartenjahr hinweg entweder ein blaues Band aus Salbei oder ein pinkes Band aus Rosen. ■

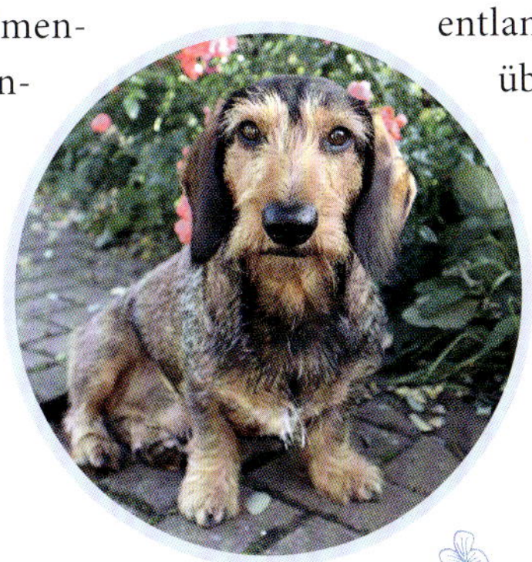

»Rosenduft liegt in der Luft.«

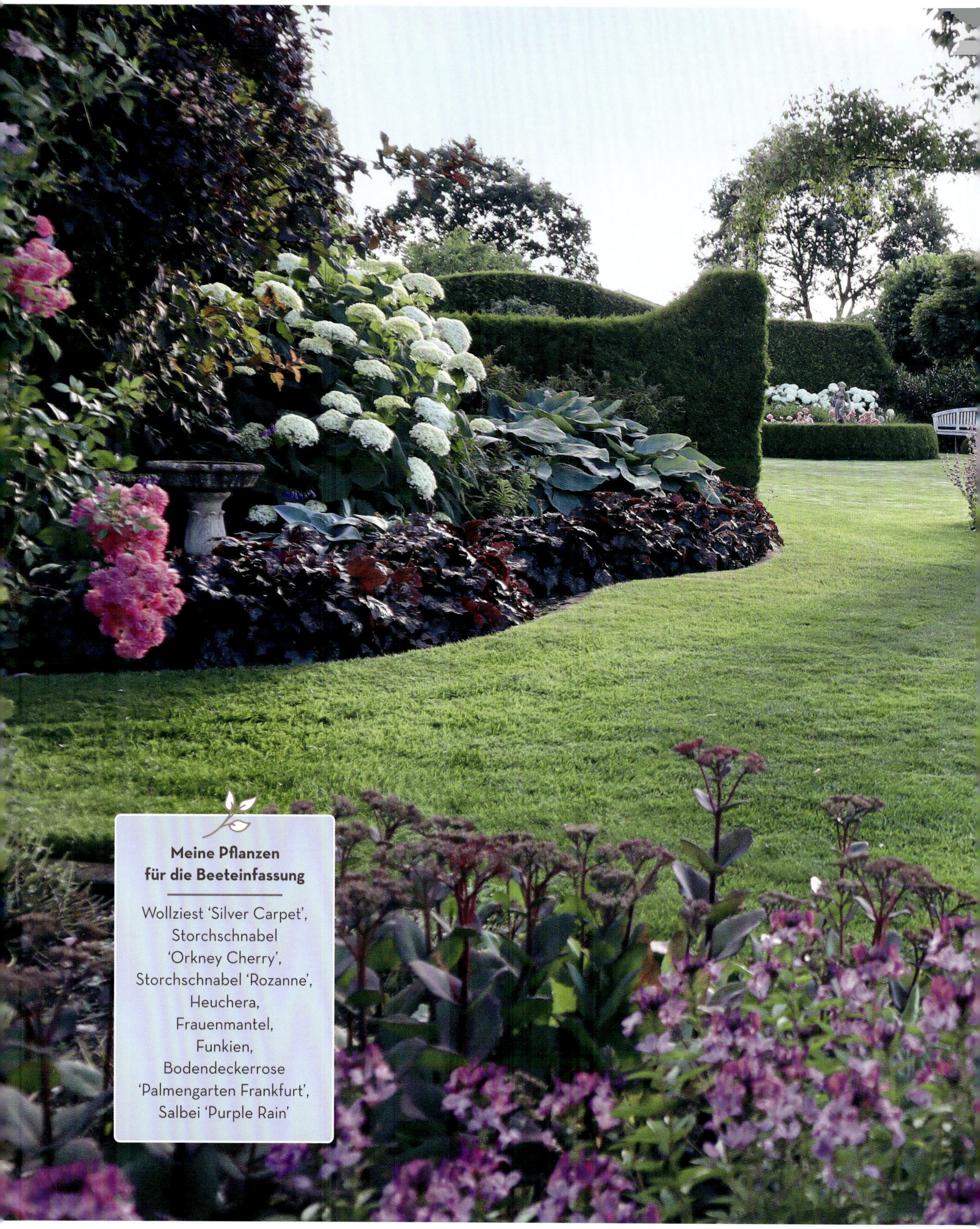

Meine Pflanzen für die Beeteinfassung

Wollziest 'Silver Carpet', Storchschnabel 'Orkney Cherry', Storchschnabel 'Rozanne', Heuchera, Frauenmantel, Funkien, Bodendeckerrose 'Palmengarten Frankfurt', Salbei 'Purple Rain'

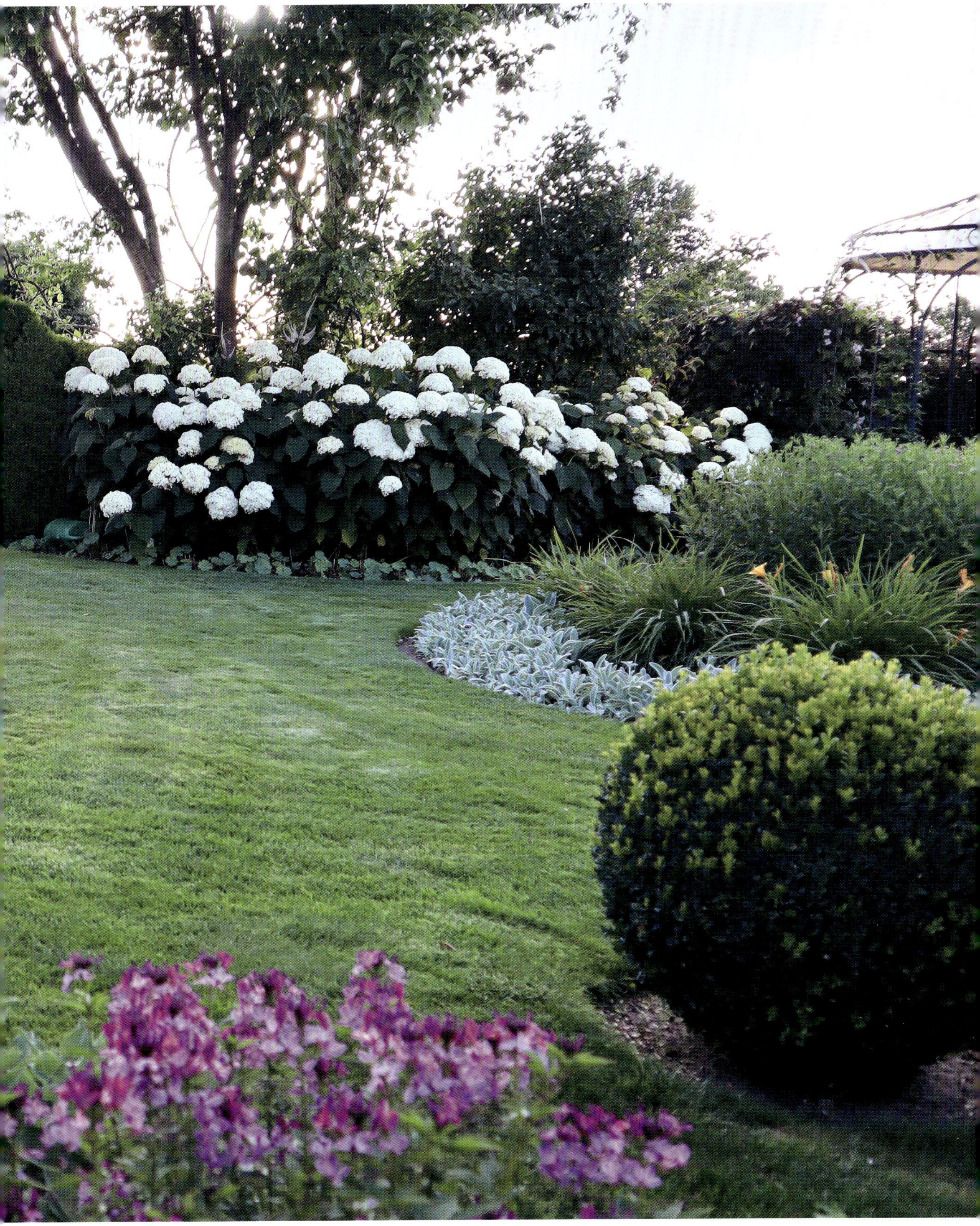

In die Höhe pflanzen

Euch geht es wie mir? Eure Beete sind bereits voll mit Masse, aber in der Haushaltskasse ist noch Potenzial für Pflanzeneinkäufe? Leider ist nur der Nachbar auch nach gutem Zureden und ersten Bestechungsversuchen nicht bereit, euch sein Grundstück zur Verfügung zu stellen? Das kenne ich nur zu gut und habe daher im Laufe der Jahre damit begonnen, bestimmte Pflanzen zusätzlich einfach in die Höhe gen Himmel wachsen zu lassen. Da ist nämlich noch reichlich Platz, sprich ordentlich Luft nach oben.

Mit Kletterpflanzen wie Ramblerrosen, Kletterrosen, Clematis und Kletterhortensien lassen sich auch in der Vertikalen noch Blüten zaubern und Sichtschutzwände zum Nachbarn oder hässliche Schuppen begrünen.

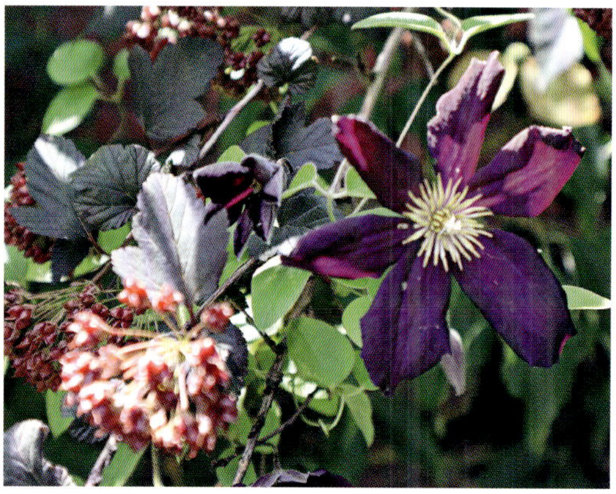

Die Clematis erobert eine rote Blasenspiere.

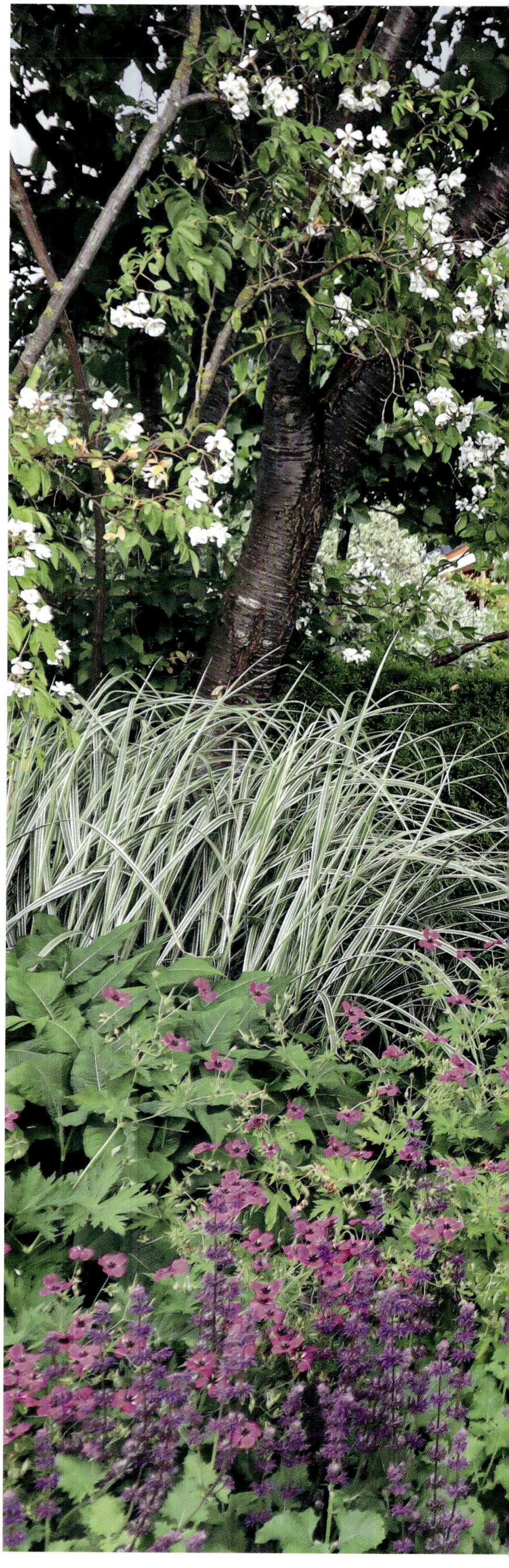

Die schalenförmigen Blüten von 'Bobby James' locken zur Blüte zahlreiche Bienen und Hummeln an. Es summt und brummt.

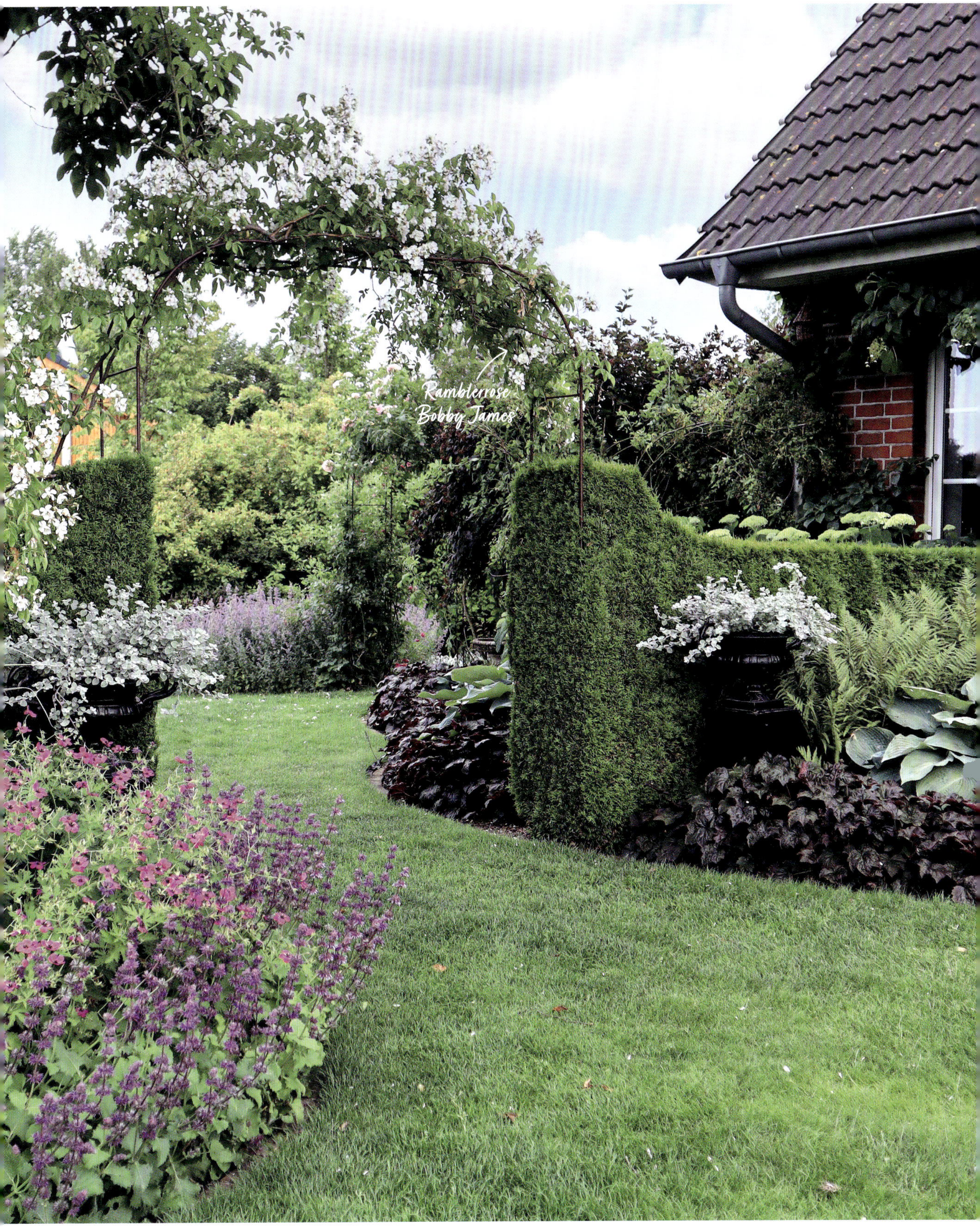
Ramblerrose
Bobby James

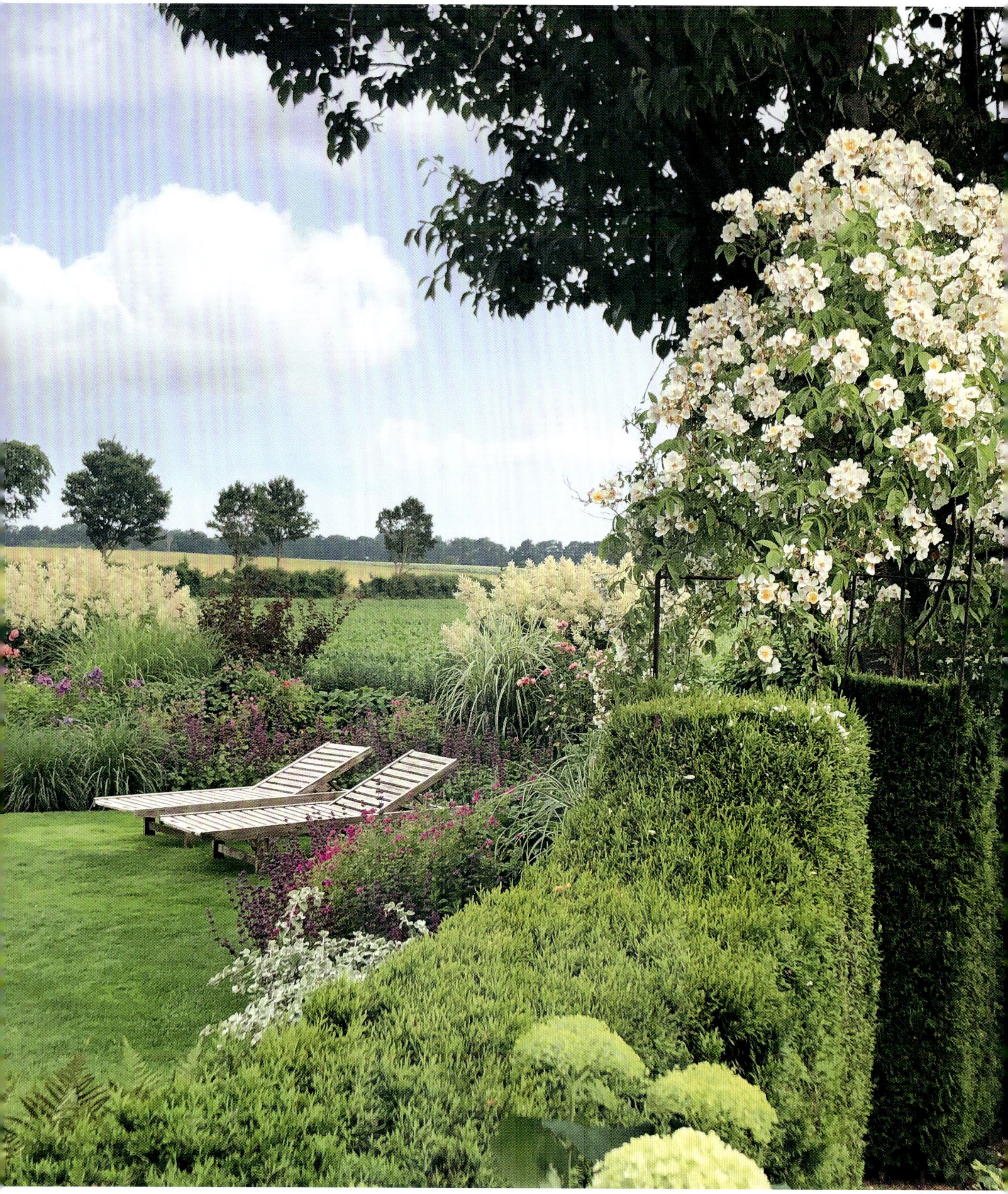

Ramblerrosen

Ramblerrosen besitzen besonders weiche, biegsame Triebe und erklimmen schnell luftige Höhen. Sie sind absolut anspruchslos und pflegeleicht. Schnittmaßnahmen sind nur notwendig, wenn abgestorbene Zweige herausgeschnitten werden müssen oder ihr sie im Wachstum begrenzen möchtet.

WICHTIG BEI DER GESTALTUNG mit Ramblerrosen ist, dass der zu erklimmende Baum schon älter und stabil ist, damit er die Last der Rose später auch tragen kann. Große alte Obstbäume, aber auch Fichten, konnte ich schon in Blütenpracht einer Ramblerrose erstrahlen sehen. Es gibt viele unterschiedliche Rambler, die je nach Sorte zwischen 5 und 10 m hoch werden können. Der Pflanzabstand zum Baum sollte ca. einen Meter betragen, damit es nicht zu gegenseitigem Wurzeldruck kommt.

Mit Ramblerrosen könnt ihr natürlich auch Sichtschutzwände und Pavillons begrünen. Sie klettern auch über Schuppen und Pergolen hinweg. Ihr habt die Qual der Wahl.

Damit meine 20 Jahre alte ZIERKIRSCHE im Sommer nochmal zum Eyecatcher wird, habe ich ihr eine Ramblerrose 'Bobby James' an die Füße gesetzt. Mittlerweile ist diese über 10 m hoch in den Baum geklettert und bekleidet den Baum im Juni mit einer zweiten Blüte. Auch meine rotlaubige BLUTPFLAUME im Vorgarten kommt im Sommer dank der Ramblerrose 'Felicite et Perpetue' mit einem rosafarbenen Blütenflor daher.

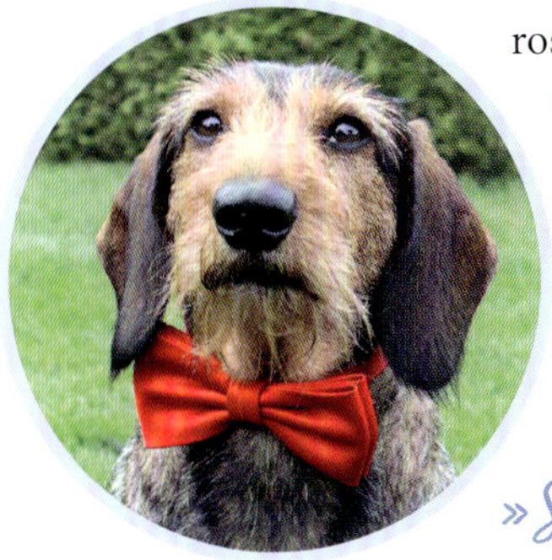

»Suche Chefgärtnerin für gewisse Stunden zu zweit.«

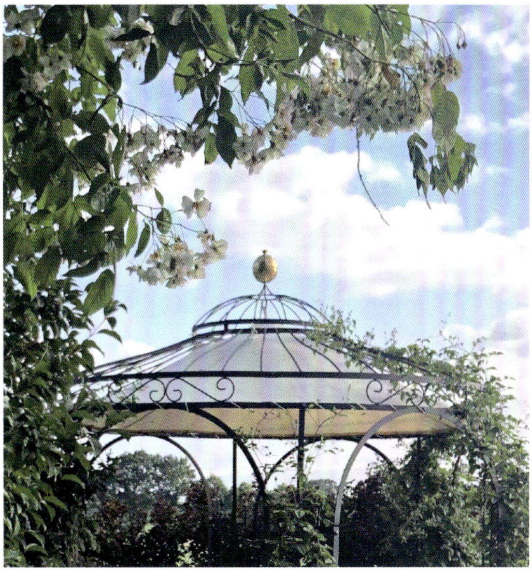

Bobby ist reichblühend, stark duftend und sehr frosthart.

Tipp

Alle meine Ramblerrosen habe ich in einem Eimer ohne Boden eingepflanzt. So können sie in Ruhe einwurzeln, ohne dass ihnen die alten Baumwurzeln gleich Konkurrenz machen. Dafür sägt ihr einfach mit der Stichsäge den Boden eines mittelgroßen Zementeimers heraus. Den bodenlosen Eimer, der nun einem großen breiten Rohr gleicht, setzt ihr anschließend in euer für die Rose vorbereitetes Pflanzloch. Dann kommt die Rose in den bodenlosen Zementkübel. Sie hat nun nach unten genug Luft, um einzuwurzeln und die Wand des Eimers schützt sie vor anfänglichem Wurzeldruck durch den Baum. Wenn euer Baum unten am Stamm sehr kahl ist und keine Möglichkeit besteht, die Triebe des Ramblers hineinzuleiten, könnt ihr ersatzweise eine alte Holzleiter an den Baum stellen. Die Rose wird dann nach und nach Sprosse für Sprosse den Baum erklimmen und bekommt durch die Leiter halt.

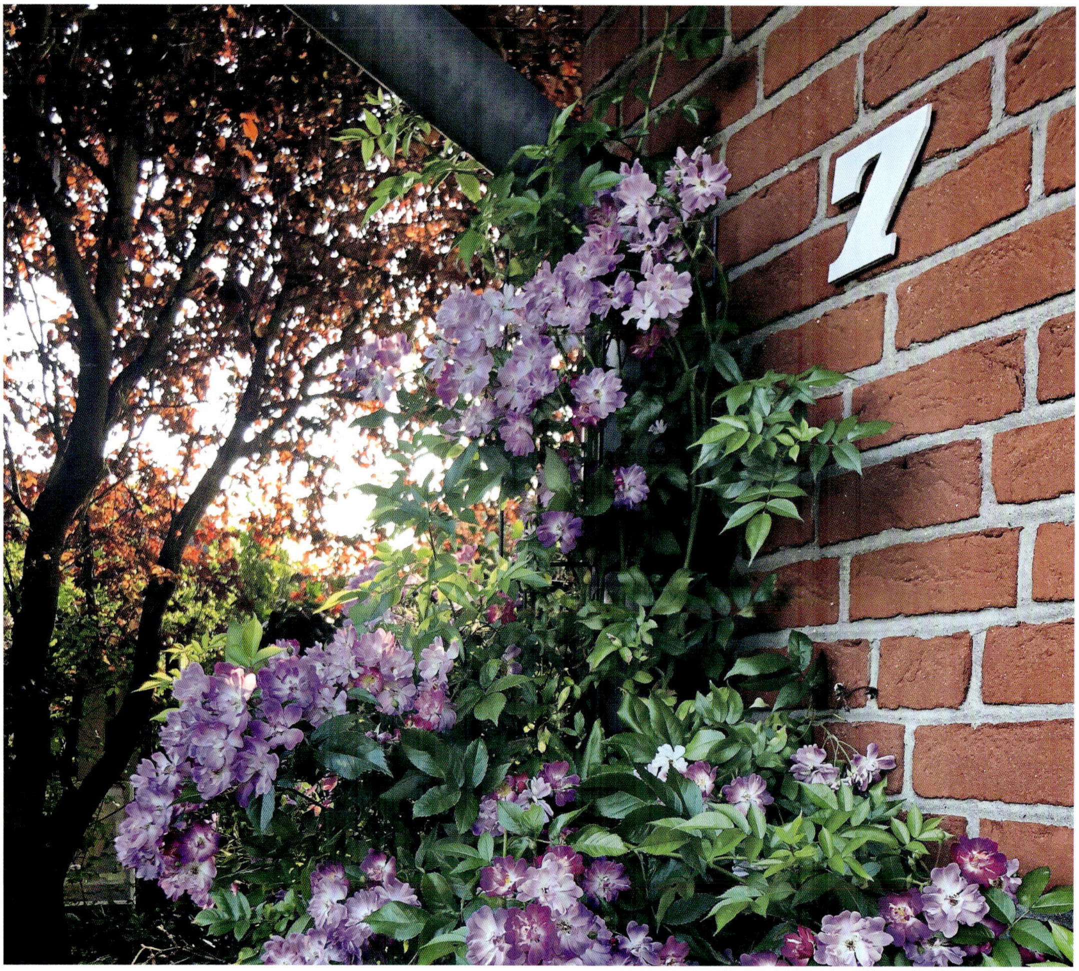

Die Ramblerrose 'Veilchenblau' hat das Regenrohr erobert. Sie besitzt außergewöhnliche Blüten und kaum Stacheln.

Vorsicht ist geboten, wenn ihr eine Ramblerrose an einen ROSENBOGEN setzt. Schaut unbedingt vorher nach, wieviel Meter die Gute in den nächsten Jahren macht. Einst setzte ich als Anfängerfehler eine 'Guirlande d' Amour' an einen Rosenbogen. Und da Katrinchen ja auf Masse steht, buddelte ich auch noch links und rechts des Bogens jeweils ein Exemplar ein. Es kam wie es kommen musste: Das Ungetüm wächst mir sprichwörtlich über den Kopf und muss mittlerweile dreimal im Jahr eingekürzt werden, damit sie nicht a la Dornröschen dem Rosenbogen entwächst und zum Nachbarn hinüber wuchert.

Tipp

Unansehnliche Regenrohre lassen sich hervorragend mit Ramblerrosen begrünen. Bei mir im Garten habe ich den wunderschönen Rambler 'Veilchenblau', der 4 bis 5 m lang wird, an einem Regenrohr bis zum Dach hochklettern lassen und dieses somit optisch begrünt. Damit die Rose ausreichend Halt hat, wurde ein gebogenes Rankgitter aus Metall über dem Regenrohr angebracht. Diese Art von Gittern, die extra für Fallrohre verwendet werden, erhaltet ihr im Baumarkt.

»Klotzen statt kleckern, denkt sich wahrscheinlich die Guirlande jedes Jahr, aber diese Art von Masse kann ich kaum im Zaum halten.«

1 Ein Teil von 'Bobby James' hat den Rosenbogen erobert.

2 'Guirlande d' Amour' schneide ich mehrmals im Jahr radikal zurück.

3 Ramblerrosen bestechen im Herbst durch eine wunderschöne Laubfärbung und herrlich leuchtende rote Hagebutten, die reichlich Nahrung für die Vögel bieten.

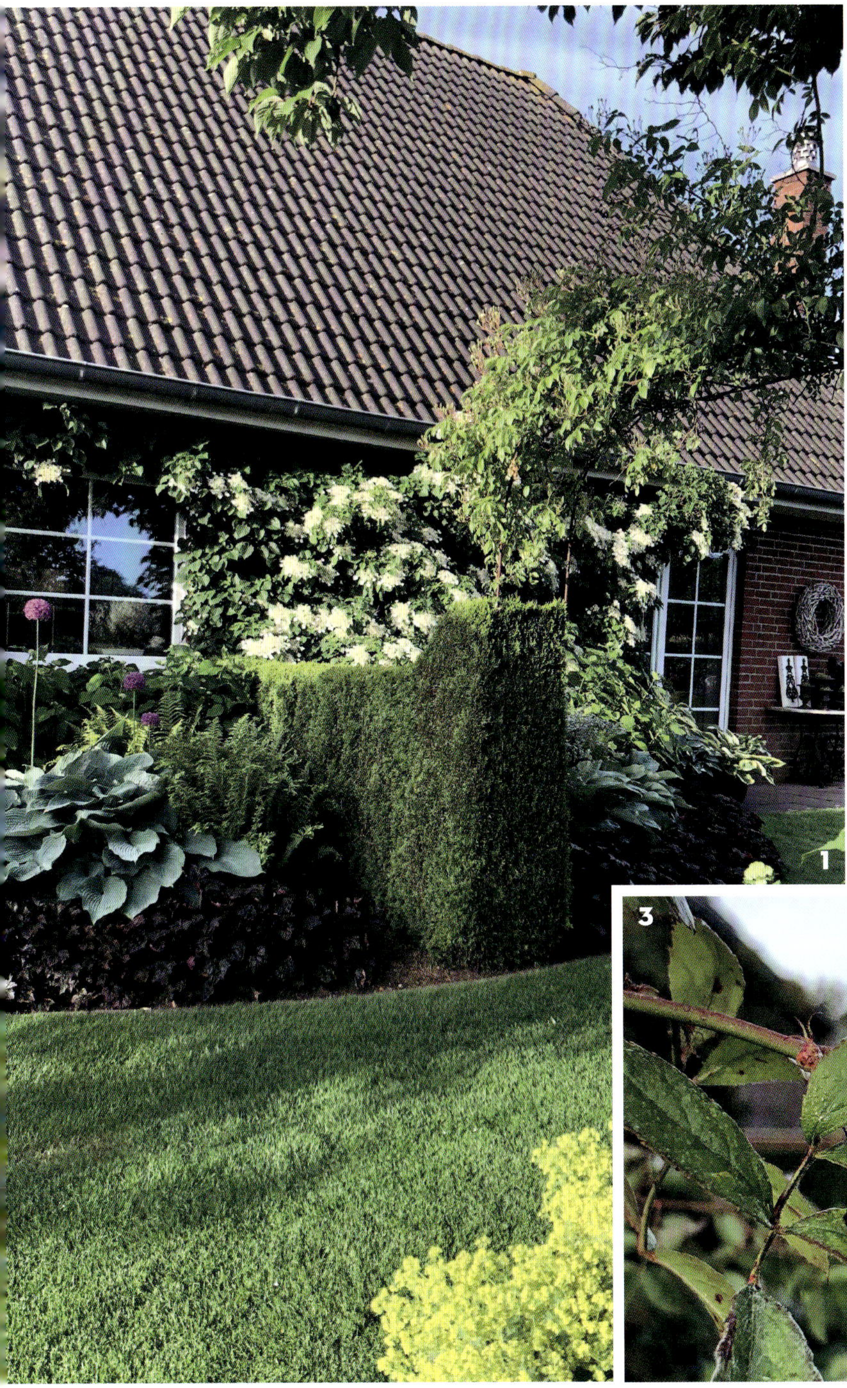

1

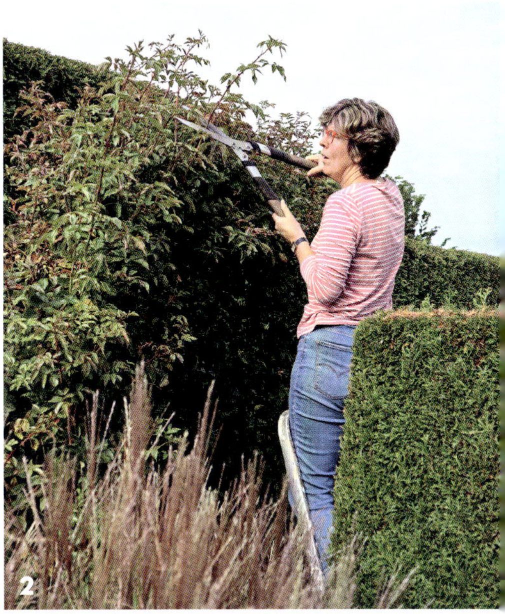

2

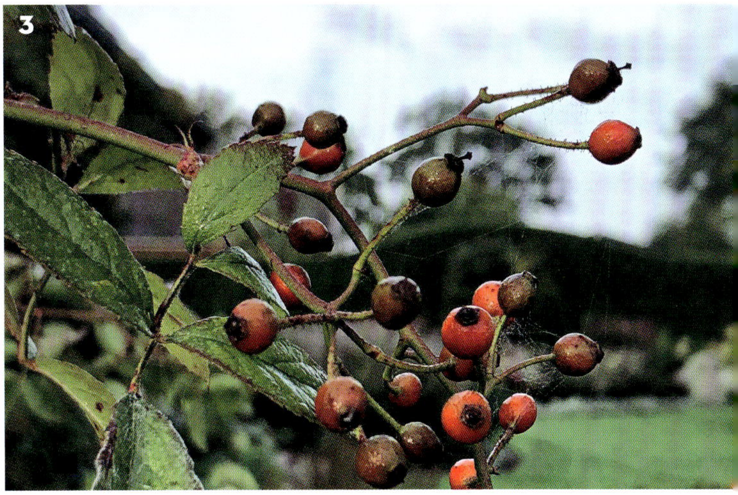

3

Meine Rosenfavoriten

Ramblerrose 'Bobby James', Ramblerrose 'Felicite et Perpetue', Kletterrose 'Kir Royal'

Kletterrosen

Kletterrosen haben im Gegensatz zu den Ramblerrosen sehr dicke und nur schwer biegsame Triebe, die meist nur stur in Richtung Himmel wachsen möchten. Auch werden sie längst nicht so hoch und wachsen deutlich langsamer. Allerdings blühen sie mehrmals im Jahr, im Gegensatz zu den meisten Ramblerrosen.

Kletterrosen sind wesentlich arbeitsintensiver als Ramblerrosen, denn sie müssen nach der ersten Blüte geschnitten werden, um einen zweiten Flor anzuregen. Viele Sorten habe ich im Laufe der Jahre in meinem Garten leider totgepflegt.

Tipp

Um mehr Blütenbildung anzuregen, biege ich, wo es möglich ist, alle Triebe der Kletterrose in die Waagerechte. Aus den verborgenen Knospen des in die Waagerechte gebogenen Triebes treiben dann viele kurze Blütentriebe, statt nur am Ende. Das mache ich übrigens auch bei alten historischen Strauchrosen, die weiche biegsame Triebe haben, und erreiche somit mehr Blütenfülle. Zum Fixieren der Triebe verwende ich wiederverwendbare Gartenclips, die ihr im Bau- oder Gartenfachmarkt bekommt.

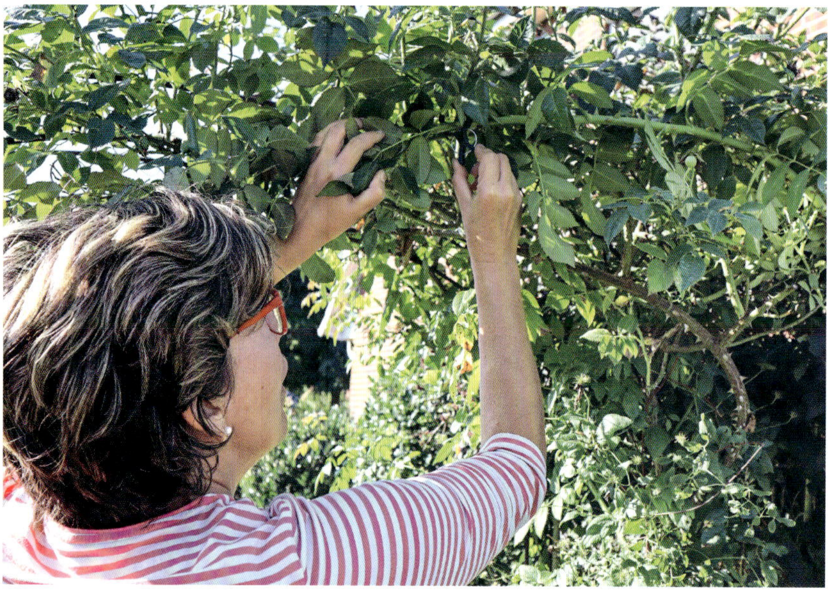

»Ich bin einfach überhaupt nicht die Queen of Kletterroses. Aber Frau muss ja bekanntlich auch nicht alles können im Leben.«

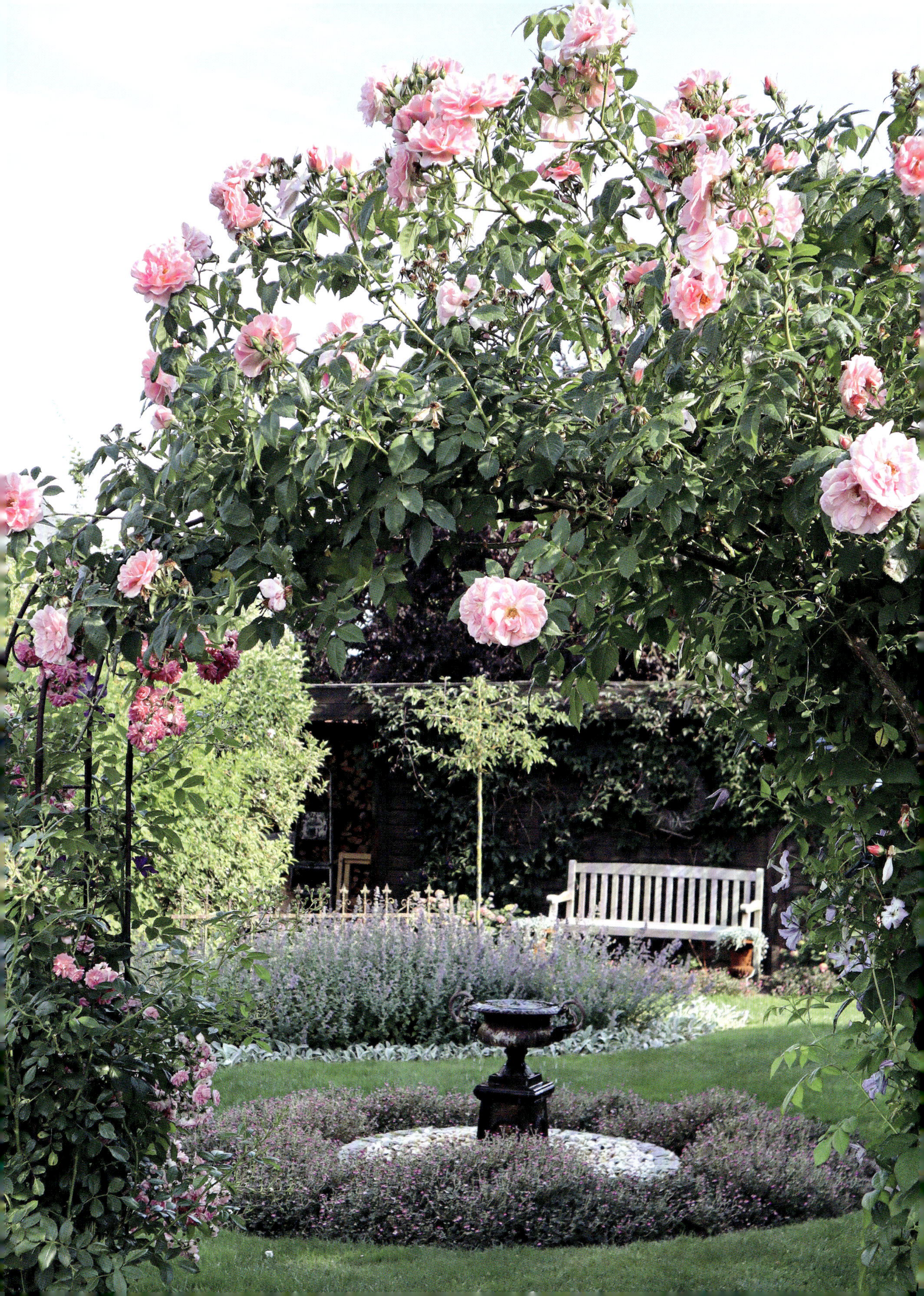

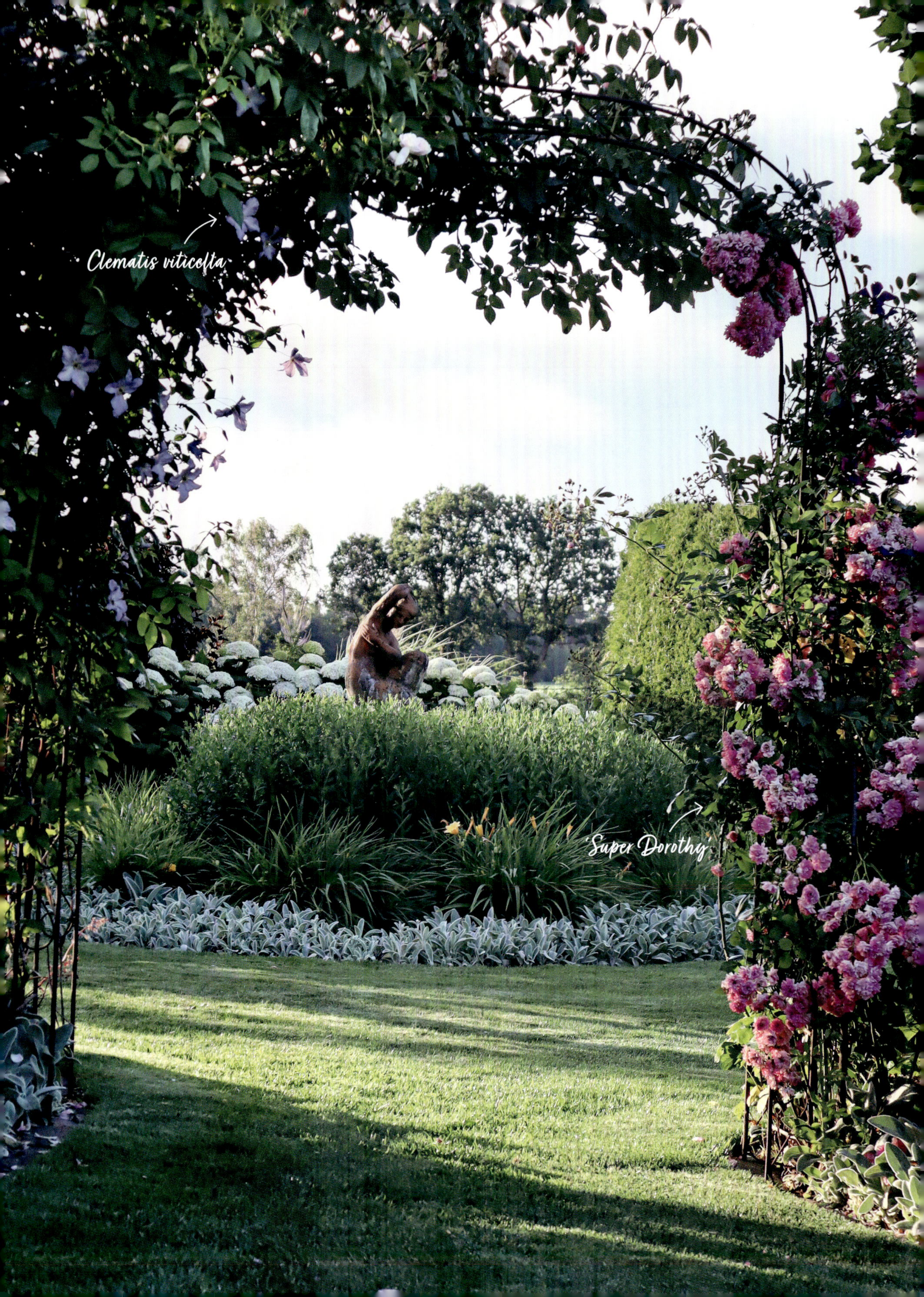
Clematis viticella
Super Dorothy

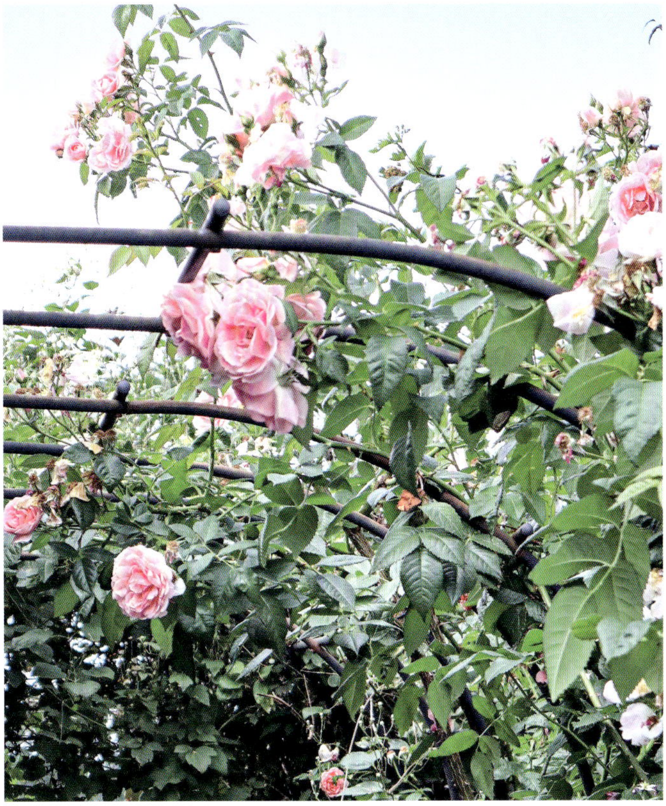

Die Kletterrose 'Kir Royal' erobert hier den Laubengang.

Eine Kletterrosensorte hat sich bei mir im Garten über die vielen Jahre allerdings toll bewährt und ich möchte sie euch nicht vorenthalten. Die leicht nach Apfel duftende, stark gefüllte 'KIR ROYAL' gibt hier seit vielen Jahren sowohl in der Sonne als auch im Halbschatten Vollgas. Deshalb hab ich nach meinem Masseprinzip gleich drei Stück in den Garten einziehen lassen. Die Sorte ist äußerst gesund, remontiert – sprich, sie blüht nach dem Rückschnitt ein zweites Mal – und ist zudem sehr winterhart. Mit 2 bis 3 m Höhe lässt sie sich außerdem gut im Zaum halten. Zwei Exemplare lassen den Laubengang im Juni und September in Zartrosa erblühen, und ein Exemplar ist an den Rosenbogen im Springbrunnen-Zimmer gezogen.

Allen drei Kletterrosen habe ich eine Italienische Waldrebe, *Clematis viticella*, an die Füße gesetzt. Der Abstand zwischen Kletterrose und Clematis beträgt ca. 30 cm, damit sich die Wurzeln nicht in die Quere kommen.

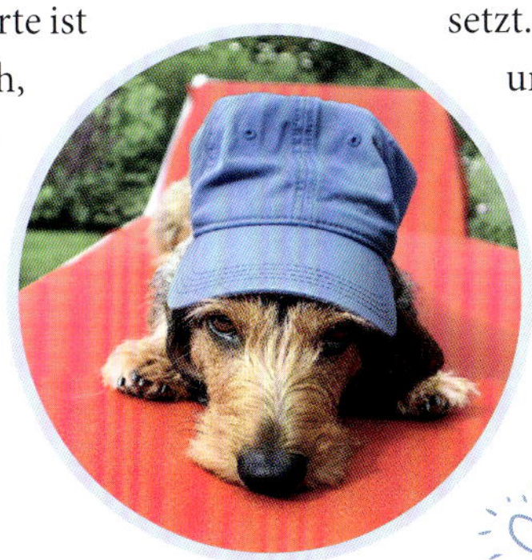

»Heute mach ich blau.«

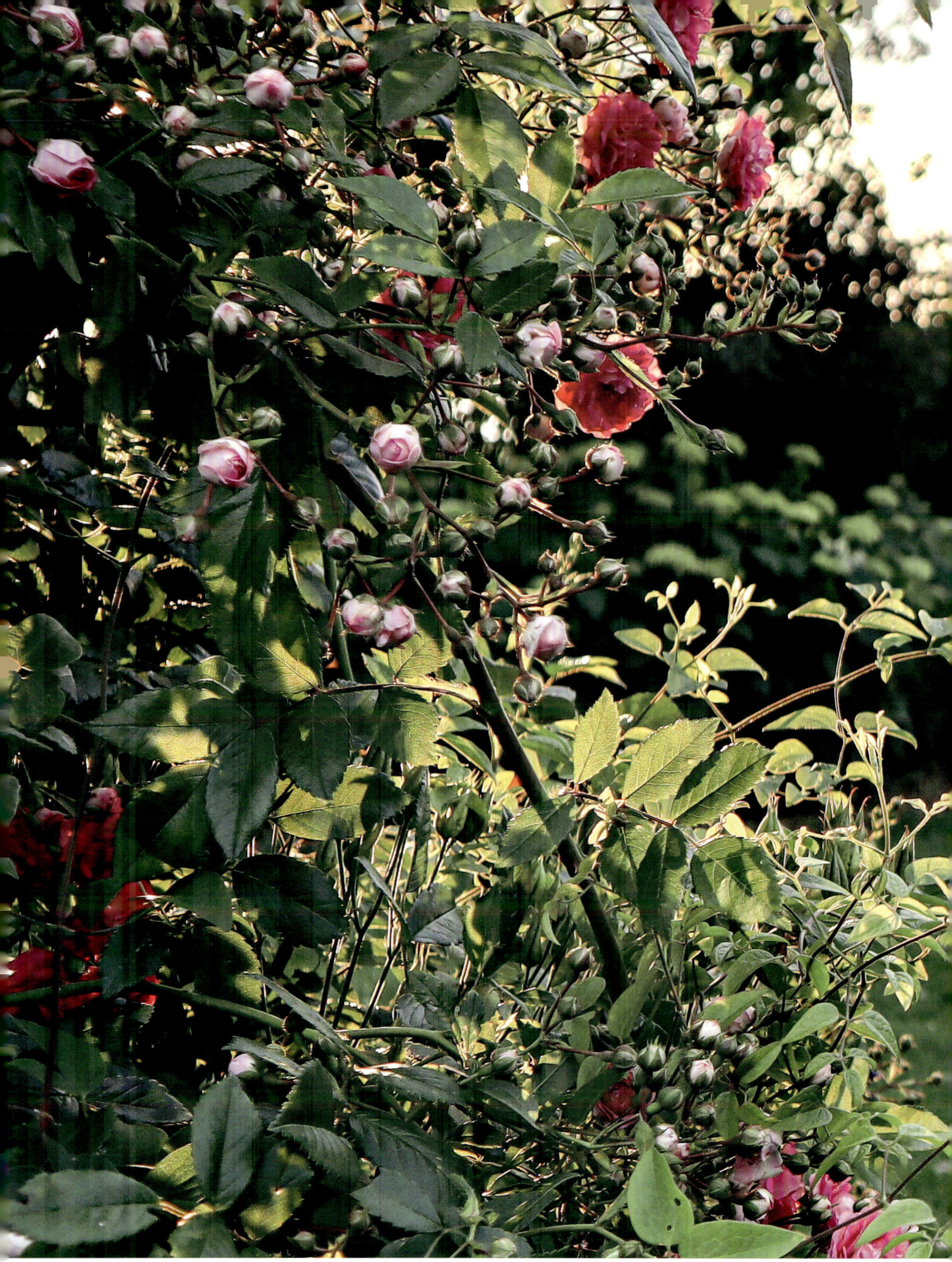

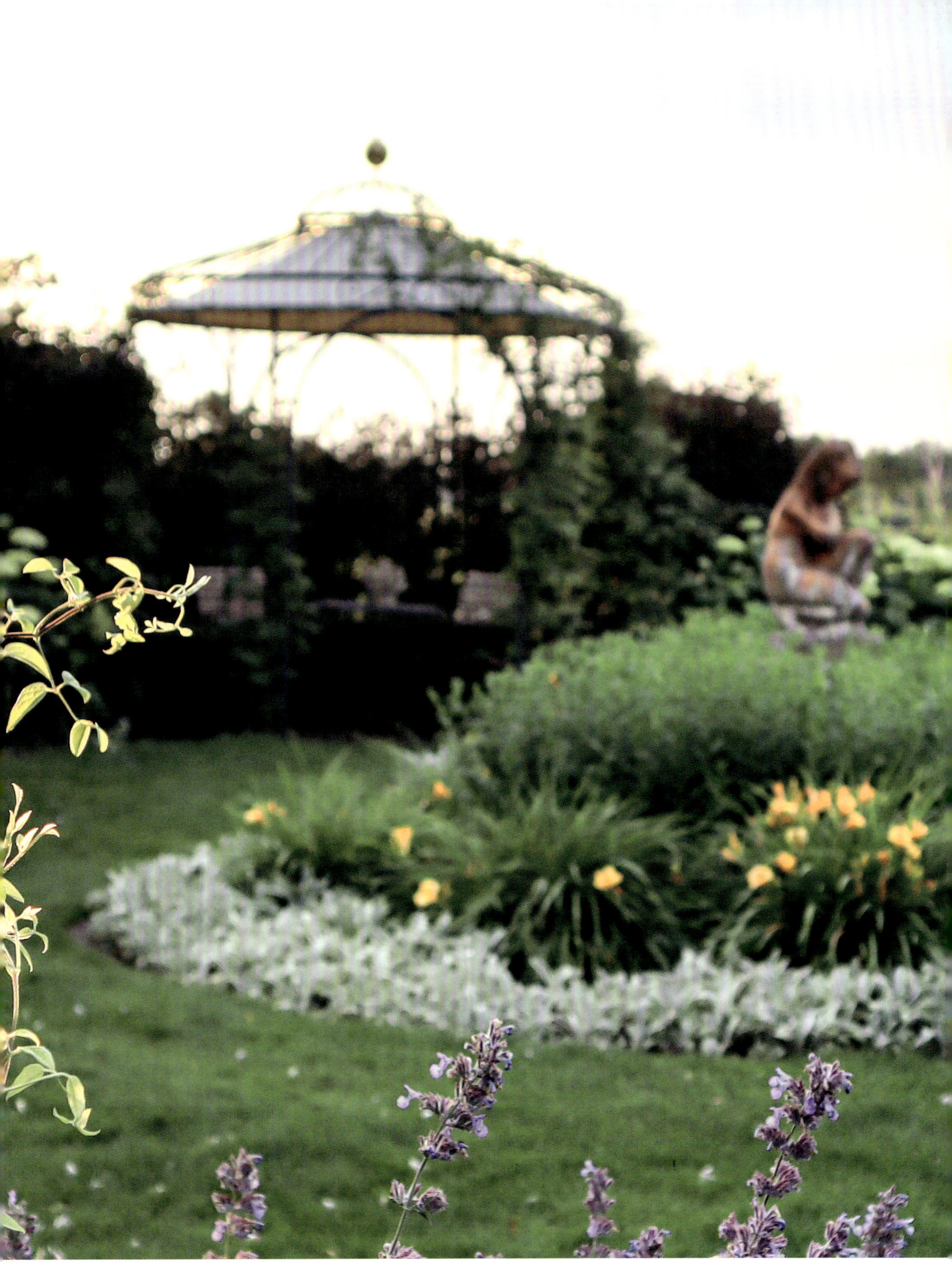

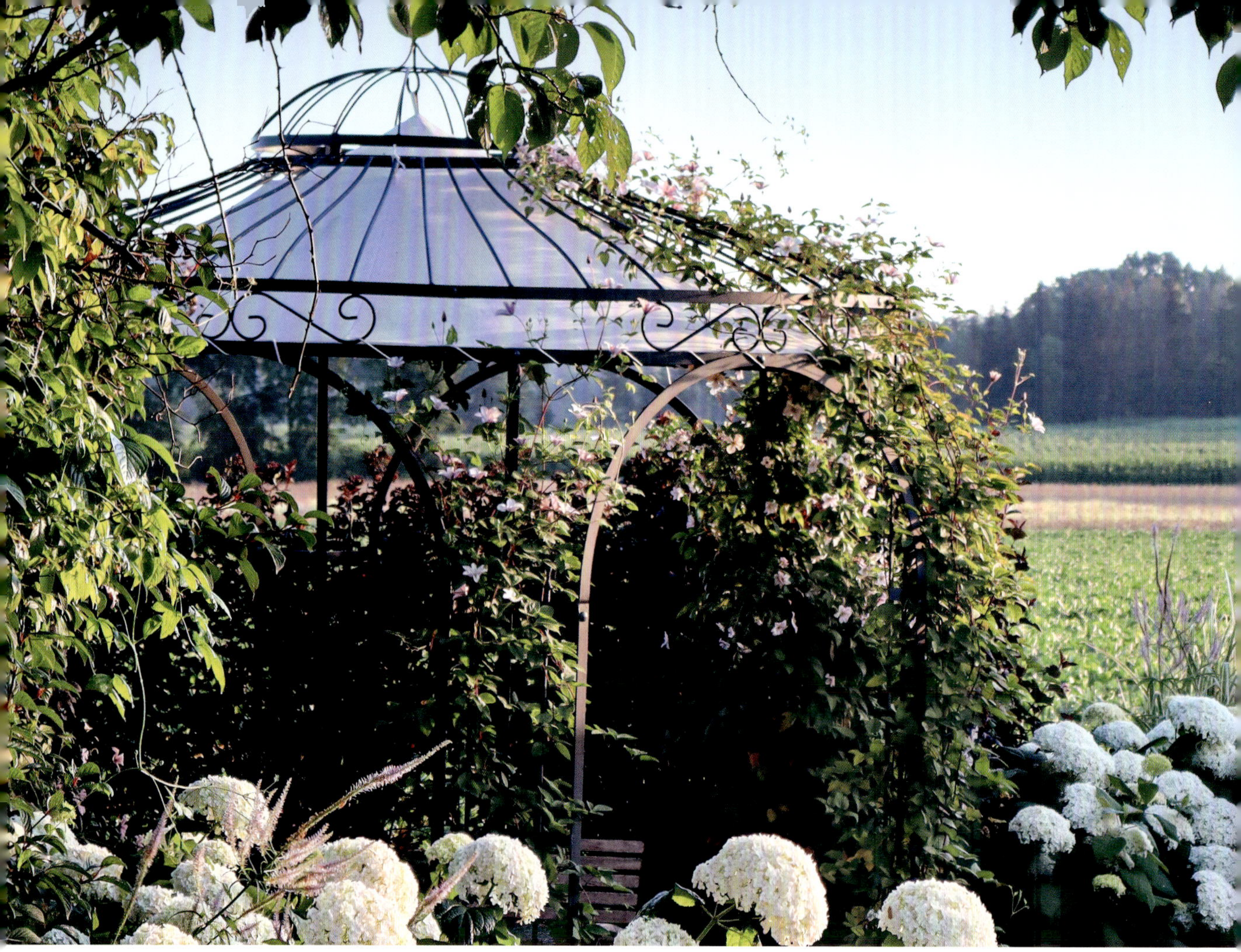

Sorten von *Clematis viticella* beranken romantisch den schmiedeeisernen Pavillon.

Meine Favoriten von *Clematis viticella*

'Prince Charles', 'Etoile Violette,' 'Alba Luxurians', 'Huldine'

Clematis

Clematis sind Kletterpflanzen, die ursprünglich aus Laubwäldern stammen. Sie sind Kletterkünstler und begrünen bei mir im Garten nicht nur den Schuppen und den Pavillon, auch im Laubengang, am Obelisken im Staudenbeet, an Rosenbögen sowie an Büschen und Bäumen habe ich sie in Richtung Himmel klettern lassen.

Mittlerweile gibt es VIELE VERSCHIEDENE SORTEN, die sowohl in voller Sonne als auch im lichten Schatten gedeihen. Eines haben sie allerdings alle gemeinsam: Sie benötigen als Waldpflanzen einen schattigen Fuß. Diesen erreicht man beispielsweise durch eine geschickte Unterpflanzung mit Stauden. Aber auch ein alter Dachziegel mit einem schönen Gartenspruch drauf, leicht an den Fuß der Clematis gelehnt, kann hier Schattenspender sein.

Ich bevorzuge bei mir im Garten mittlerweile die sehr pflegeleichten und gesunden ITALIENISCHEN WALDREBEN, *Clematis viticella*. Sie sind winterhart, blühen ab Sommer und sind nicht anfällig für die Clematiswelke. Dies ist eine Pilzkrankheit, die gerne die großblumigen frühblühenden Clematissorten befällt, die sogenannten Clematis-Hybriden.

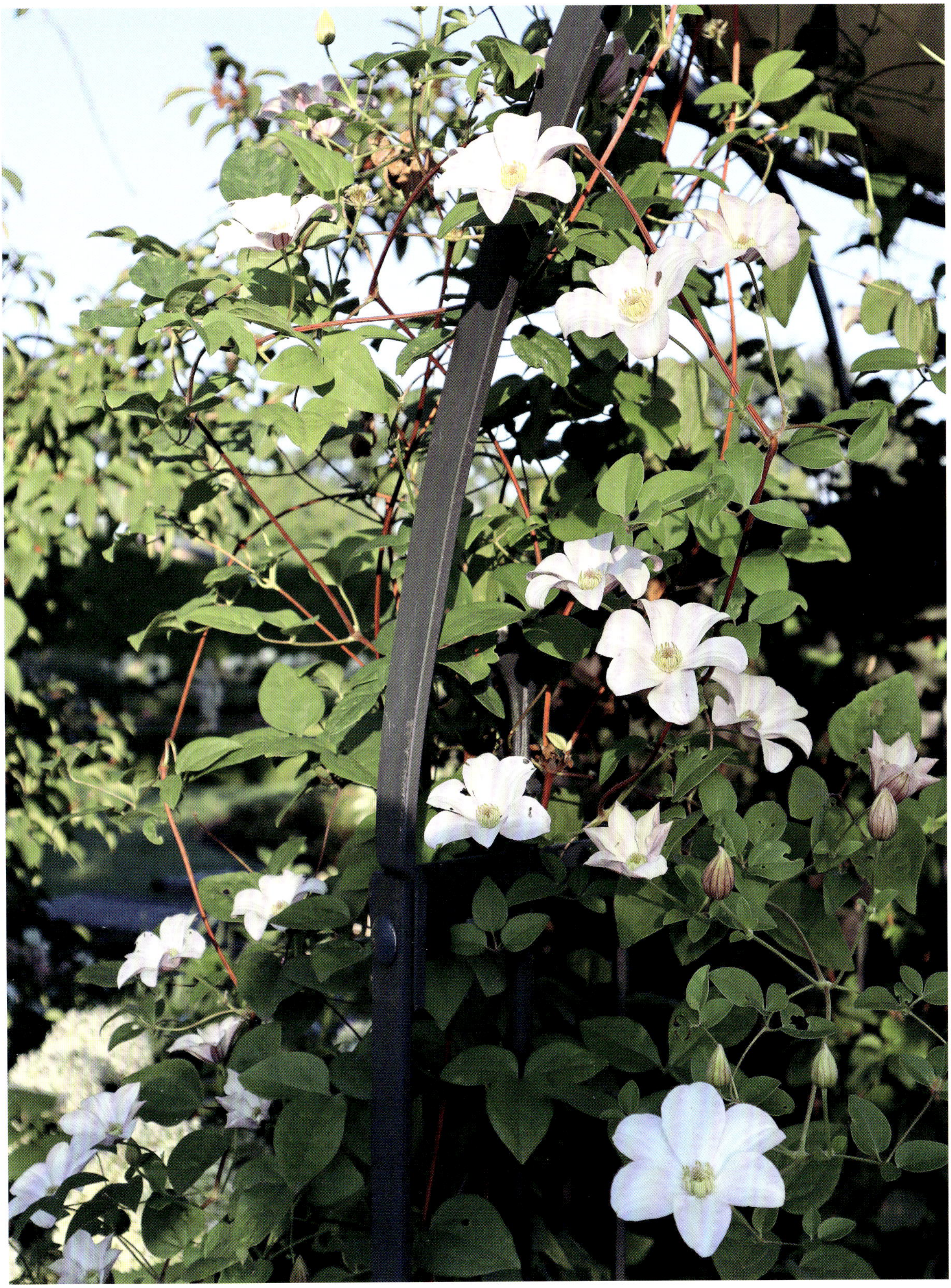

Clematis viticella 'Huldine' in Perlmuttweiß und üppig blühend

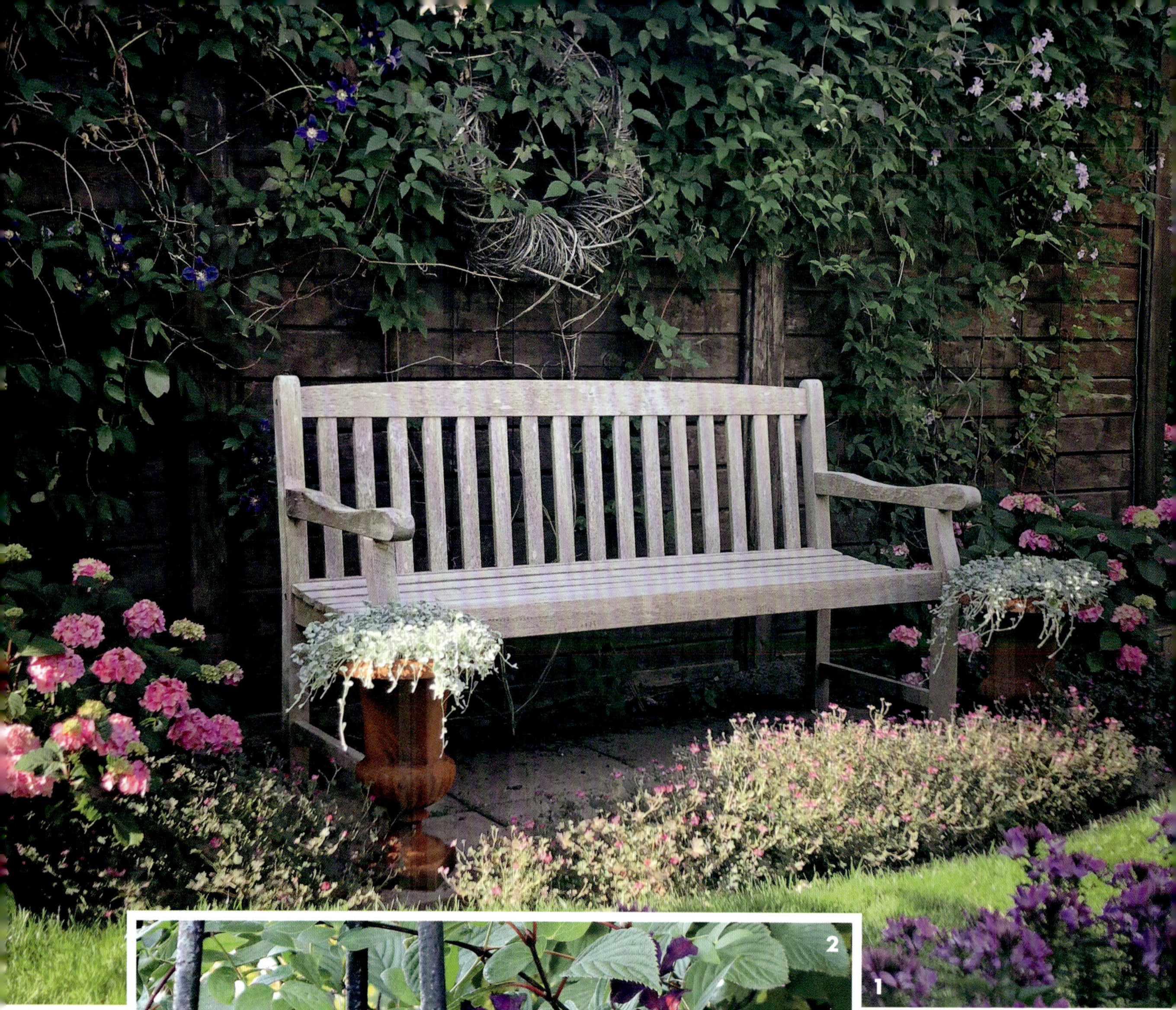

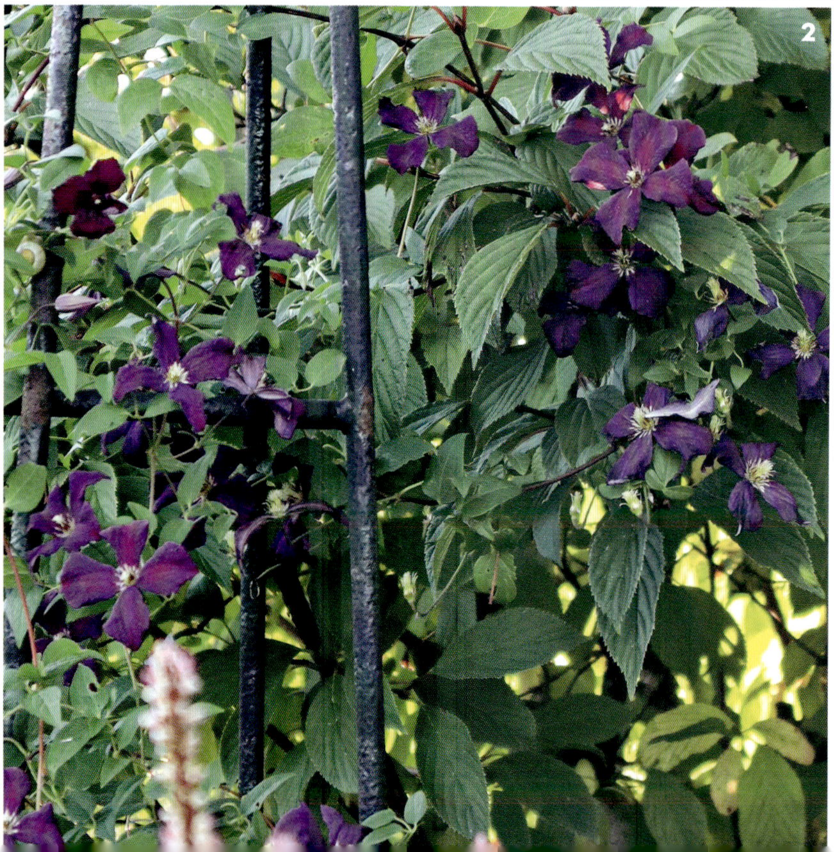

1 An der Schuppenwand wurden *Viticella*-Sorten und *Clematis montana* kombiniert.

2 'Etoile Violette' lässt sowohl den Obelisken als auch den Winterschneeball erblühen.

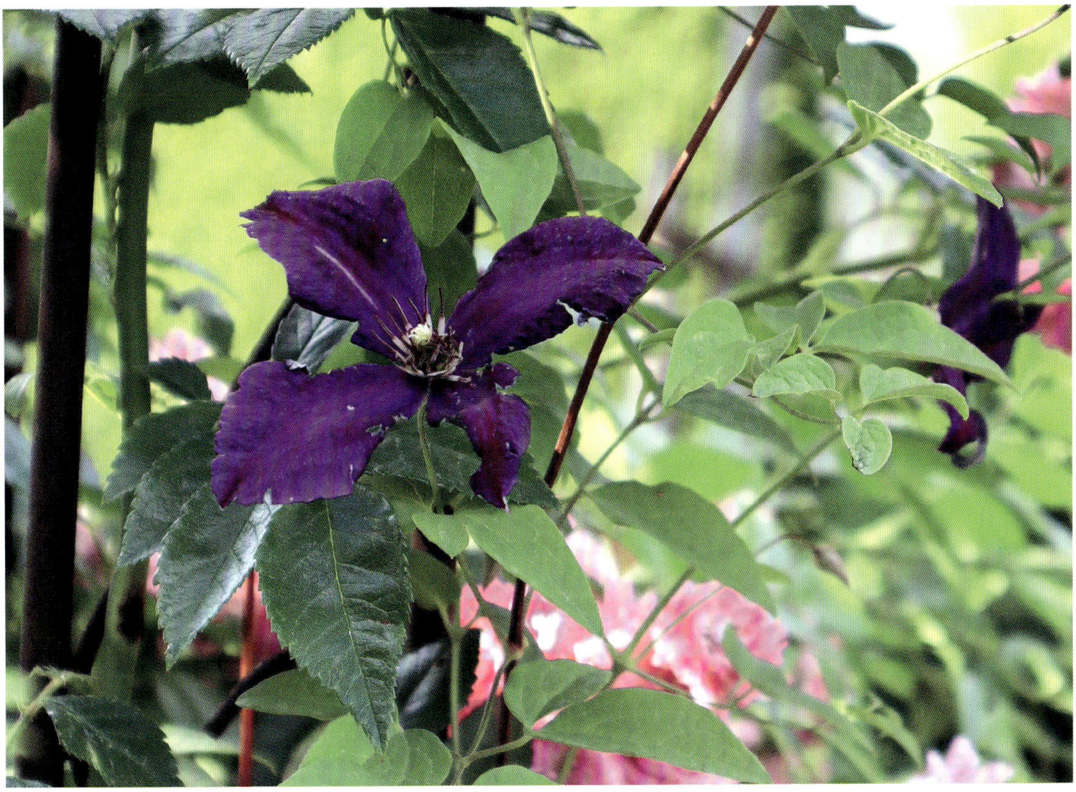

Clematis viticella an einem Rosenbogen.

Tipp

Clematis teilt man in drei Schnittgruppen ein. Alle Sorten von *Clematis viticella* gehören der Schnittgruppe drei an. Man schneidet sie in der Ruhephase von November bis März auf ca. 25 bis 30 cm über dem Boden zurück. Wenn nicht gerade ein halber Meter Schnee bei mir im Garten liegt, schneide ich sie bereits im November oder Dezember zurück.
So besteht später nicht die Gefahr, dass ich die schon ausgetriebenen Augen der Pflanze wieder mit abschneide. Aber auch das würde euch diese Clematis nicht besonders übelnehmen, es kann allerdings sein, dass sie dann etwas später blüht. Je nach Standort schneide ich aber nicht alle Triebe der Clematis auf 30 cm zurück. An einem Rosenbogen zum Beispiel schneide ich in drei Längen. Sprich, einen Teil der Triebe schneide ich auf 30 cm, einen zweiten Teil auf etwa einen Meter und die übrig gebliebenen Triebe auf ca. 1, 50 m ab. Nach diesem Schnittverfahren blüht eine Clematis gestaffelt bis weit über den Rosenbogen hinaus auf allen Etagen. Probiert es einfach mal aus, ihr werdet begeistert sein.
Im zeitigen Frühjahr versorge ich sie mit Kuhscheiße in Form von Pellets. Über den Sommer achte ich auf regelmäßige Wassergaben und pusche sie alle vier Wochen mit Flüssigdünger.

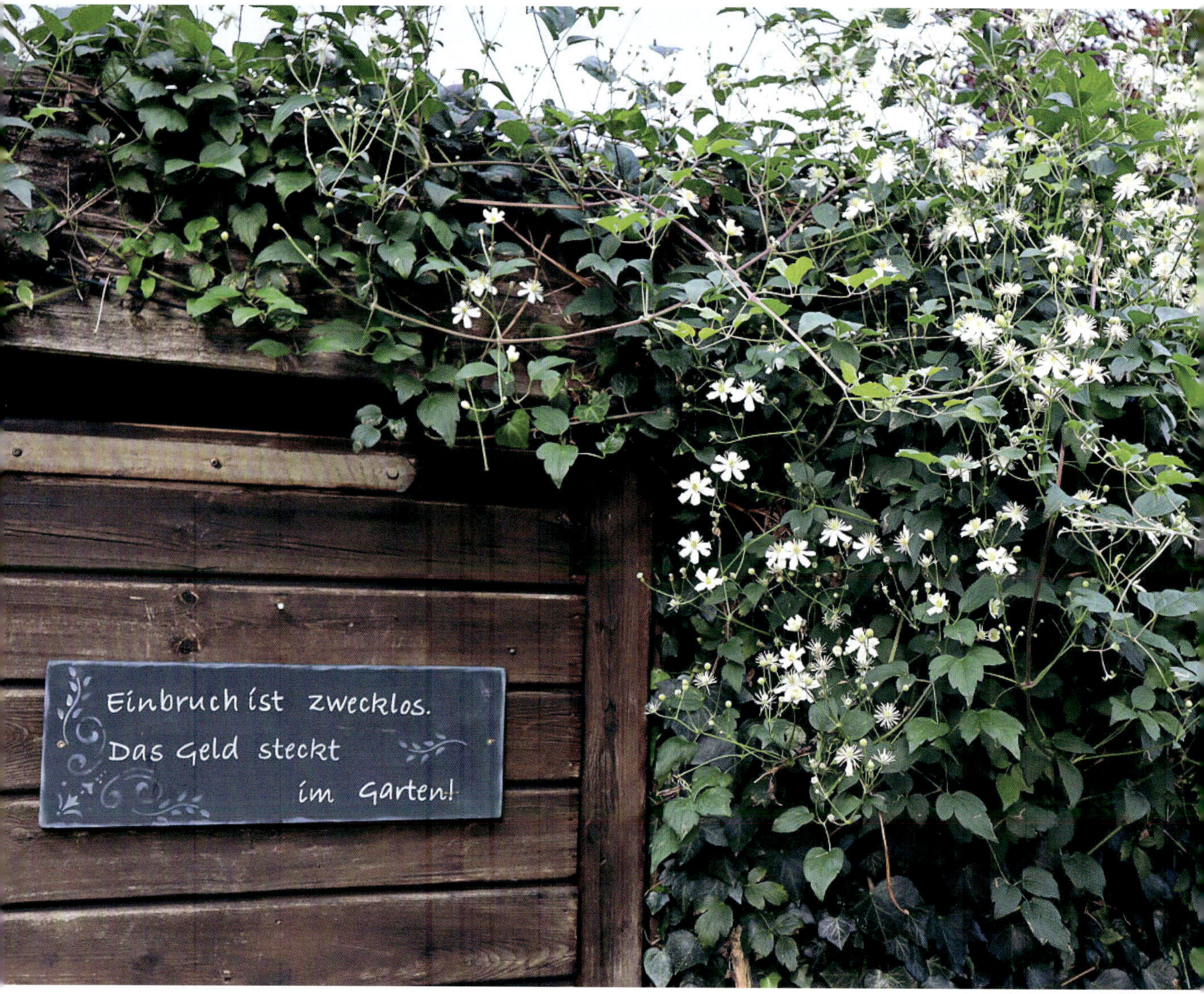

Clematis 'Paul Farges' verwandelt den Schuppen in ein weißes Blütenkleid.

Neben den Italienischen Waldreben findet man im Garten mehrfach meinen absoluten CLEMATISLIEBLING: Fünf Exemplare der *Clematis fargesioides* 'Summer Snow'/'Paul Farges' wuchern hier sprichwörtlich in den verschiedenen Gartenräumen.

'Summer Snow'/'Paul Farges' ist mit ihren unzähligen sternchenförmigen und cremeweißen Blüten eine Augenweide in jedem Garten. Von Juni bis September erstrahlt sie mit einem außergewöhnlichen Blütenreichtum, der an lauter kleine Schneeflocken erinnert. Mit 5 bis 7 m ist sie zudem extrem wuchsfreudig. Hat sie erstmal im Garten richtig Fuß gefasst, erobert sie innerhalb einer Saison Sichtschutzwände, Gartenhäuser oder Laubengänge. Ich habe sie einfach durch Büsche zischen lassen, die dann im Sommer plötzlich alle eine zweite Blüte bekommen.

Paul duftet nicht nur leicht und bedeckt schnell große Flächen, sie ist zudem extrem ge-

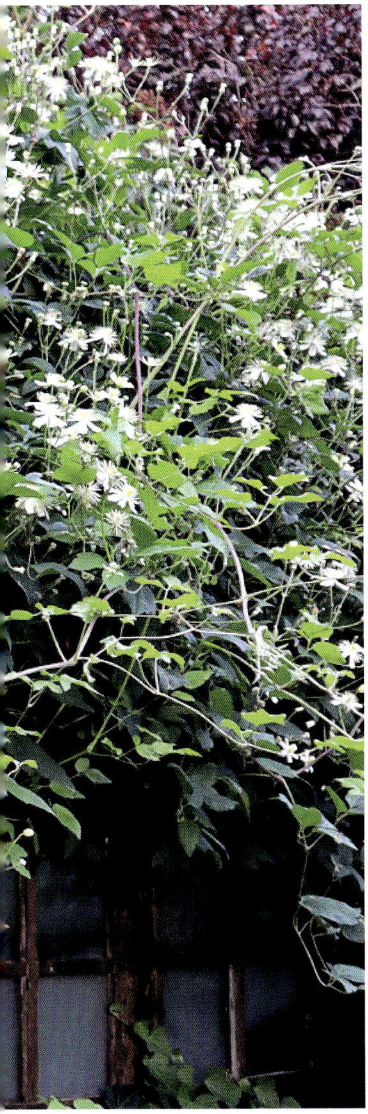

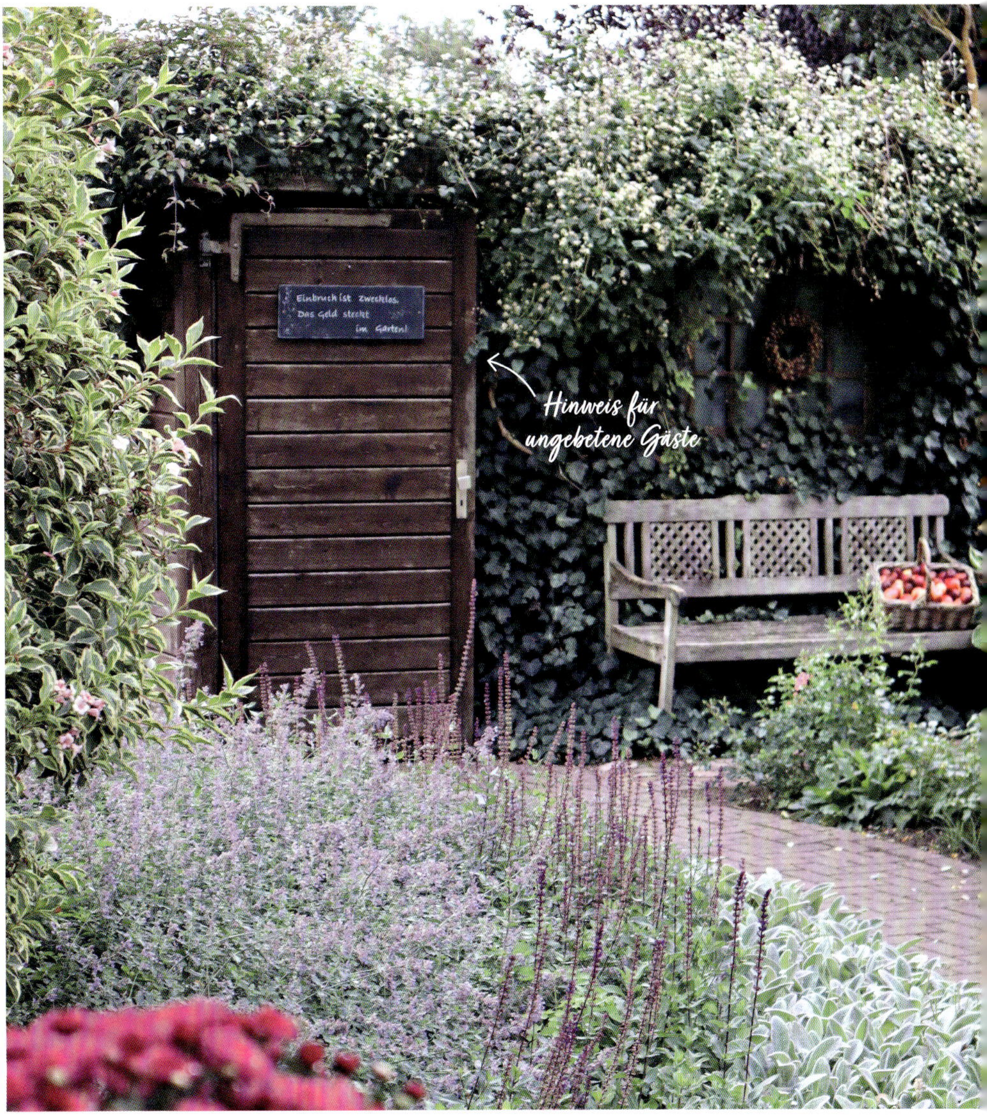

sund und frostfest. Wie auch die Italienischen Waldreben gehört sie zur Schnittgruppe drei. Das heißt, im zeitigen Frühling kommt die Schere zum Einsatz. In diesem Fall halte ich mich allerdings nicht an die jährliche Schnittregel, und so hat mancher Paul seit einigen Jahren schon keine Schere mehr gesehen. Ich lasse die Pflanzen einfach wuchern. An Stellen, wo sie mir über den Kopf wächst, kommt dann allerdings alle paar Jahre die Schere zum Einsatz.

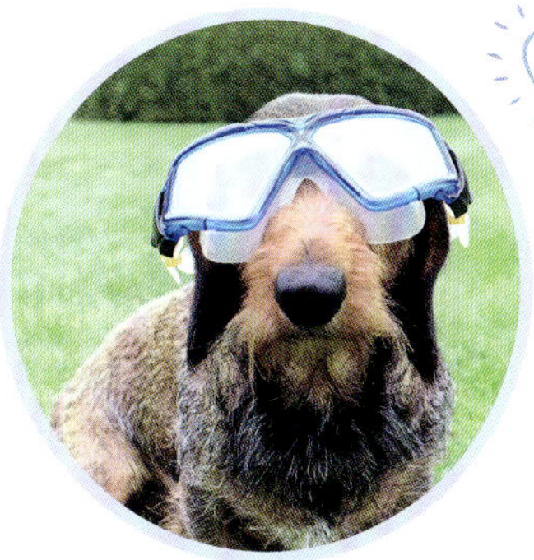

»Gartenarbeit???
Da tauche ich am besten ab!«

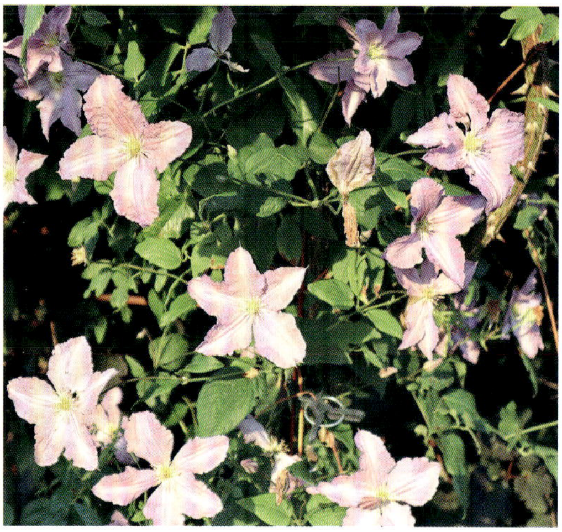

Ein weiterer absolut pflegeleichter Kletterkünstler unter den Clematis ist die wunderschöne BERGWALDREBE *Clematis montana* 'Mayleen'. Sie ist äußerst kletterstark und hat innerhalb von nur drei Jahren mit ihrem schleppenartigen Laub eine komplette 6 m lange Schuppenwand erobert. Im Mai und Juni entwickelt die Bergwaldrebe 'Mayleen' ein Meer aus tiefrosa Blüten, die intensiv nach Vanille duften und Bienen und andere Insekten anlocken. Sie benötigt ausreichend Platz, um sich zu entwickeln und steht bei mir im lichten Schatten. Auch zum Beranken von Mauern und Pergolen ist sie super geeignet.

Wer mutig genug ist, lässt 'Mayleen' in einen hohen Baum klettern und erfreut sich im Frühling an den meterlangen Blütenkaskaden. Hier empfehle ich ebenso wie bei den Ramblerrosen das Eimer-ohne-Boden-Prinzip, damit die junge Waldrebe ohne Wurzeldruck des Baumes anwachsen kann. ■

Tipp

Clematis montana 'Mayleen' benötigen in den ersten Jahren eigentlich keinen Schnitt und blühen am vorjährigen Holz. Sie gehören zur Clematis-Schnittgruppe eins und werden, wenn nötig, erst nach der Blüte Ende Juni geschnitten. Sprich, wer bei diesen Sorten im Winter einen Radikalschnitt durchführt, darf im darauffolgenden Frühling nicht mehr auf eine üppige Blütenpracht hoffen, denn ein Großteil der Knospen geht so verloren. Ich kürze lediglich nach der Blüte im Juni einige störende Ranken ein, ansonsten lasse ich sie in Ruhe wachsen.
Damit die junge Clematis an unserer Holzschuppenwand Halt finden konnte, wurden dünne Drähte quer über die Wand gespannt, die sie nach und nach erobert hat. Eine Montage von Rankgittern aus dem Baumarkt ist hierbei auch eine Möglichkeit.

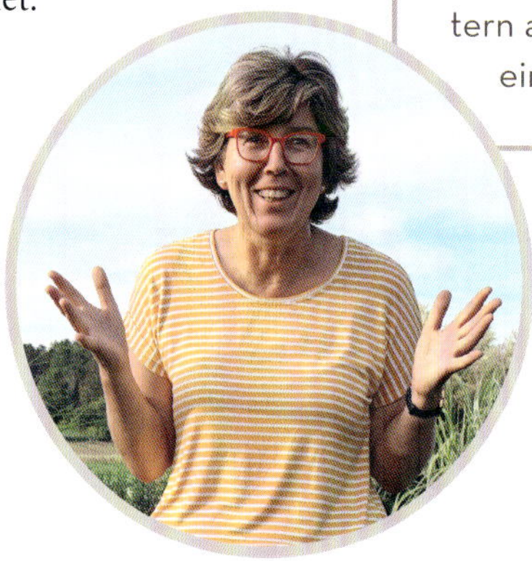

»Als Gärtner schneide ich mit kaltem Herz und scharfer Schere.«

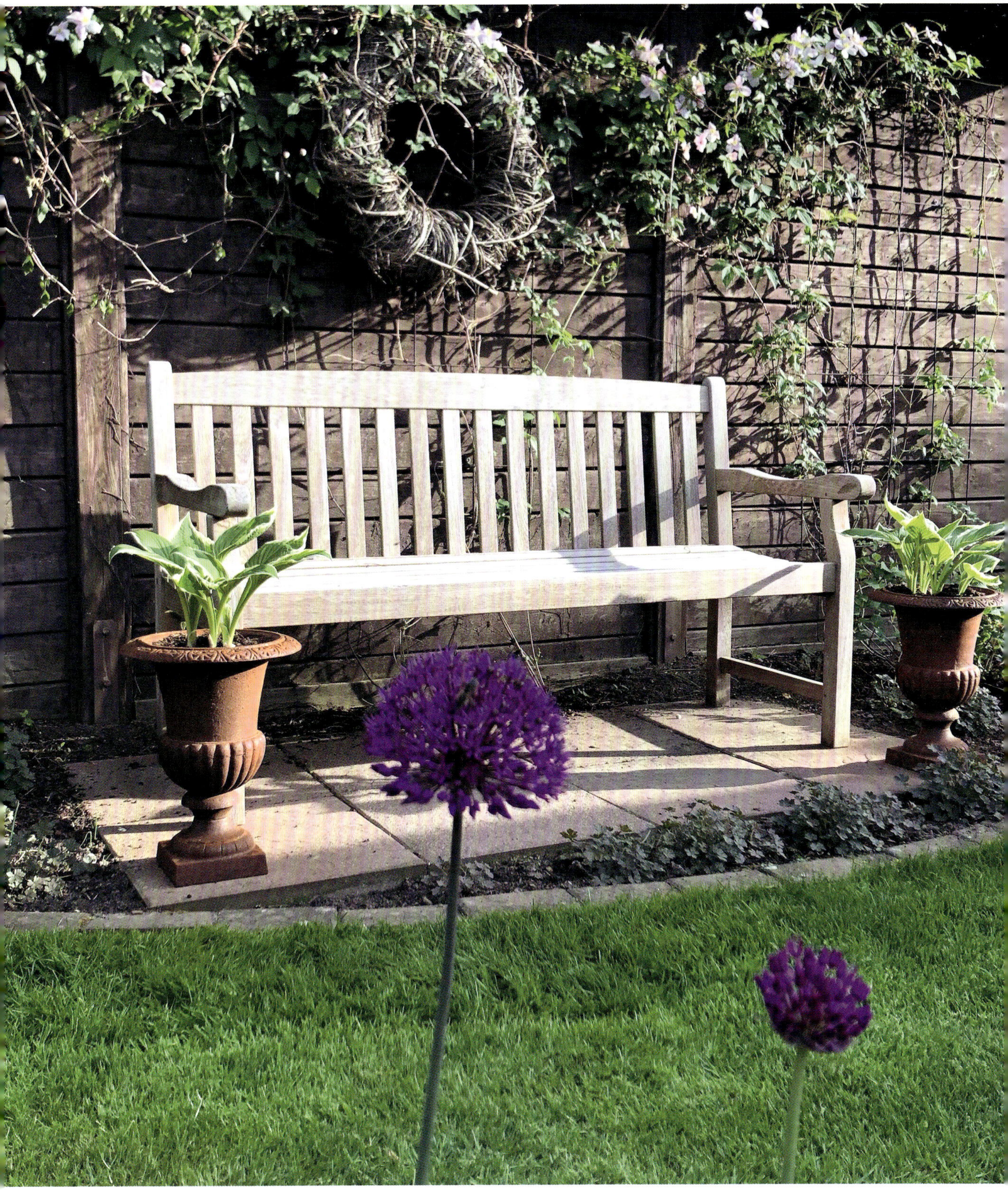

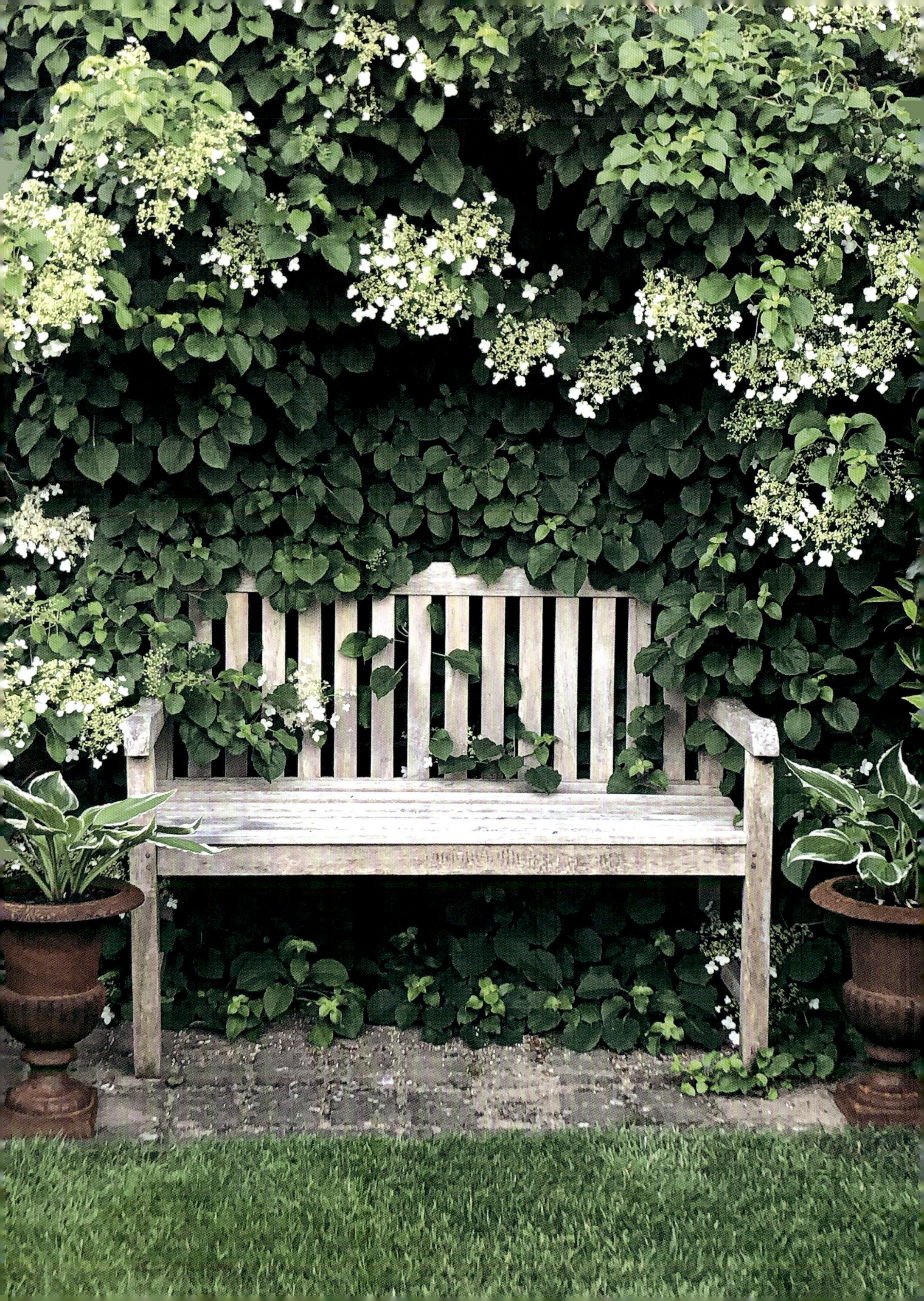

Kletterhortensien

Damit aus unserem Red House auf Dauer doch noch ein Greenhouse wird, habe ich vor Jahren auf der Nord- und Westseite zwei Kletterhortensien an die Klinkerwand gesetzt. Auch wenn Kletterhortensien mit ihren Haftwurzeln nicht so aggressiv sind wie Efeu, solltet ihr vorher dennoch schauen, ob euer Mauerwerk intakt ist, damit es später nicht zu Schäden kommt.

Kletterhortensien sind ABSOLUT PFLEGELEICHT und stellen keine besonderen Ansprüche an ihren Standort. Sie wachsen bis zu 10 m in die Höhe und bilden ab Juni handtellergroße, weiße Blüten aus, die bei Bienen und Insekten sehr beliebt sind. Da sie auch mit wenig Sonnenlicht zurechtkommen, sind sie super für Schattenecken im Garten geeignet. Mit ihren Haftwurzeln halten sie sich selber an der Hauswand fest.

Die Erfahrung hat hier gezeigt, dass sie recht LANGSAM WACHSEN und es bis zu vier Jahre dauert, bevor sich erste Blütenansätze zeigen. Aber das Warten hat sich bei mir gelohnt, denn sie danken es mir nun jährlich mit einem weißen Blütenmeer, das sogar leicht duftet. Also gebt die Hoffnung nicht auf.

GESCHNITTEN wurden die Kletterhortensien von mir übrigens noch nie. Ich lasse sie einfach in Ruhe. Lediglich um die Fenster kürze ich regelmäßig die Triebe ein, damit die freie Sicht in unseren Garten bleibt. Ansonsten werden sie hier nicht großartig verwöhnt, im Frühling erhalten sie aber eine große Portion Rinderdung an die Füße. ■

Tipp

Im Gegensatz zur Clematis sind die Triebe der Kletterhortensie knorrig und werden sehr schwer. Daher haben wir hier vor der Pflanzung Rankgitter anstelle von Draht an der Wand montiert. Diese dienen sowohl als Start- als auch Rankhilfe. Den Rest übernehmen die Hortensien mit der Zeit dann allein.

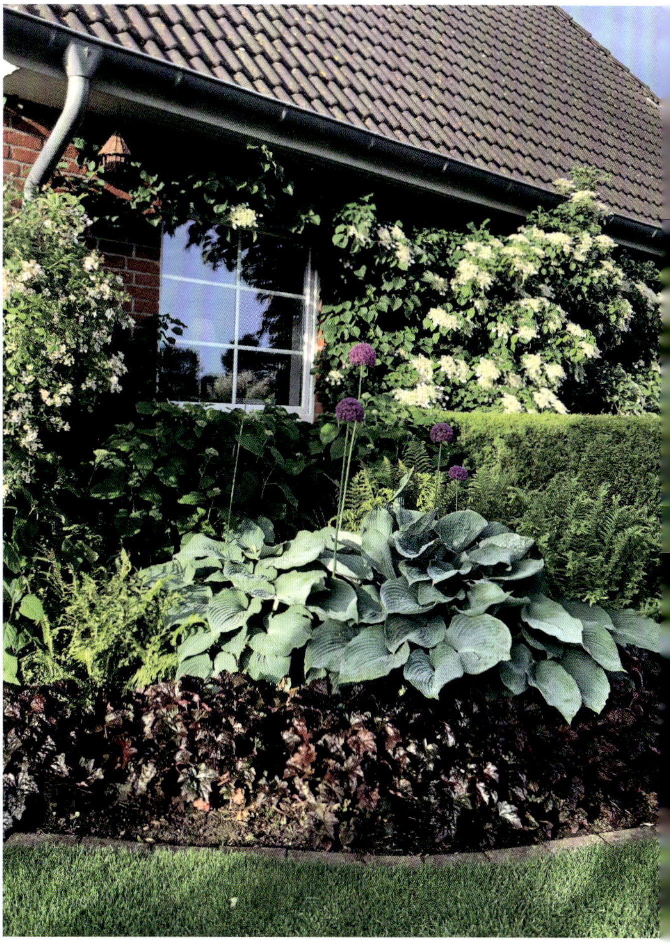

Blühende Kletterhortensie auf der Nordseite des Hauses

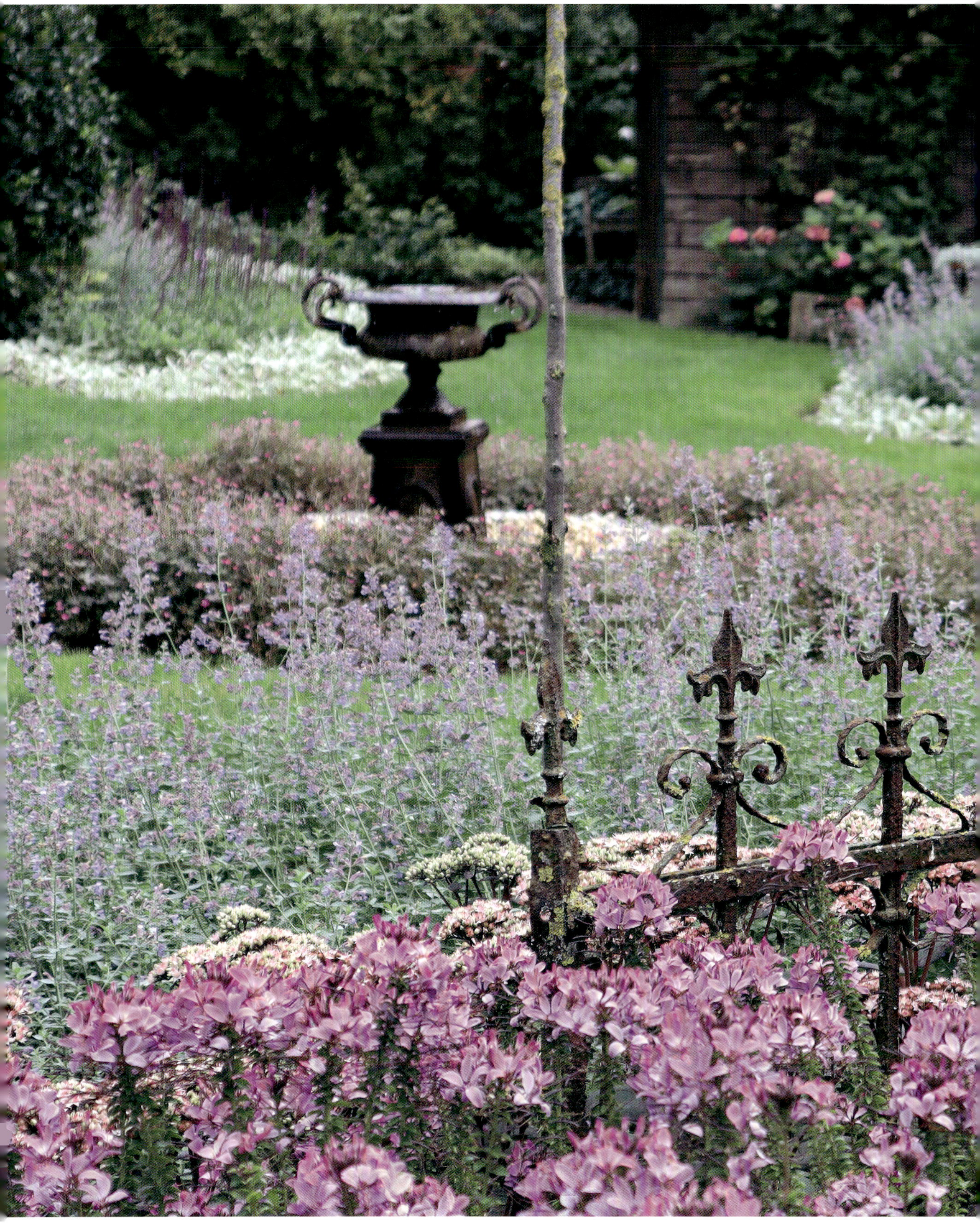

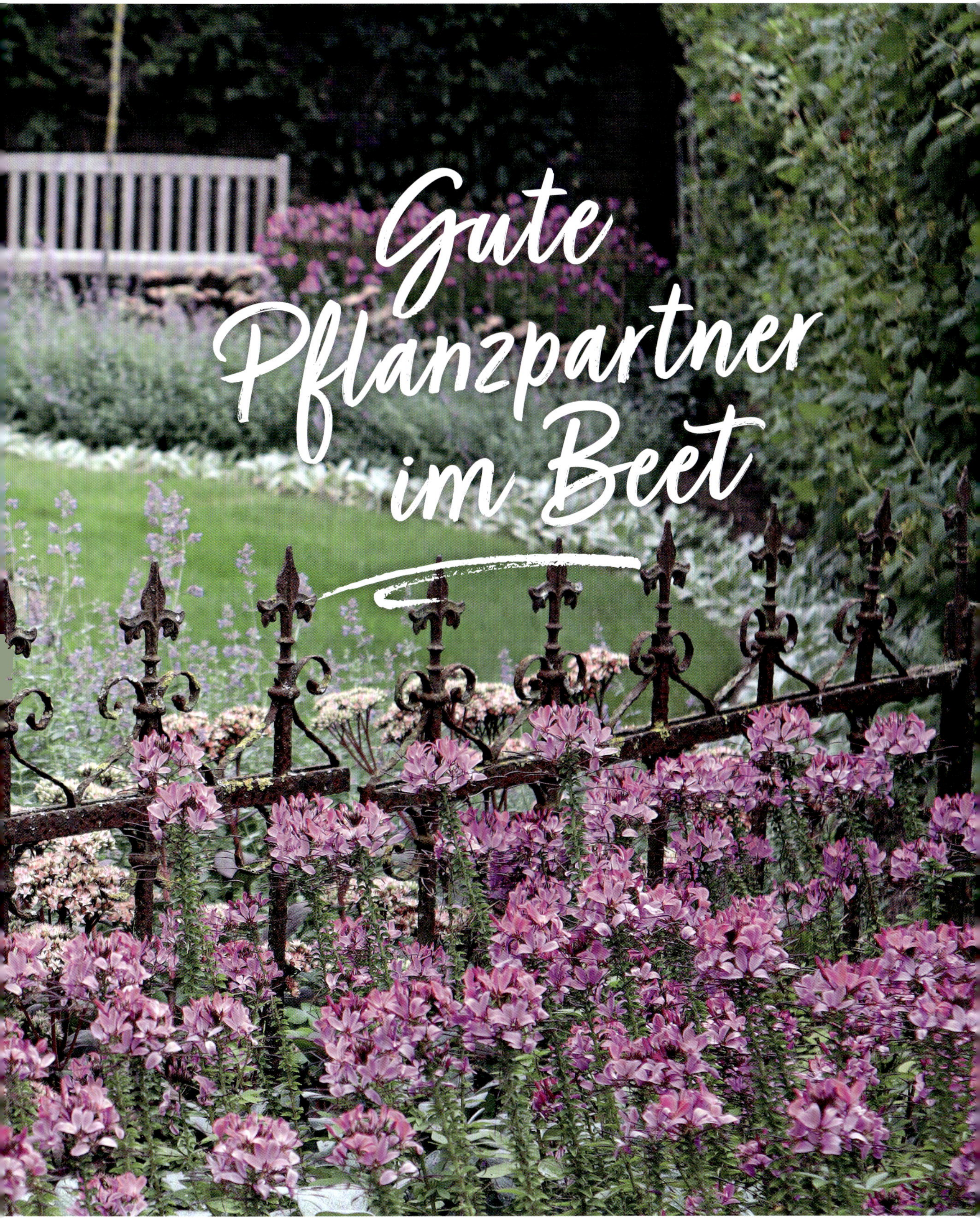

Gute Pflanzpartner im Beet

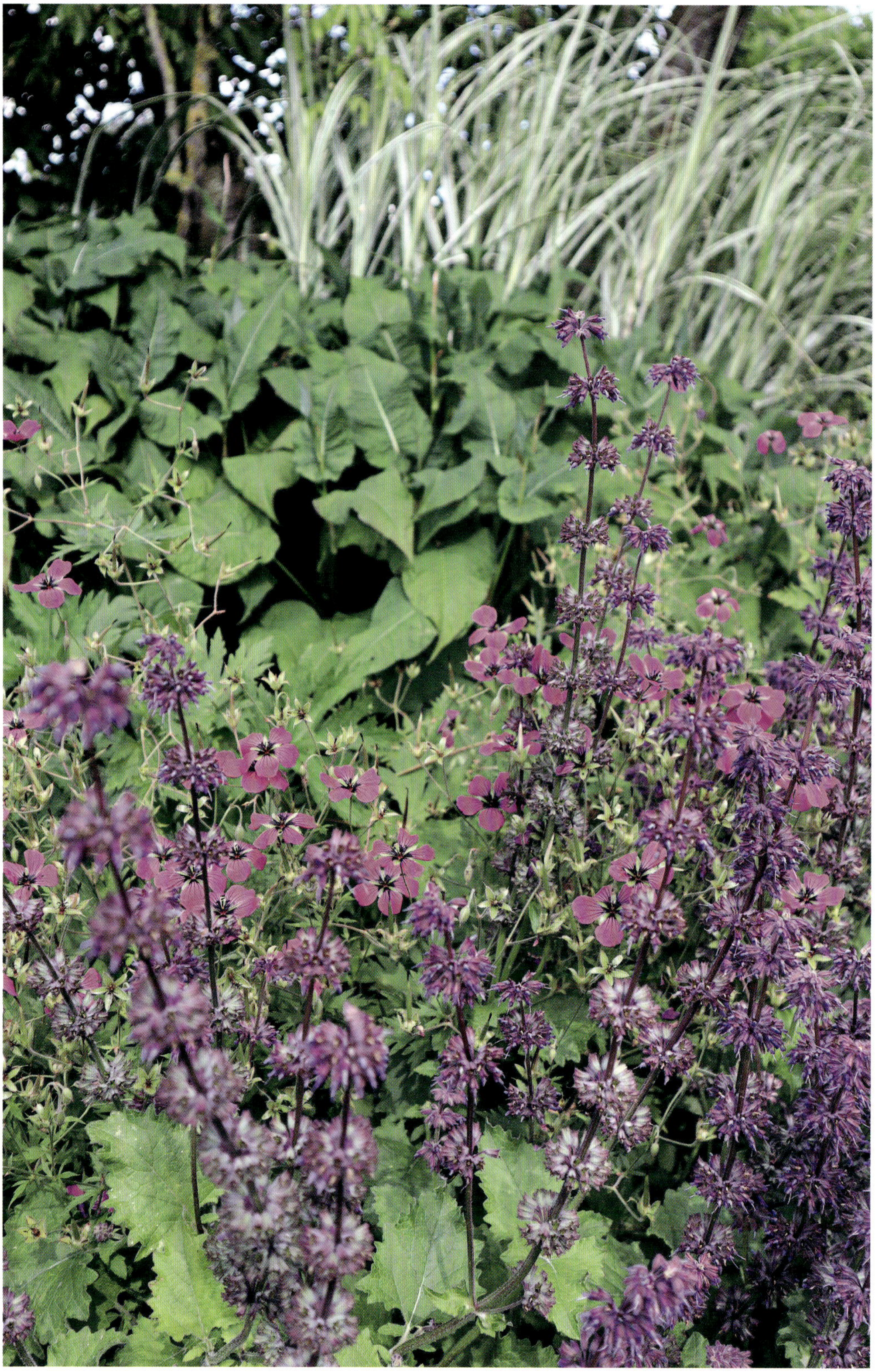

Salbei & Storchschnabel

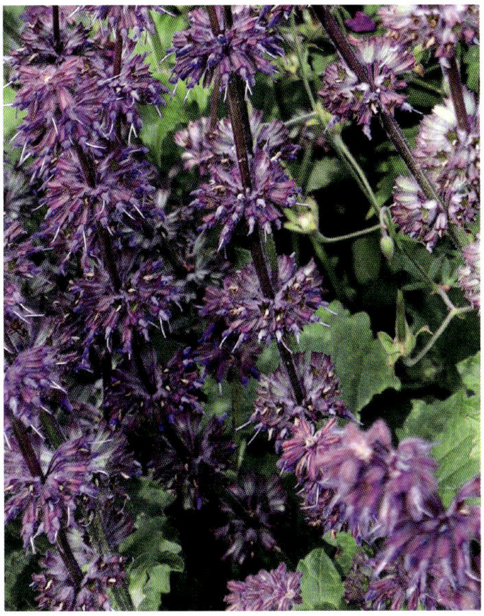

Quirlblütiger Salbei 'Purple Rain'

Salvia verticillata

Besonderes Diese Salbeisorte zeichnet sich durch ihre absolute Winterhärte aus. Zudem ist sie bei Bienen und Schmetterlingen als Nektarpflanze sehr beliebt.

Blütezeit Die lange Blütezeit erstreckt sich von Mai bis September.

Blütenfarbe und -form 'Purple Rain' blüht violett-purpur, es gibt aber auch weiße Sorten. Die ährenförmigen Blütenstände mit angenehmem Duft sind ein absoluter Eyecatcher im Beet und erscheinen sehr zahlreich.

Wuchs aufrecht horstig mit einer Höhe bis 60 cm und einer Breite bis zu 40 cm

Standort Ein sonniger Platz auf sandig-lehmigen, trockenen Böden ist ideal, da Staunässe nicht vertragen wird.

Pflegetipp Ein Rückschnitt nach der Blüte ist empfehlenswert, um eine zweite Blüte und buschiges Wachstum älterer Pflanzen zu fördern.

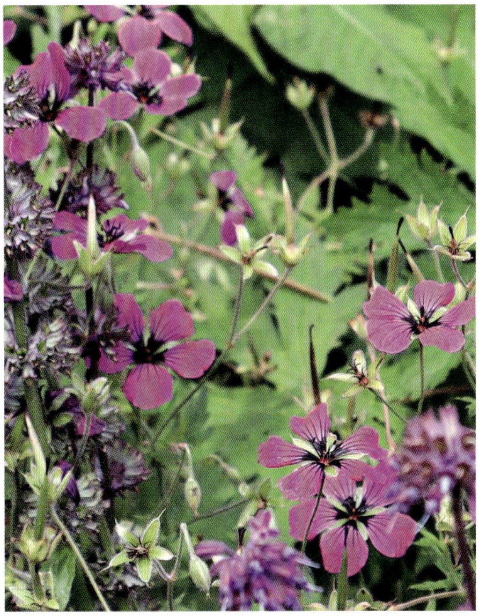

Storchschnabel 'Patricia'

Geranium psilostemon

Besonderes robust, unempfindlich gegenüber Krankheiten und Schnecken, winterfest

Blütezeit bildet große Blütenteppiche von Juni bis August

Blütenfarbe und -form purpurfarbene, schalenförmige Blüten mit schwarzem Auge

Wuchs horstbildend, mit einer Höhe von bis zu 70 cm und einer Breite von bis zu 60 cm

Standort Einen sonnigen bis halbschattigen Platz auf sandig-lehmigen, normal durchlässigen, nährstoffreichen Böden mag 'Patricia' gerne.

Pflegetipp Wenn ihr diesen Storchschnabel im Herbst nach der Blüte stark zurückschneidet, wächst er im nächsten Jahr buschiger, ansonsten ist er sehr pflegeleicht.

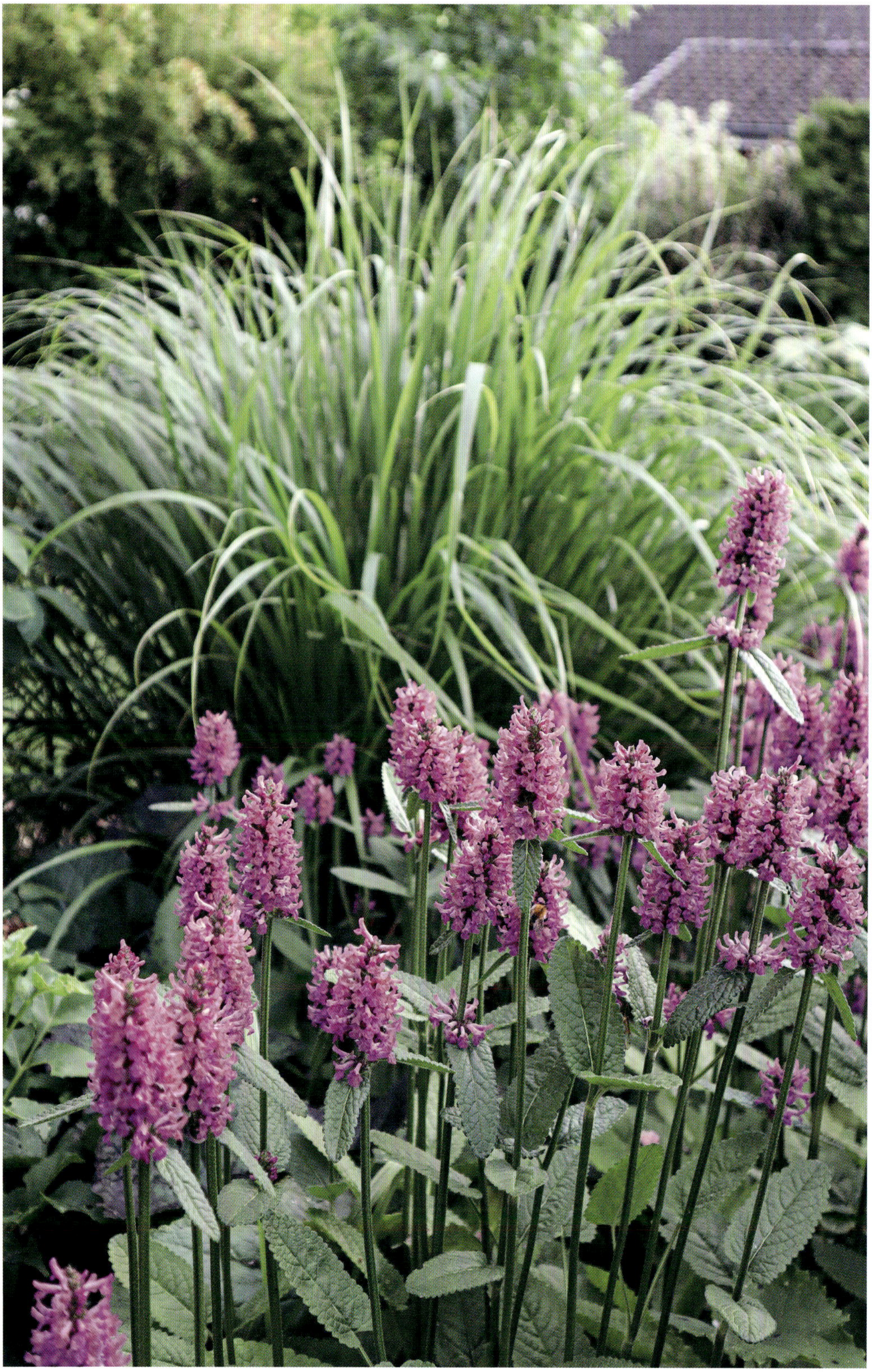

Ziest & Diamantgras

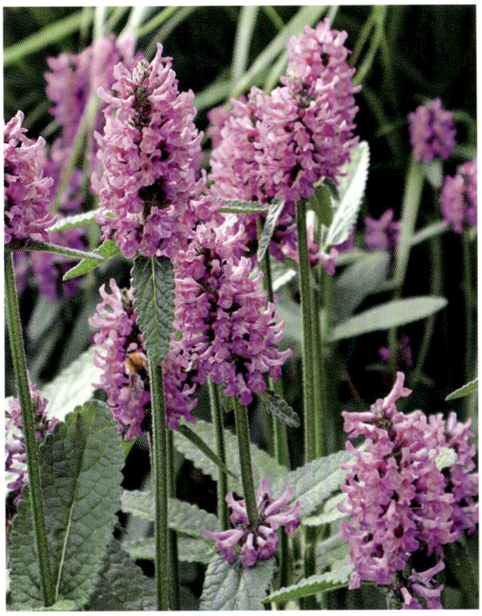

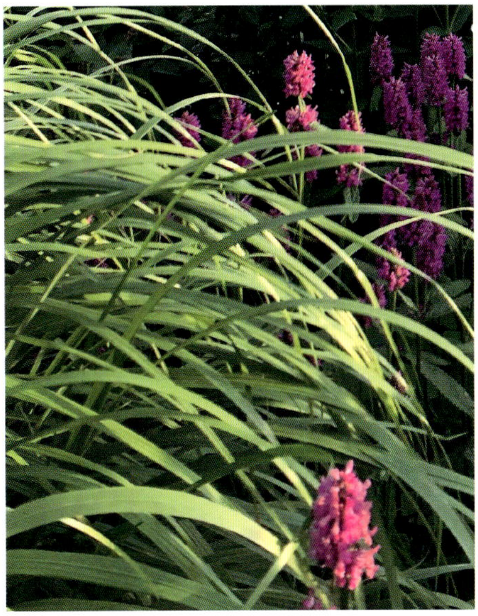

Zottiger Ziest 'Hummelo'

Stachys monnieri

Besonderes Eine duftende (Blätter und Blüte), immergrüne Staude, die bei Bienen, Hummeln und Schmetterlingen beliebt ist.

Blütezeit von Juli bis September eine intensive Farbenpracht

Blütenfarbe und -form tiefrosafarbene, lippenförmige Blüten an langen Blütenstängeln

Wuchs ausladender horstartiger Wuchs mit einer Höhe bis 50 cm und einer Breite bis 40 cm

Standort Ein halbschattiger bis sonniger Platz ist am besten; in trockenen, durchlässigen Böden kann der Ziest seine ganze Pracht entfalten.

Pflegetipp braucht keine besondere Pflege und ist zudem winterhart

Diamantgras

Calamagrostis brachytricha

Besonderes Ein sehr dekoratives Gras mit einem sehr frühen Austrieb ab April.

Blütezeit Ende August bis November

Blütenfarbe und -form silbrig-rosafarbene Blütenripsen an langen Stängeln, die wie kleine Federn aussehen

Blatt Die ersten Blätter lassen sich schon im zeitigen Frühjahr blicken, im Herbst bestechen sie dann zudem mit einem schönen Bronzeton.

Wuchs Das tolle Gras wächst straff aufrecht und wird etwa 100 cm hoch.

Standort Bietet ihr ihm einen sonnigen Platz mit durchlässiger, lockerer, frischer Gartenerde, werdet ihr sehr viel Freude mit der Pflanze haben.

Pflegetipp Das Diamantgras ist sehr pflegeleicht, es braucht daher keine besondere Aufmerksamkeit.

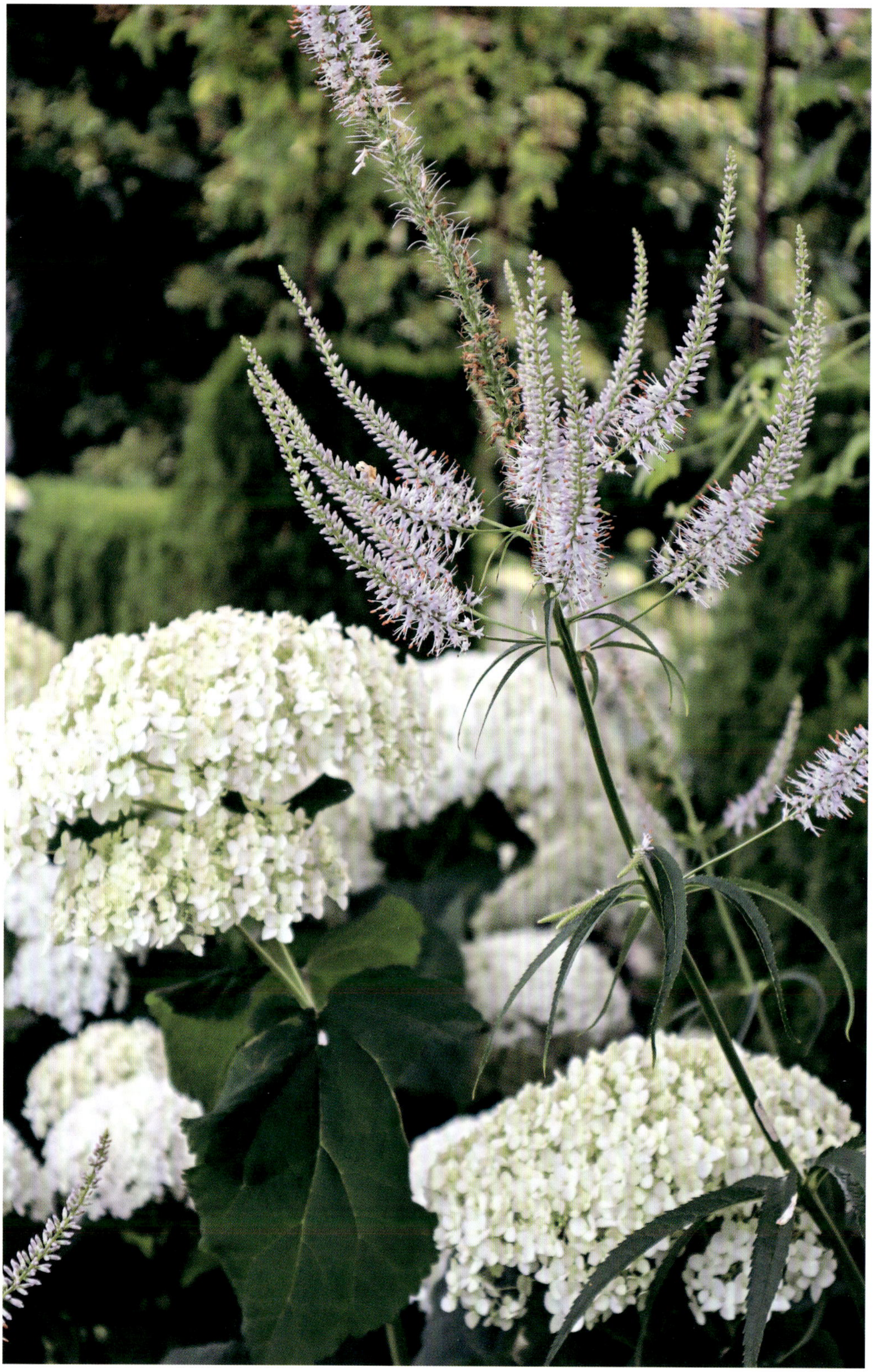

Kandelaber-Ehrenpreis & Hortensie

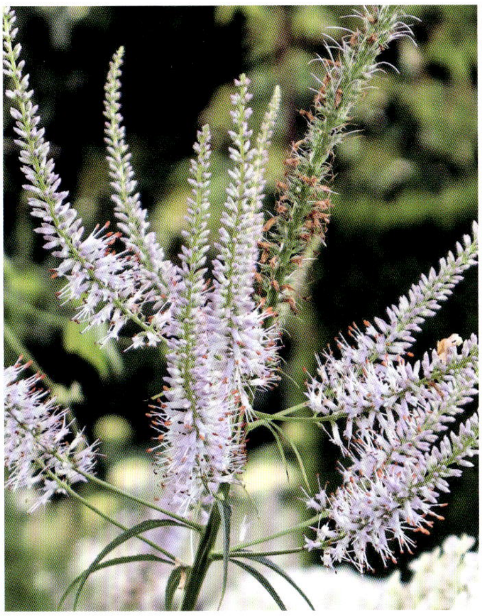

Kandelaber-Ehrenpreis

Veronicastrum virginicum

Besonderes Eine wunderschöne Solitärstaude und ein toller Strukturgeber, der zudem sehr insektenfreundlich ist.

Blütezeit Juni bis August

Blütenfarbe und -form Die violett-rosafarbenen, rispenartigen Blüten erscheinen an hohen Stielen. Die hübschen Blütenkerzen wirken sehr elegant im Beet.

Wuchs Mit einem straff aufrechten Wuchs erreicht die Pflanze eine Höhe bis 170 cm. Sie bildet Horste und wird etwa 100 cm breit.

Standort Einen sonnigen bis halbschattigen Platz mit lehmig-sandigem, gut feuchtem, nährstoffreichem und durchlässigem Boden mag der Kandelaber-Ehrenpreis gerne, hat aber eigentlich recht geringe Ansprüche an seinen Standort.

Pflegetipp benötigt kaum Pflege, da die Pflanze sehr robust ist, auch gegenüber Krankheiten und Schädlingen

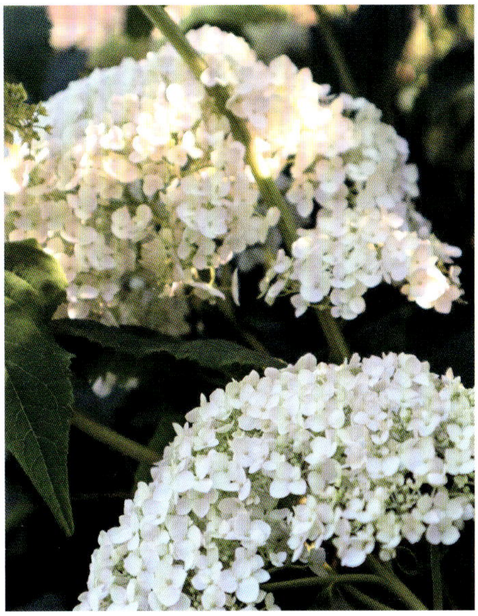

Ballhortensie 'Annabelle'

Hydrangea arborescens

Besonderes beeindruckt mit großen Blütenbällen und ihrer Frosthärte

Blütezeit Die lange Blütezeit erstreckt sich von Ende Juni bis September.

Blütenfarbe und -form Blütenbälle in Weiß, die bis 25 cm groß werden

Wuchs Ein breitbuschiger Strauch, der bis 130 cm hoch und breit werden kann. Auch das Laub der Ballhortensie ist attraktiv.

Standort Halbschatten ist am besten, Sonne wird aber auch vertragen. Ein normaler Gartenboden mit lockerer, frischer Erde reicht aus.

Pflegetipp In heißen Sommern regelmäßig gießen. Bei einem pH-Wert im Boden von 5,5 behalten die Blütenbälle ihre weiße Farbe, ansonsten wechseln sie etwas ins Zartrosa. Im Frühling die Pflanze auf 20 cm zurückschneiden.

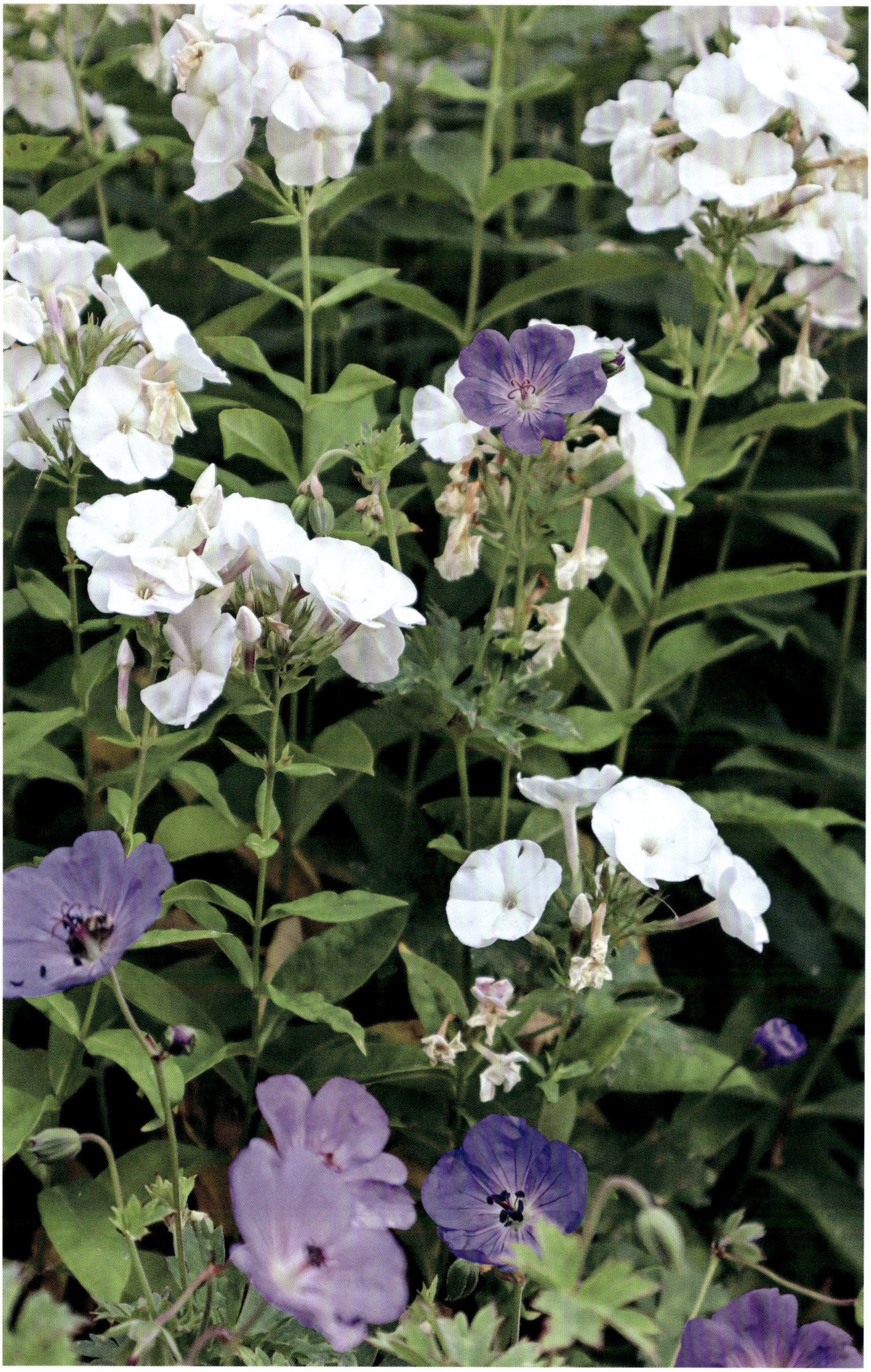

Storchschnabel & Flammenblume

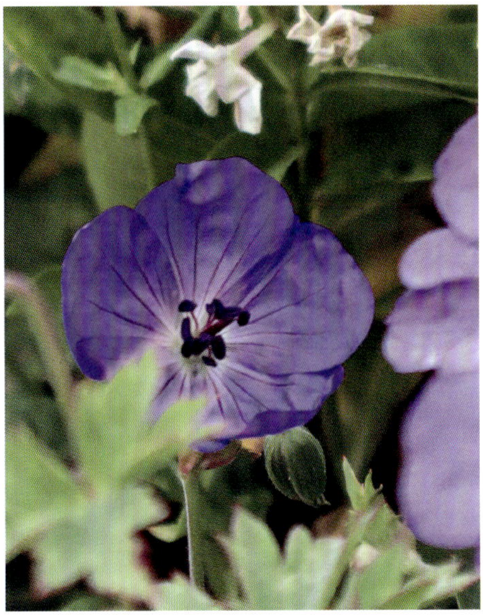

Storchschnabel 'Rozanne'

Geranium wallichianum

Besonderes Ein wahrer Dauerblüher und toller, robuster Bodendecker.

Blütezeit Die lange Blütezeit erstreckt sich von Juni bis Oktober, je nach Region sogar bis in den November hinein.

Blütenfarbe und -form Die violett-blauen, schalenförmigen, großen Blüten sind dunkel geadert und leuchten in großen Blütenteppichen.

Wuchs Die starkwüchsige Staude erhebt sich aufrecht mit bis zu 50 cm Höhe im Beet. Sie wächst ausladend und kissenartig mit einer Breite bis 50 cm, daher ist sie ein großartiger und zuverlässiger Bodendecker.

Standort Sonne bis Halbschatten ist ihm am liebsten; durchlässiger normaler Gartenboden reicht ihm vollkommen, Staunässe sollte aber vermieden werden.

Pflegetipp Die Sorte zeichnet sich durch ihre Winterhärte aus. Im Herbst ist ein leichter Rückschnitt sinnvoll, im Frühjahr fördert ein bodennahes Abschneiden einen Neuaustrieb.

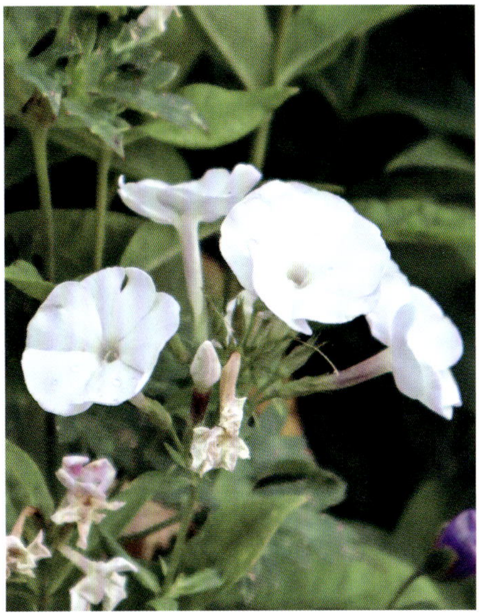

Hohe Flammenblume 'White Admiral'

Phlox paniculata

Besonderes attraktiver Schmetterlingsmagnet und Bienenweide

Blütezeit Juli bis August

Blütenfarbe und -form viele strahlend weiße Blüten in Dolden

Wuchs aufrecht wachsend, bis 120 cm hoch und bis 90 cm breit, bildet Horste. Mehrjährige Pflanze, die aber nicht verholzt. Besonders in Gruppen gepflanzt, kommt diese Flammenblume gut zur Geltung.

Standort wächst in Sonne und Halbschatten auf lehmig-sandigen, nährstoffreichen, humosen Gartenböden

Pflegetipp sehr ausdauernd und pflegeleicht

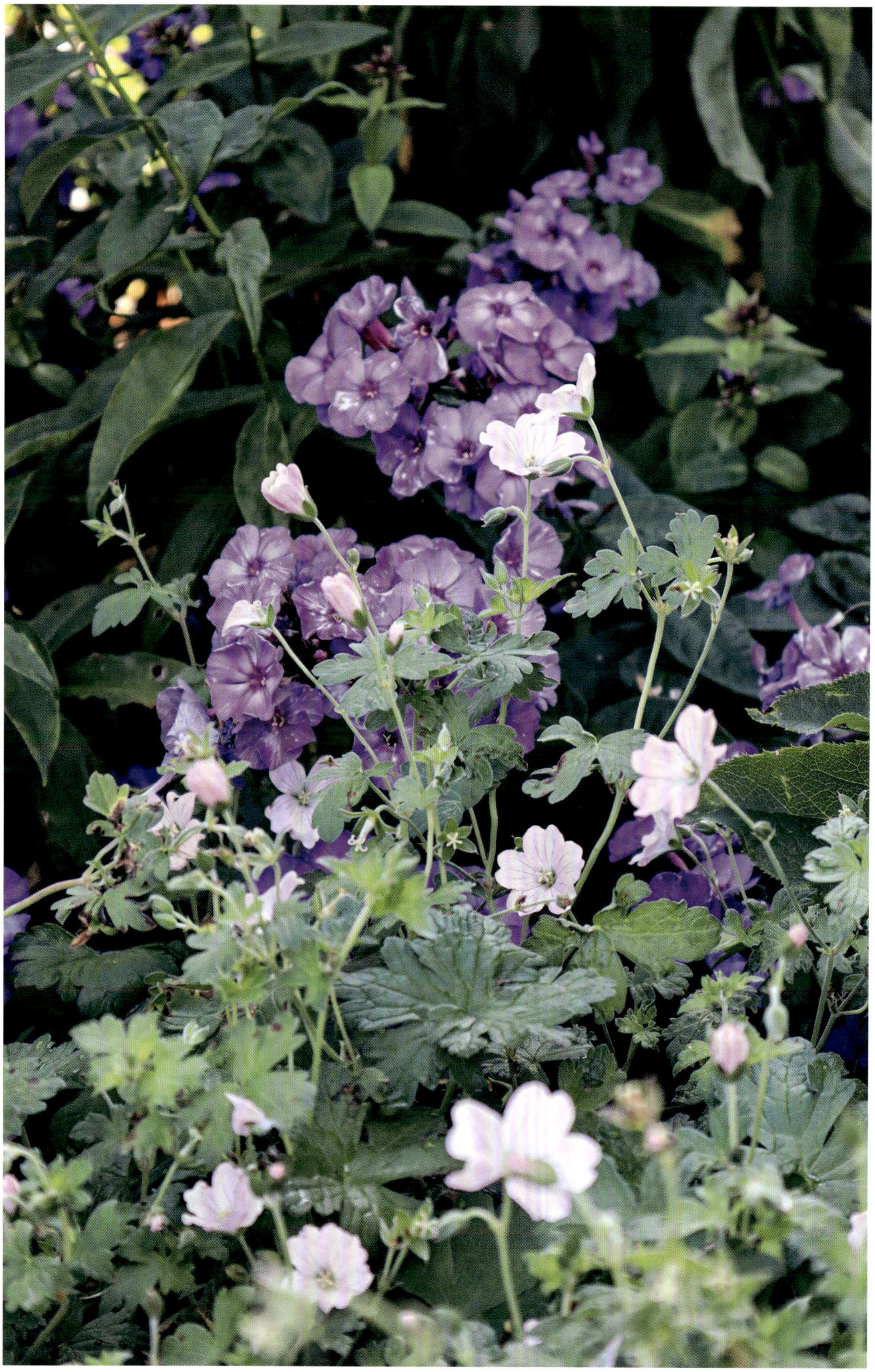

Storchschnabel & Flammenblume

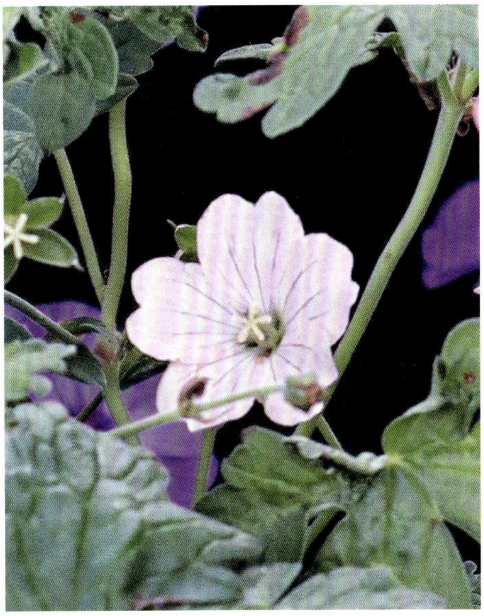

Storchschnabel 'Dreamland'

Geranium x cultorum

Besonderes Eine pflegeleichte Staude mit langer Blütezeit, die zudem bei Insekten sehr beliebt ist.

Blütezeit Die lange Blütezeit erstreckt sich von Juni bis Oktober mit einem sehr zuverlässigen Blütenflor.

Blütenfarbe und -form Die hübschen Blütchen sind hellrosa und haben eine schalenförmige Form – ein typisches Merkmal. Nach der Blüte entwickeln sich geschnäbelte Früchte, woher die Pflanze auch ihren Namen hat.

Wuchs Eine schnell wachsende Staude mit kissenartigem Wuchs und langen Blütenstielen. Sie wird bis zu 40 cm hoch und breit.

Standort In der Sonne und im Halbschatten steht sie am liebsten und bevorzugt durchlässige, nährstoffreiche Böden, Staunässe mag sie keine.

Pflegetipp Die Pflanze ist winterhart, zieht sich aber wie viele Stauden dann ins Erdreich zurück. Im Frühjahr alte Blätter und Triebe entfernen.

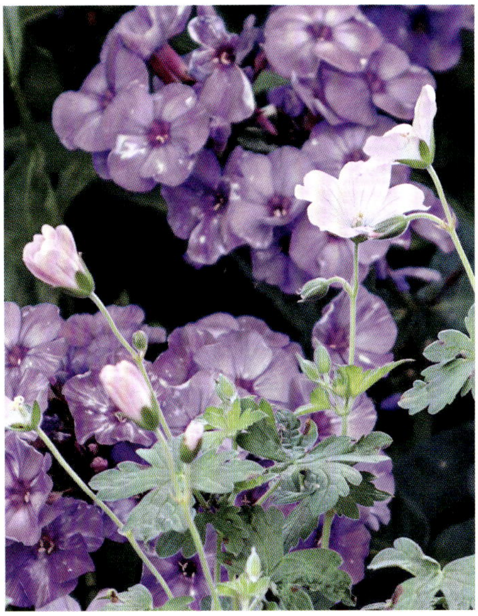

Hohe Flammenblume 'Düsterlohe'

Phlox paniculata

Besonderes Diese Sorte von *Phlox paniculata* besticht durch ihren Blütenduft und ihre Insektenfreundlichkeit.

Blütezeit Juli bis September

Blütenfarbe und -form Die dunkelpurpurvioletten Blüten erscheinen in Dolden, im Verblühen werden sie etwas heller.

Wuchs 'Düsterlohe' wächst locker aufrecht und horstartig, sie wird bis 100 cm hoch und 60 cm breit.

Standort An sonnigen bis halbschattigen Plätzen fühlt sie sich wohl, dort mag sie nährstoffreiche, frische Böden ohne Staunässe.

Pflegetipp Nach der Blüte kann ich einen Rückschnitt empfehlen, ansonsten ist die Pflanze sehr pflegeleicht.

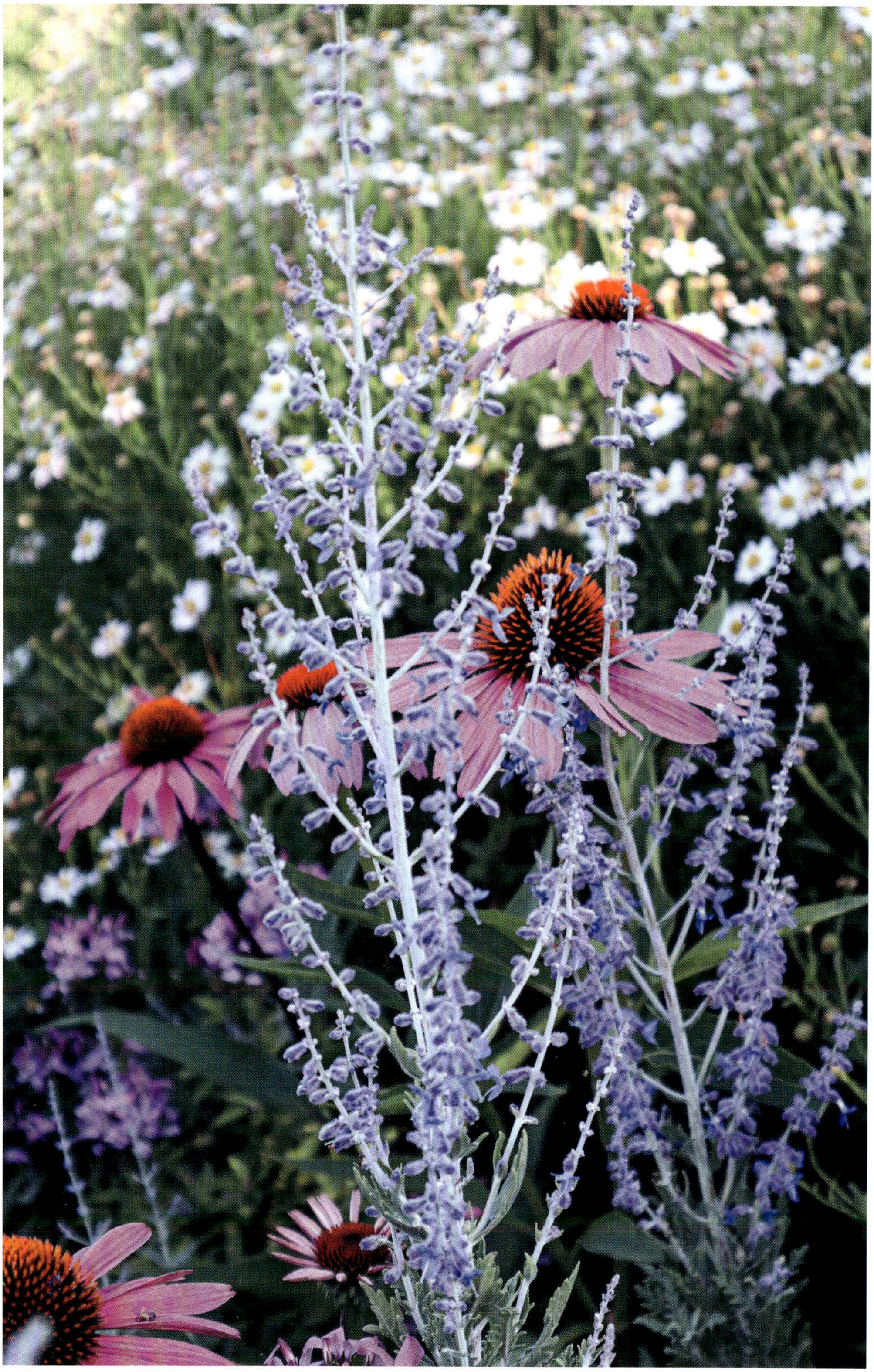

Purpursonnenhut & Blauraute

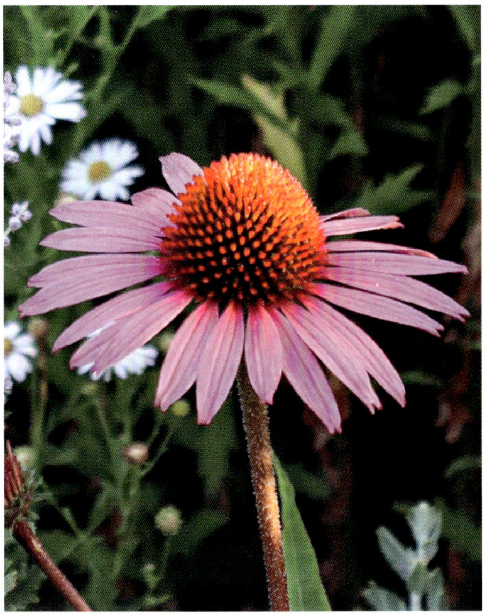

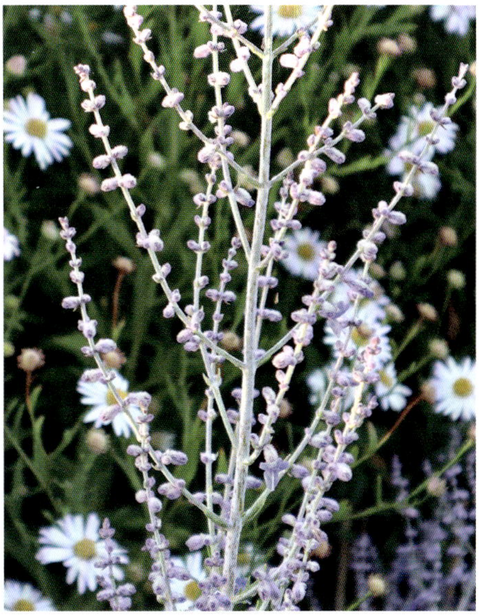

Purpursonnenhut 'Magnus'

Echinacea purpurea

Besonderes Schmetterlings- und Bienenmagnet, anspruchslos und unkompliziert

Blütezeit Juli bis September

Blütenfarbe und -form Die Pflanze besticht durch ihre tollen großen dunkelpurpur-rosa bis purpurfarbenen Blüten mit brauner Blütenmitte. Die Blüten sind schalenförmig und neigen sich während der Blütezeit nach unten.

Wuchs 'Magnus' wächst horstig, straff aufrecht und wird etwa 100 cm hoch und bis 50 cm breit.

Standort An sonnigen Plätzen mit durchlässigen, nährstoffreichen Böden entfaltet der Sonnenhut seine ganze Strahlkraft.

Pflegetipp Im Herbst ist es empfehlenswert, die Pflanze auf etwa 15 cm zurückzuschneiden. Da sie recht frostbeständig ist, braucht sie aber keinen besonderen Winterschutz. Im Frühjahr kann man sie als Startschuss etwas düngen.

Blauraute 'Little Spire'

Perovskia atriplicifolia

Besonderes insektenfreundlich mit aromatischem Laub, kein Schneckenfraß

Blütezeit August bis Oktober

Blütenfarbe und -form leuchtende violettblaue Blütenähren

Blatt silbrig leuchtendes Laub mit linealen Blättern, das farblich perfekt zu den blauen Blüten passt

Wuchs Der Strauch wächst buschig aufrecht und wird nur bis 80 cm hoch, seine Zweige verholzen mit der Zeit.

Standort Das niedrig wachsende Blütengehölz mag Sonne und kommt auf normalen, gut durchlässigen, sandigen Böden am besten zurecht. Es eignet sich also für trockene, heiße Plätze in eurem Garten.

Pflegetipp In kühlen Regionen solltet ihr 'Little Spire' einen leichten Winterschutz geben, beispielsweise mit Reisig, Laub oder Vlies. Um den kompakten Wuchs zu fördern, kann ich euch vor dem Laubaustrieb einen starken Rückschnitt der Pflanzen empfehlen.

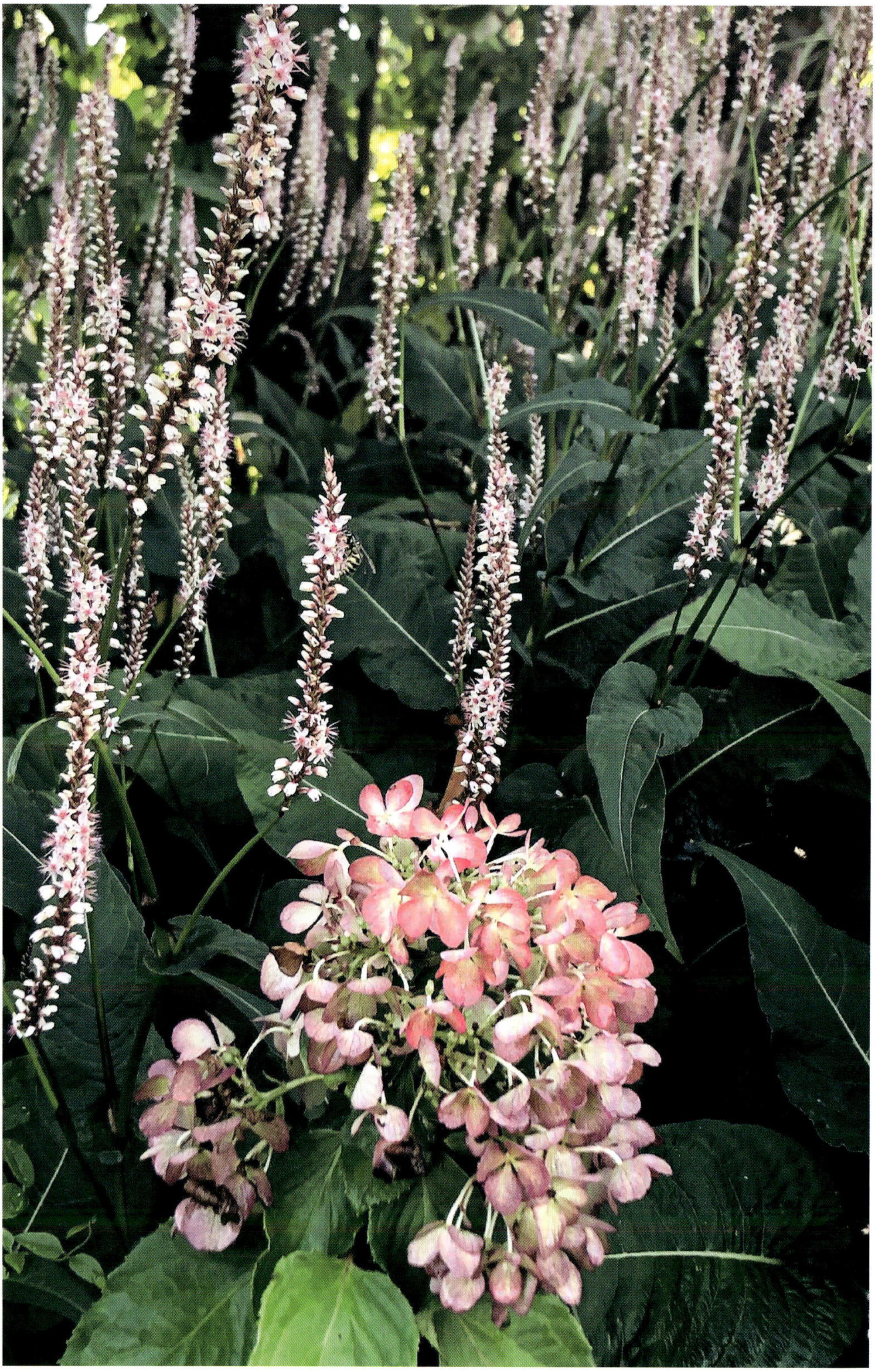

Rispenhortensie & Kerzenknöterich

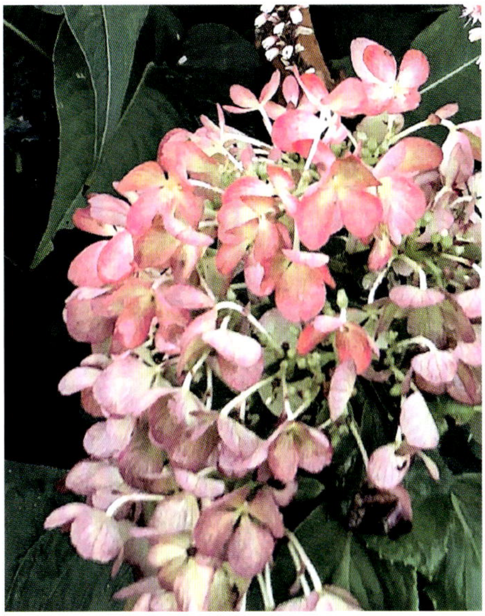

Rispenhortensie 'Wims Red'

Hydrangea paniculata

Besonderes Das wechselnde Farbenspiel im Laufe der Blütezeit und ihr Honigduft machen die Pflanzen sehr attraktiv.

Blütezeit lange Blütezeit von Juli bis September

Blütenfarbe und -form Zunächst erscheinen die Blüten im Juni in Weiß, die dann über Rosa in Rot übergehen. Die Einzelblüten öffnen sich nicht alle zeitgleich und so sind die großen ährenförmigen Blütenstände immer mit mehreren Farben gleichzeitig überzogen.

Wuchs Die aufrechte Pflanze ist gut verzweigt. Mit bis zu 250 cm Höhe und bis zu 200 cm Breite wird der Strauch recht groß.

Standort Sie wächst in der Sonne und im Halbschatten auf frischen, nährstoffreichen Böden.

Pflegetipp Achtet zur Blütezeit darauf, dass der Strauch gut mit Wasser versorgt ist. Die Triebe sind sehr stabil und brauchen keine extra Stütze! Aufgrund seiner Winterhärte braucht er im Beet keinen zusätzlichen Schutz.

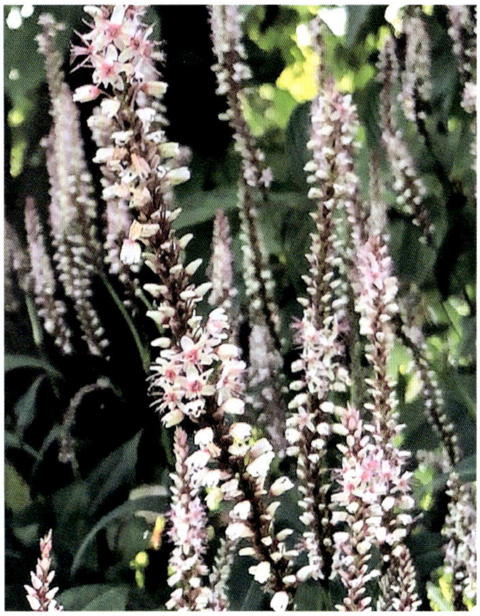

Kerzenknöterich 'Rosea'

Bistorta amplexicaulis

Besonderes Diese insektenfreundliche Staude wächst sehr üppig und ist pflegleicht.

Blütezeit Juli bis Oktober

Blütenfarbe und -form Die hellrosa Blütchen bilden lange Blütenähren an rötlichen Stielen.

Wuchs 'Rosea' wächst horstig, aufrecht und sehr üppig, da sie Rhizome bildet. Sie erreicht Höhen bis 110 cm und Breiten bis 60 cm.

Standort Die Staude gedeiht vorzugsweise in der Sonne oder im Halbschatten auf durchlässigen, frischen Gartenböden.

Pflegetipp Nach der Blüte empfehle ich euch, die Blütenstände am besten regelmäßig zurückzuschneiden, ansonsten braucht die Staude kaum Pflege und ist zudem winterhart.

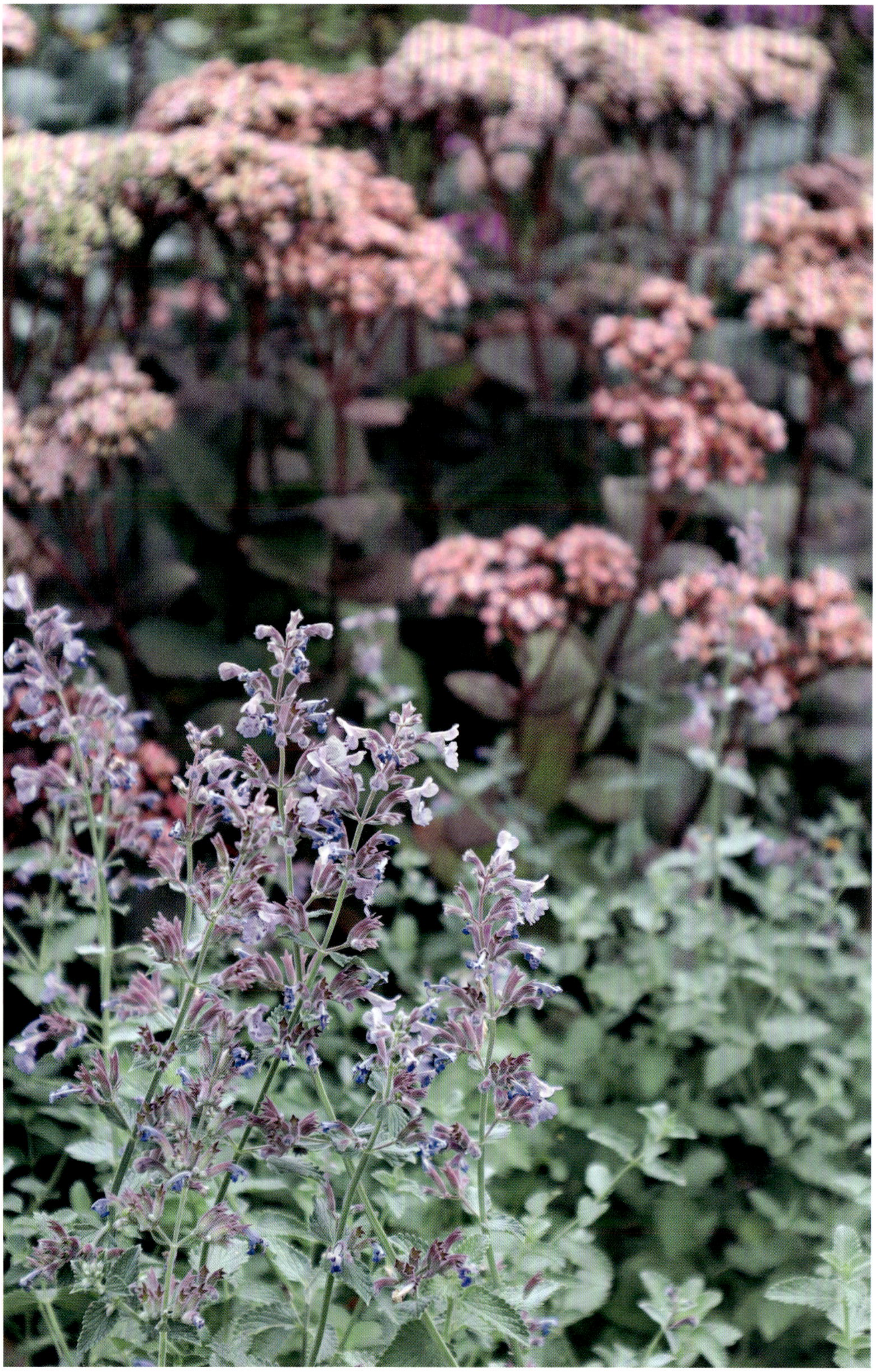

Katzenminze & Fettblatt

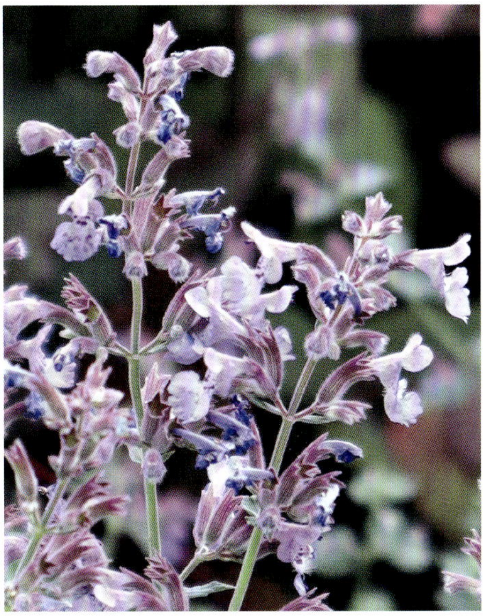

Katzenminze 'Six Hills Giant'

Nepeta x faassenii

Besonderes Diese Katzenminze ist ein absoluter Bienenmagnet und betört mit ihrem starken Blatt- und Blütenduft.

Blütezeit Die lange Blütezeit erstreckt sich von Mai bis September.

Blütenfarbe und -form Die leuchtenden violett-blauen Blüten sitzen traubenförmig an langen Pflanzenstängeln mit zierlichen, duftenden Blättchen.

Wuchs Die attraktive Staude wächst breitbuschig aufrecht. Sie wird bis 80 cm hoch und bis 40 cm breit.

Standort An sonnigen Plätzen mit durchlässigen, trockenen Böden fühlt sich 'Six Hills Giant' wohl.

Pflegetipp Nach der Blüte könnt ihr die Pflanzenstängel abschneiden, um eine zweite Blüte im Spätsommer zu bekommen. Die Pflanze ist winterhart, bei Schnecken unbeliebt und insgesamt sehr pflegeleicht.

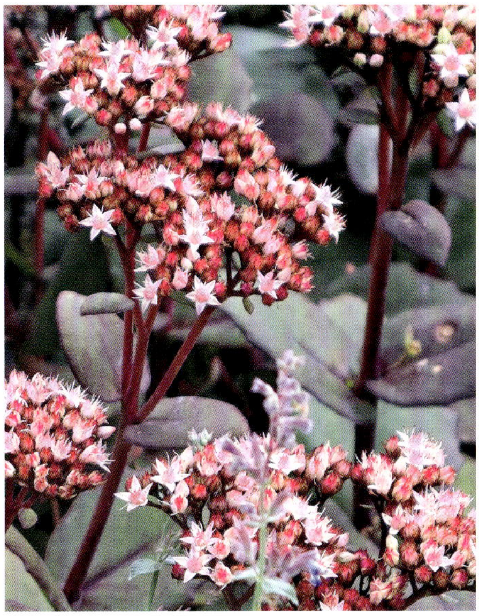

Hohes Fettblatt 'Matrona'

Sedum telephium

Besonderes Die attraktive Staude ist bei Bienen, Hummeln, Schmetterlingen äußerst beliebt und sehr pflegeleicht.

Blütezeit August bis Oktober

Blütenfarbe und -form Die großen, purpurroten bis rosa Blütendolden sitzen auf rötlichen Pflanzenstängeln.

Blatt Die ersten Blätter erscheinen früh im Jahr und nehmen im Laufe der Gartensaison eine attraktive, rötlich braune Färbung an. Daran, dass sie sehr dickfleischig sind, lässt sich erkennen, wie äußerst gut sie mit Trockenheit zurechtkommen.

Wuchs 'Matrona' wächst buschig aufrecht und horstbildend. Die Staude wird ca. 50 cm hoch und breit.

Standort Das Fettblatt fühlt sich an Plätzen mit voller Sonne und trockenen, durchlässigen, sandig-lehmigen Böden sehr wohl.

Pflegetipp sehr anspruchslos in der Pflege und winterhart ohne notwendigen Kälteschutz

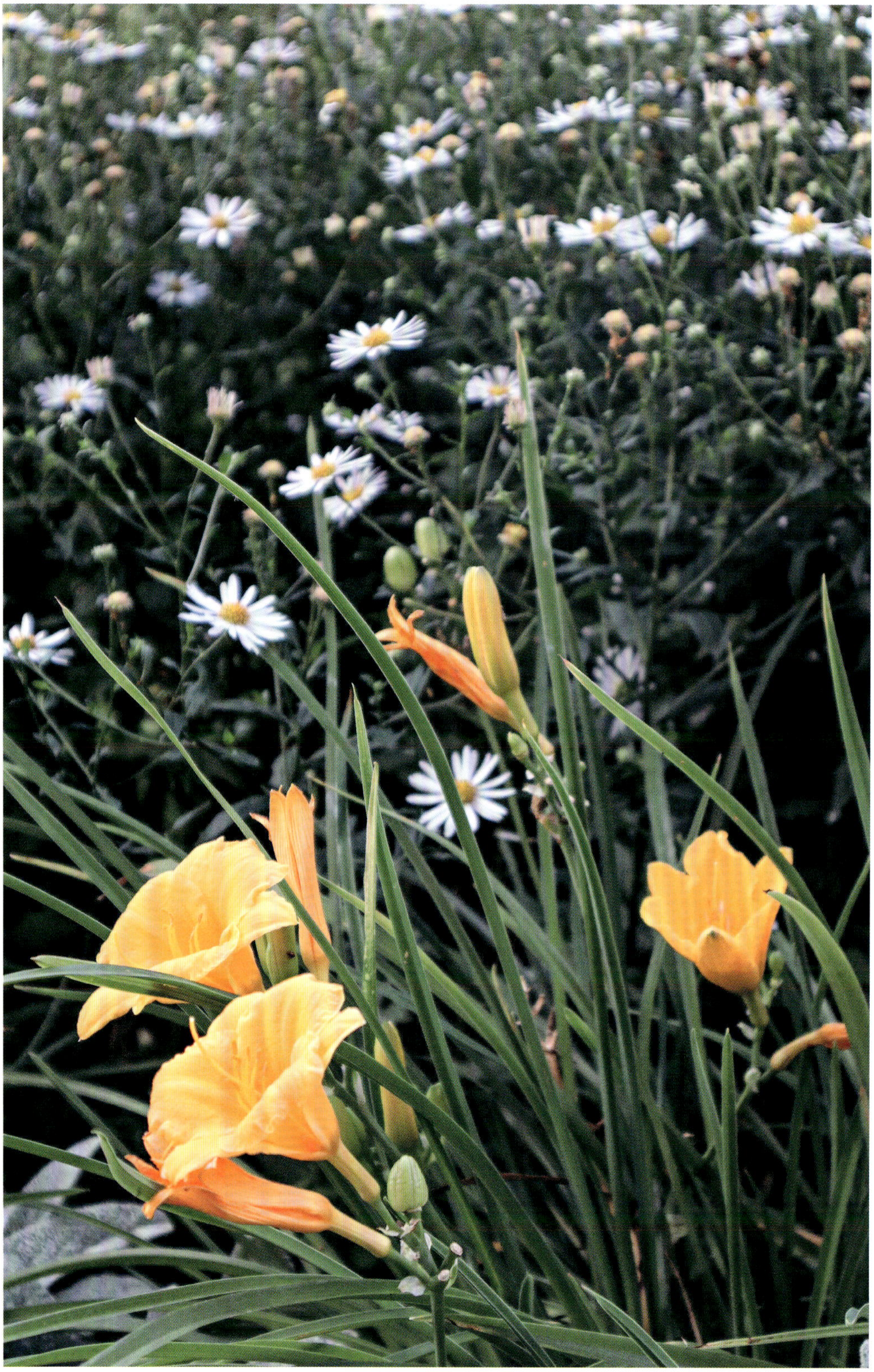

Taglilie & Schönaster

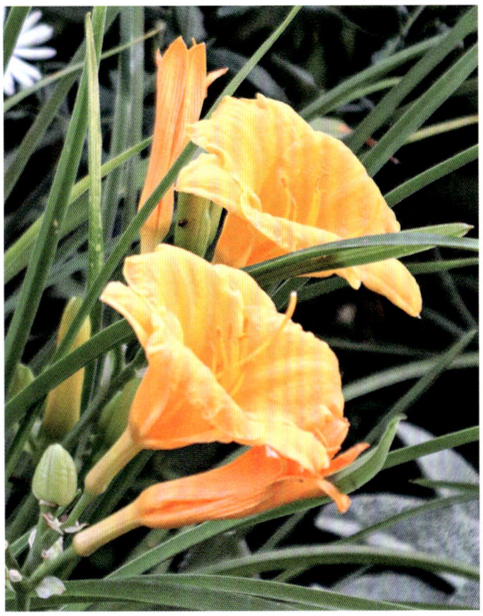

Taglilie 'Stella de Oro'

Hemerocallis x cultorum

Besonderes Dieser Goldstern ist ein zauberhafter Dauerblüher und pflegeleicht dazu, was will man mehr.

Blütezeit Die lange Blütezeit erstreckt sich von April bis Oktober.

Blütenfarbe und -form Die leuchtend tiefgelben trichterförmigen Blüten stehen über dem Laub. Sie duften und sind eine Insektenweide.

Wuchs Diese Taglilie wächst ausladend, horstig und wird etwa 40 cm hoch und breit. Sie gehört mit dieser Wuchsgröße zu den eher kleinen Vertretern unter den Taglilien, die Höhen bis etwa 100 cm erreichen können.

Standort Sonne und durchlässige, nährstoffreiche Böden sind ideal für 'Stella de Oro'.

Pflegetipp nach der Blüte die verblühten Stängel abschneiden, keine Probleme mit Schnecken und winterhart

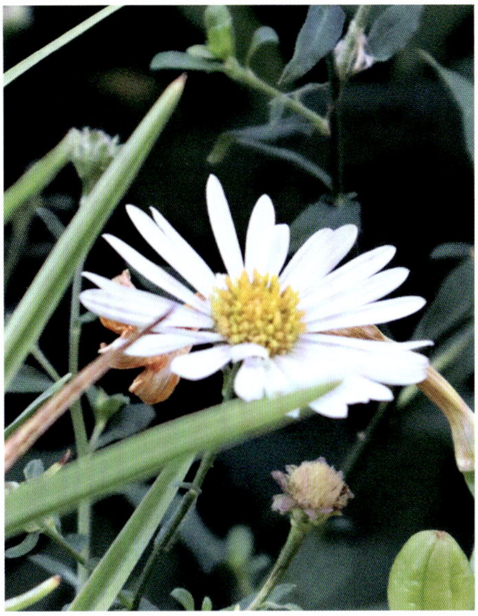

Großblütige Schönaster 'Madiva'

Kalimeris incisa

Besonderes Die Schönaster ist nicht nur schön, sondern auch beliebt bei Bienen und Insekten, dazu noch anspruchslos.

Blütezeit lange Blütezeit von Juni bis September

Blütenfarbe und -form Die zartvioletten Blüten werden im Verblühen weiß und tauchen die Beete in ein Blütenmeer.

Wuchs straff aufrecht und horstbildend, stark verzweigt. 'Madiva' wird etwa 80 cm hoch und bis 50 cm breit.

Standort In der Sonne oder im Halbschatten fühlt sie sich wohl, durchlässige, lehmig-sandige, humose Böden werden bevorzugt.

Pflegetipp Die Pflanze ist sehr anspruchslos und robust. Im Spätherbst könnt ihr die Blütenstände zurückschneiden.

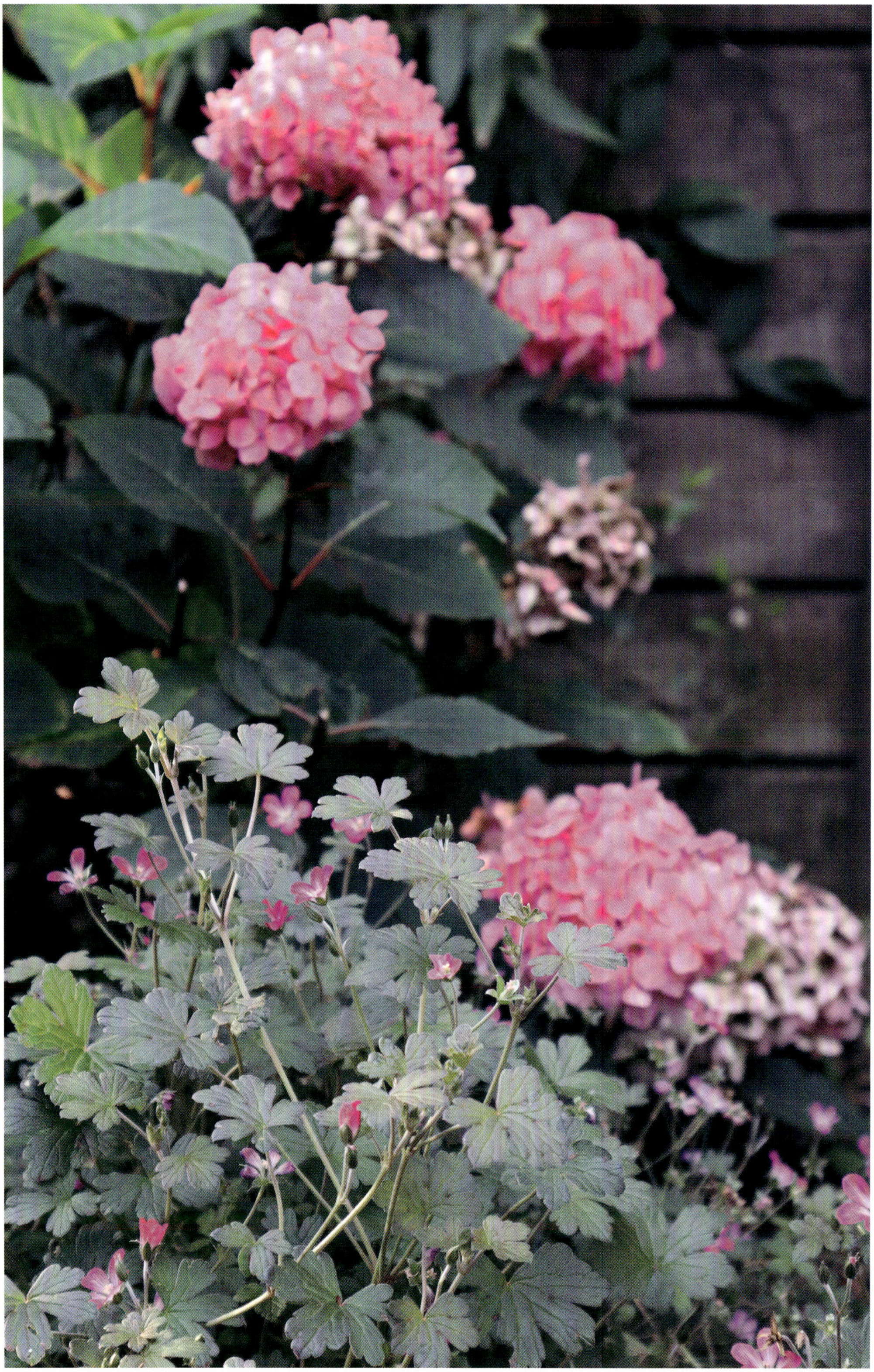

Ballhortensie & Storchschnabel

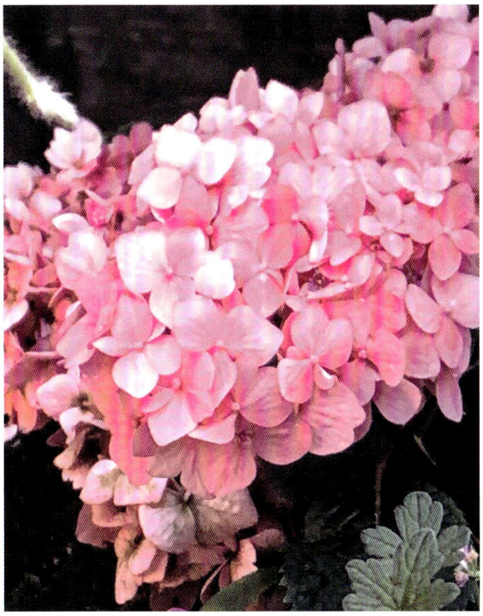

Ballhortensie Endless Summer 'Bloom Star'

Hydrangea macrophylla

Besonderes Diese Ballhortensie zeichnet sich durch eine extreme Winterhärte aus, zudem ist sie ein absoluter Dauerblüher.

Blütezeit Die ergiebige Blütezeit erstreckt sich von Mai bis Oktober.

Blütenfarbe und -form Die etwa 20 cm großen, prächtigen Blütenbälle erscheinen in Rosa bis Pink, sie entstehen an einjährigen Trieben und sind daher nicht spätfrostgefährdet.

Wuchs Die Pflanze zeichnet sich durch einen aufrechten und kompakten Wuchs mit bis zu 120 cm Höhe und bis 100 cm Breite aus.

Standort Im Halbschatten bis Schatten wächst sie bei mir im Garten auf normalem, feuchtem Boden ideal.

Pflegetipp Verwelkte Blüten könnt ihr regelmäßig entfernen, um die Neubildung von Knospen anzuregen.

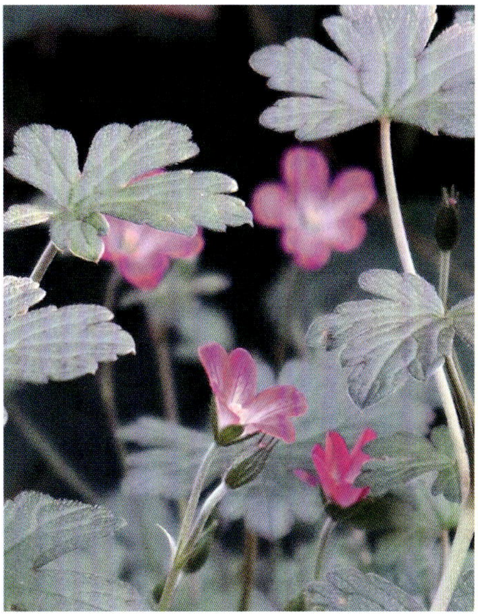

Storchschnabel 'Orkney Cherry'

Geranium x oxonianum

Besonderes Bienen-, Hummel- und Schmetterlingsmagnet und absoluter Dauerblüher

Blütezeit Die lange Blütezeit könnt ihr von Mai bis Oktober genießen.

Blütenfarbe und -form Die kleinen schalenförmigen Blüten erscheinen in Rosa bis Pink.

Blatt Neben den hübschen Blütchen ziert bronzefarbiges Laub mit einer schönen Herbstfärbung diesen Storchschnabel.

Wuchs Die Stauden werden nur etwa 30 cm hoch und bis 45 cm breit, bilden kissenartige Teppiche und wachsen sehr flach, daher sind sie ideale Bodendecker.

Standort Sonne bis Halbschatten und normale, durchlässige Böden sind ideal, Trockenheit wird gut vertragen

Pflegetipp absolut robust, pflegeleicht und sehr winterhart. Die Pflanzen stammen ursprünglich von den Orkney-Inseln in Schottland.

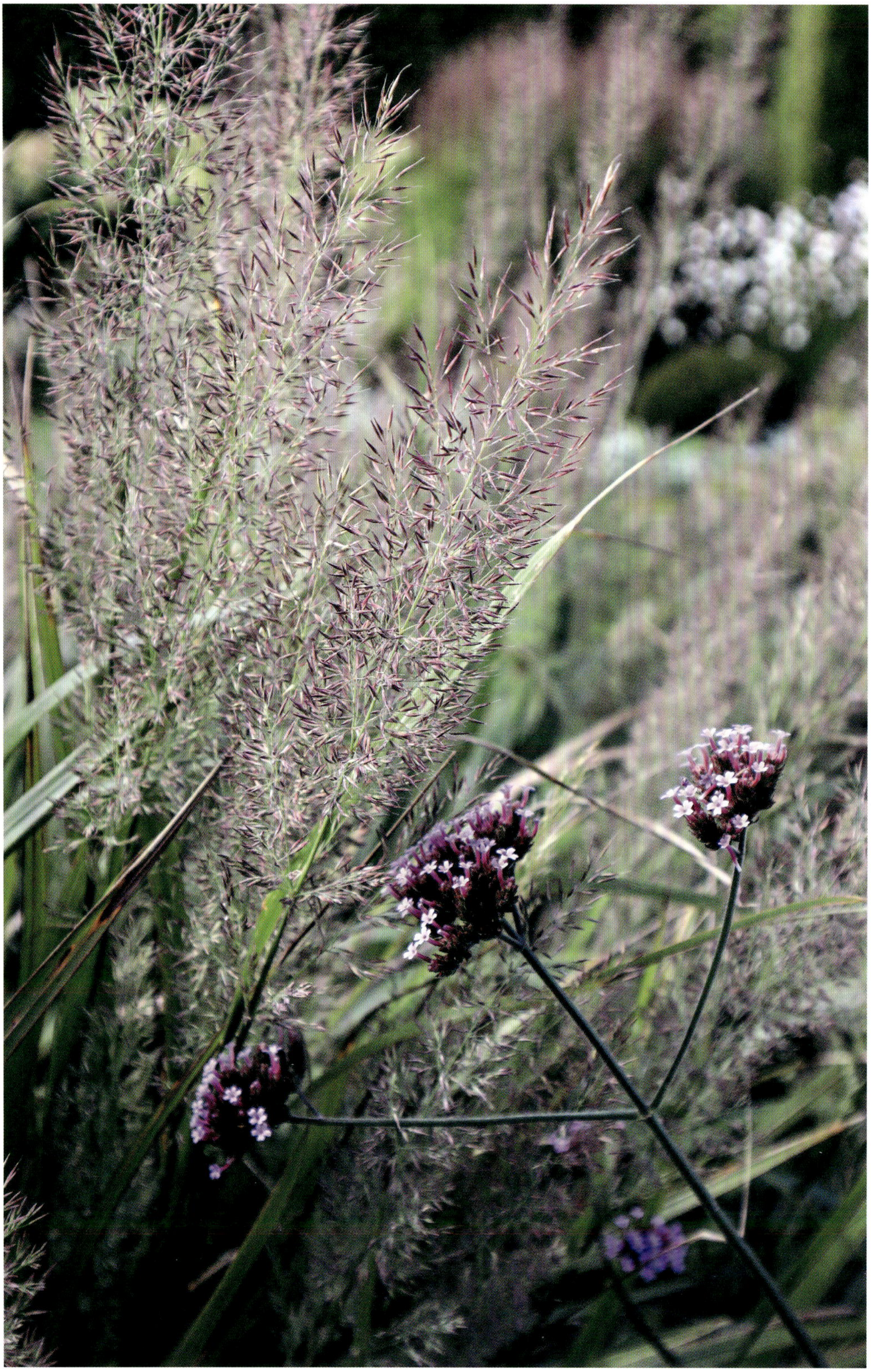

Eisenkraut & Diamantgras

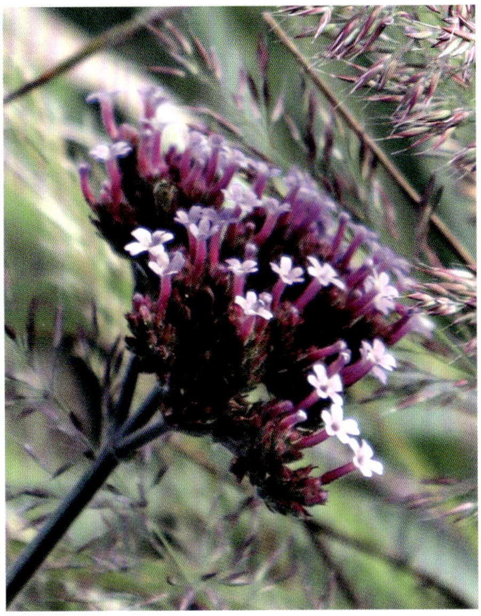

Patagonisches Eisenkraut

Verbena bonariensis

Besonderes Bienen- und Schmetterlingsmagnet, nur bedingt winterhart

Blütezeit Die Blüten schweben von Juli bis Oktober über den Beeten.

Blütenfarbe und -form Die blau-violetten Blütenschirme sitzen auf fast blattlosen, langen, stabilen Stängeln.

Wuchs Die Staude bezaubert durch ihren filigranen, straff aufrechten Wuchs und wird bis 150 cm hoch.

Standort Ein sonniger Platz ist ideal, dort werden durchlässige, normale bis trockene Gartenböden bevorzugt.

Pflegetipp Vermehren tut sich das Eisenkraut in vielen Gärten meist durch Selbstaussaat, da der Staude im Winter die Bodennässe zu schaffen machen kann. Wenn ihr sie in eurem Garten ansiedeln wollt, empfehle ich euch die Pflanzung im Frühling.

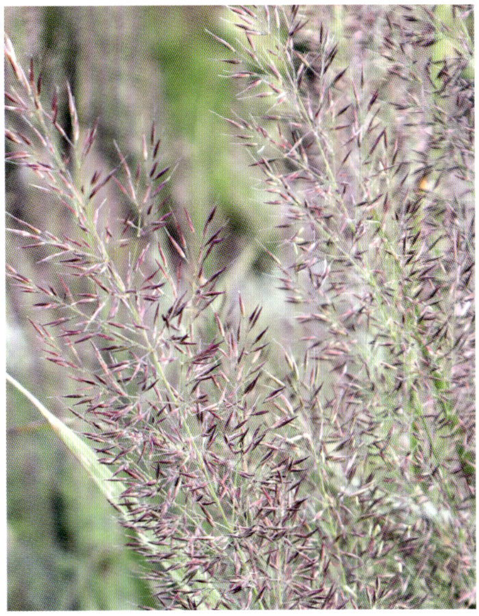

Diamantgras

Calamagrostis brachytricha

Besonderes Ein sehr dekoratives Gras mit einem sehr frühen Austrieb ab April.

Blütezeit Ende August bis November

Blütenfarbe und -form silbrig-rosafarbene Blütenripsen an langen Stängeln, die wie kleine Federn aussehen

Blatt Die ersten Blätter lassen sich schon im zeitigen Frühjahr blicken, im Herbst bestechen sie dann zudem mit einem schönen Bronzeton.

Wuchs Das tolle Gras wächst straff aufrecht und wird etwa 100 cm hoch.

Standort Bietet ihr ihm einen sonnigen Platz mit durchlässiger, lockerer, frischer Gartenerde, werdet ihr sehr viel Freude mit der Pflanze haben.

Pflegetipp Das Diamantgras ist sehr pflegeleicht, es braucht daher keine besondere Aufmerksamkeit.

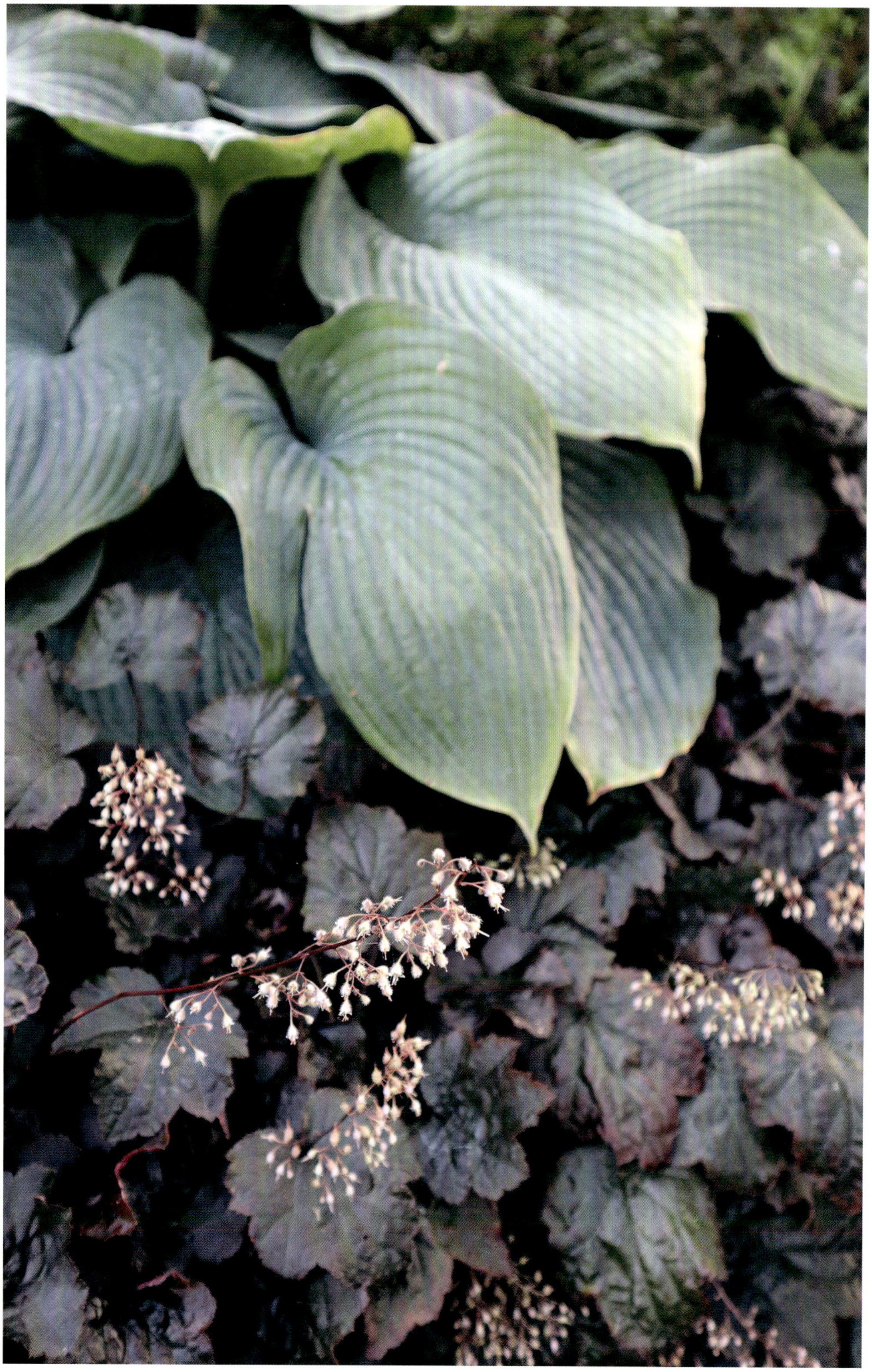

Purpurglöckchen & Funkie

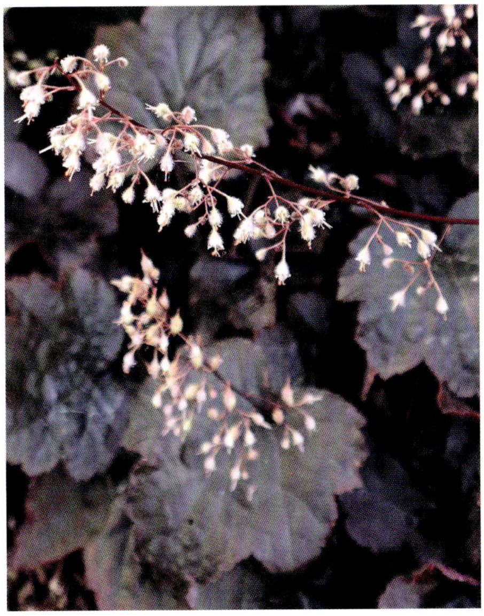

Purpurglöckchen 'Palace Purple'

Heuchera micrantha

Besonderes Eine tolle Blattschmuckstaude, die auch im Winter ihre Blätter behält.

Blütezeit Juni bis August

Blütenfarbe und -form Die weißlich-rosa Blütchen erscheinen rispenförmig an langen Stielen. Die Pflanze ist sehr reichblühend und ebenso bei Bienen beliebt.

Blatt Auch aufgrund ihrer Blätter ist 'Palace Purple' ganzjährig attraktiv. Das herzförmige Laub leuchtet im Sommer rot-braun und bietet schöne Blickpunkte im Winter.

Wuchs Das Purpurglöckchen wächst polsterartig buschig, wird bis 60 cm hoch und bis 40 cm breit.

Standort Im Halbschatten bis Schatten auf durchlässigen, nährstoffreichen Böden ohne Staunässe gedeiht die Pflanze gut.

Pflegetipp Die Stauden sind pflegeleicht, anspruchslos und gut frosthart, bei Kahlfrösten ist Winterschutz empfehlenswert.

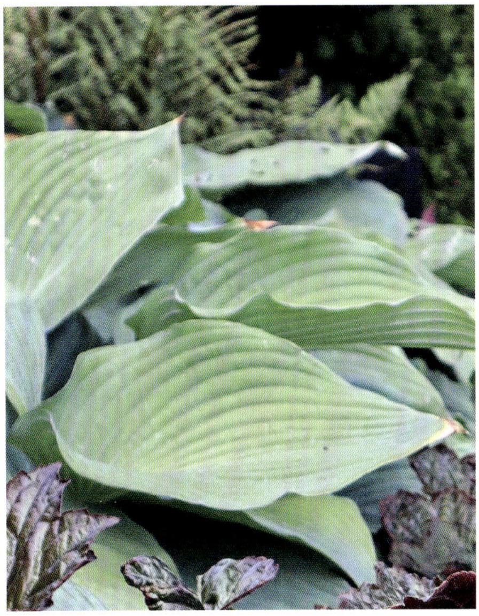

Graublaue Funkie 'Halcyon'

Hosta x tardiana

Besonderes Blattschmuckstaude mit ausgeprägten Blattadern

Blütezeit Juli bis September

Blütenfarbe und -form Die hellvioletten Blüten erscheinen glockenförmig an aufrechten Stängeln, das Laub gibt ihnen den perfekten Rahmen.

Blatt Diese Funkie zeichnet sich durch ihre graublauen, großen herzförmigen Blätter aus.

Wuchs Sie wächst horstig bis 60 cm hoch und bis 90 cm breit und ist mit ihrem Blatt- und Blütenschmuck ein echter Hingucker im Beet.

Standort Im Halbschatten bis Schatten ist sie am besten aufgehoben, denn bei zu viel Sonne verliert sie ihre typische Blattfarbe. Auf durchlässigen, sandig-humosen Böden gedeiht sie gut, verträgt aber keine Staunässe.

Pflegetipp Im Gegensatz zu vielen anderen Sorten ist 'Halcyon' wenig anfällig für Schnecken, zudem ist sie winterhart.

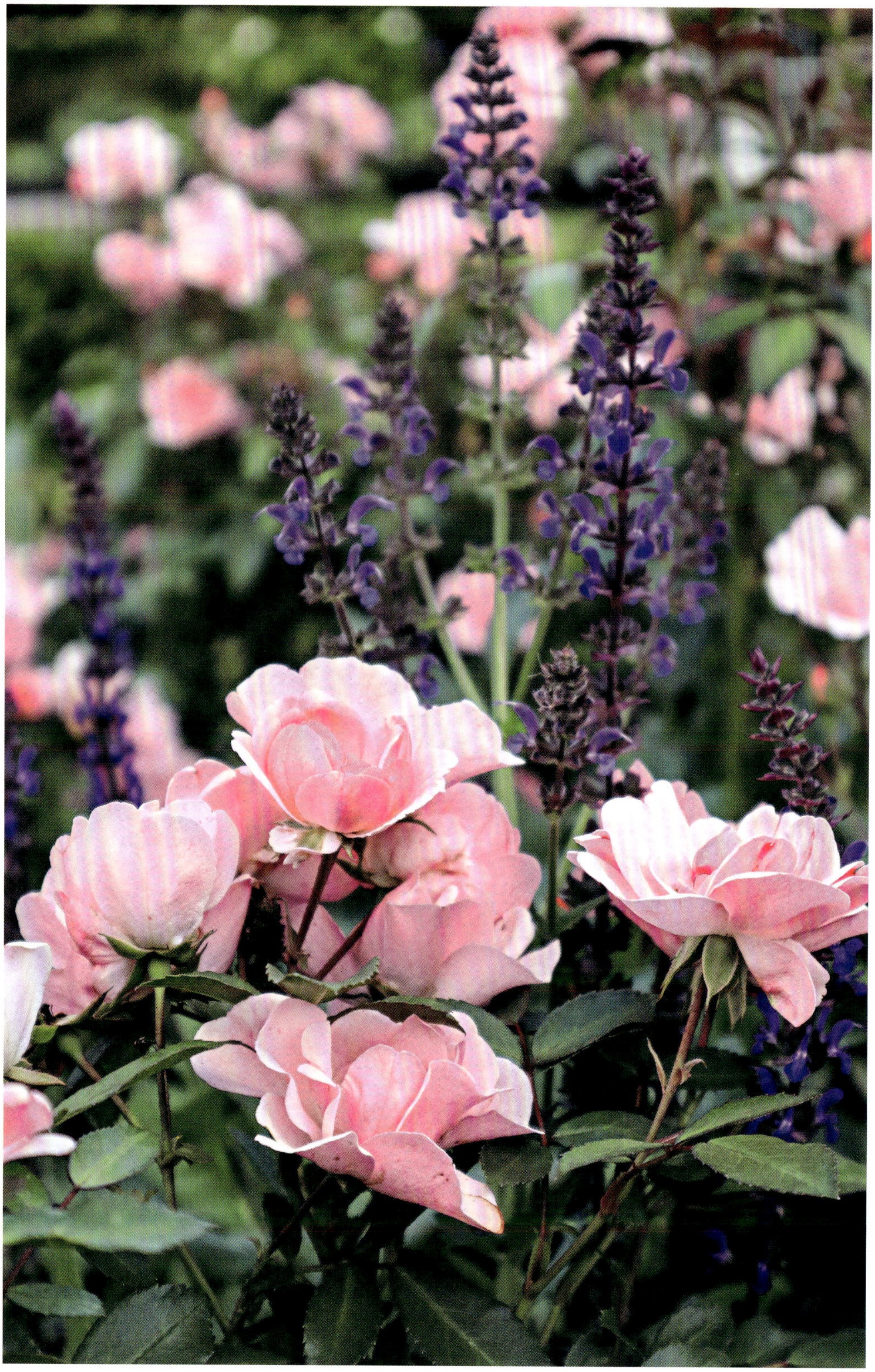

Blütensalbei & Beetrose

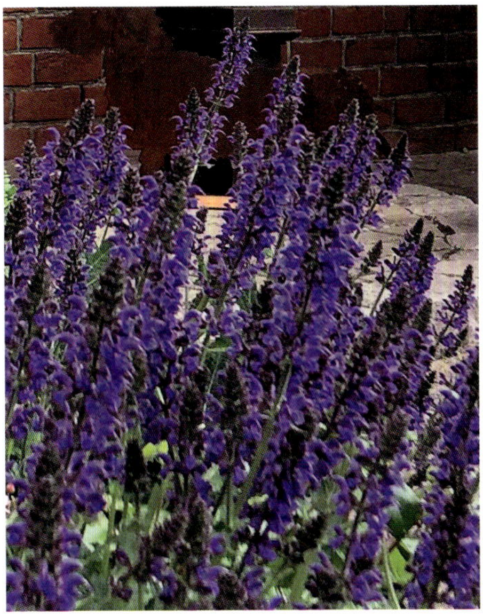

Blütensalbei 'Mainacht'

Salvia nemorosa

Besonderes Bienen- und Hummelmagnet, duftet aromatisch

Blütezeit Die lange Blütezeit von Mai bis September macht den Blütensalbei für Gärtner und Insekten attraktiv.

Blütenfarbe und -form Die dunkelviolett-blauen, lippenförmigen Blüten leuchten im Beet.

Wuchs Die Staude wächst aufrecht-kompakt und bildet Horste, sie wird bis 50 cm hoch und bis 35 cm breit.

Standort Ein sonniger Platz mit lehmig-sandigem, trockenem bis frischem, nährstoffreichem Boden ist vorteilhaft.

Pflegetipp Wer nach der Blüte die Samenstände entfernt, kann mit einer zweiten Blüte rechnen. Im Herbst wird die Staude bis zum Boden zurückgeschnitten, sie braucht keinen speziellen Winterschutz.

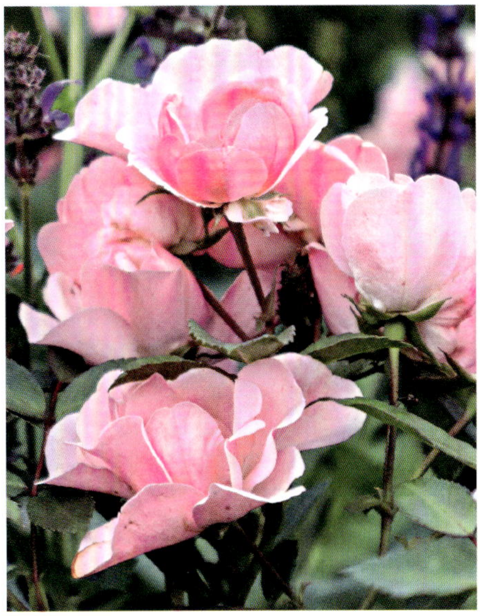

Rose 'Schöne Dortmunderin'

Rosa

Besonderes Insektenfreundlichkeit und viele Blüten kennzeichnen diese Rose.

Blütezeit Die 'Schöne Dortmunderin' blüht von Juni bis weit in den Oktober hinein.

Blütenfarbe und -form Mit ihren intensiv rosafarbenen, schalenförmigen Blüten macht sie im Beet große Freude.

Blatt Zu ihrer Beliebtheit trägt das hübsche, gesunde, widerstandsfähige Laub bei. Die rötlich gefärbten Triebe gehen in ein leicht glänzendes Laub mit rötlichem Rand über.

Wuchs Aufrecht buschig mit leicht überhängenden Trieben. Die Rosensorte wird bis 70 cm hoch und bis 40 cm breit.

Standort In der Sonne oder auch im Halbschatten steht sie auf tiefgründigem, normalem Gartenboden gut, Staunässe mag sie nicht.

Pflegetipp Im Frühjahr vor dem Austrieb ist ein Rückschnitt empfehlenswert.

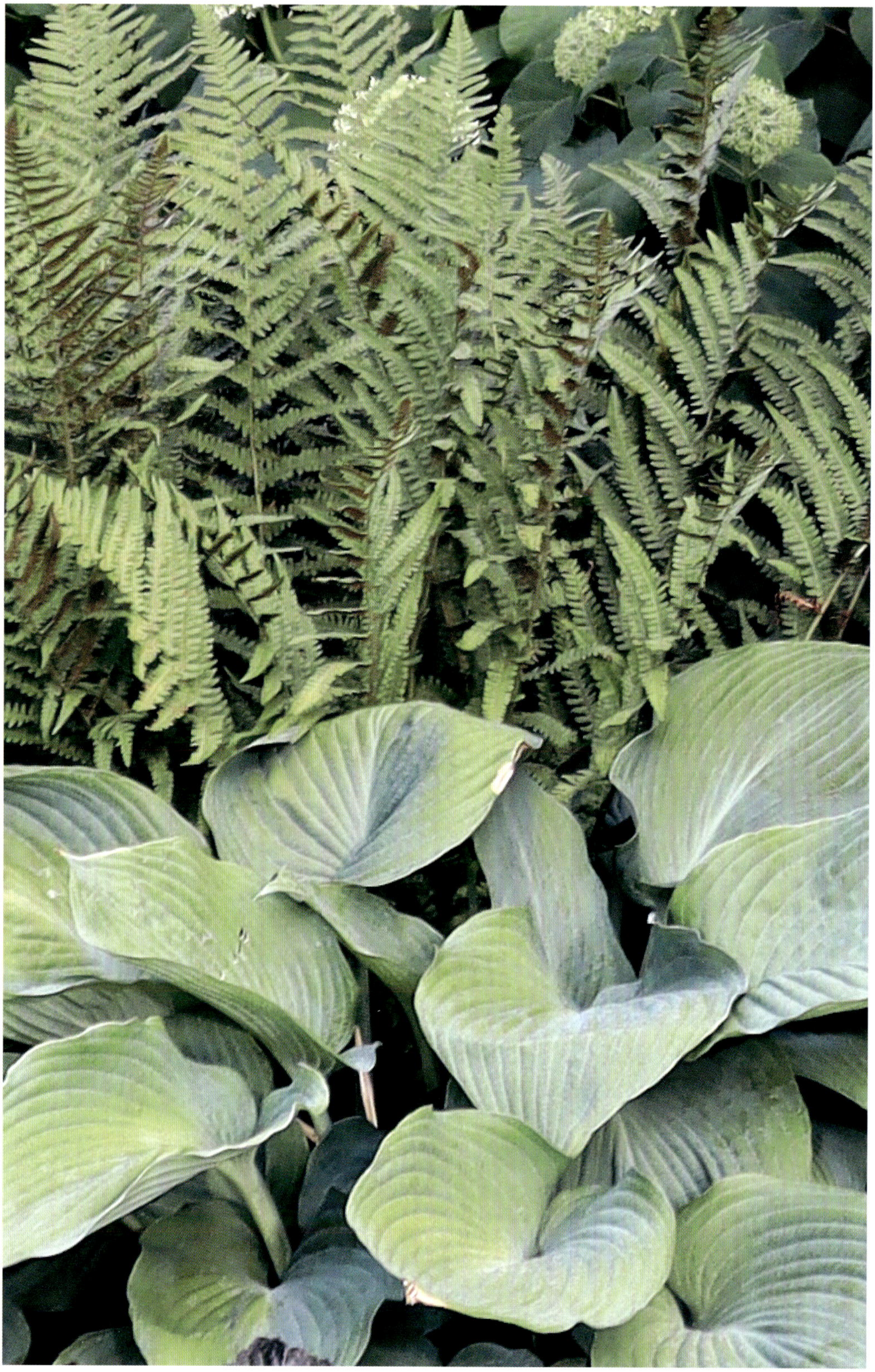

Funkie & Wurmfarn

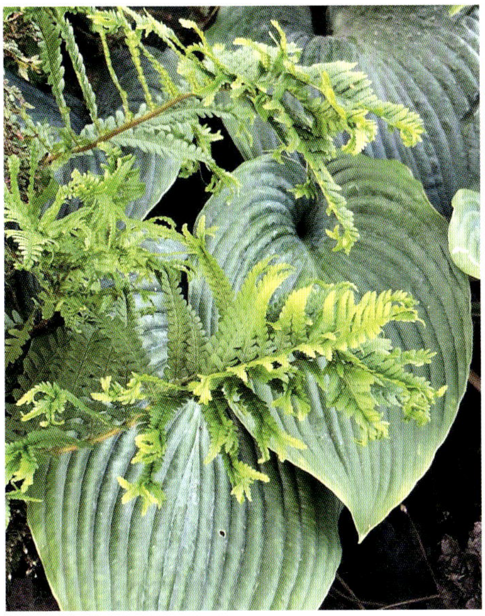

Große Blaublatt-Funkie 'Big Daddy'

Hosta sieboldiana

Besonderes robuste Blattschmuckstaude mit graublauem Laub

Blütezeit Juli bis August

Blütenfarbe und -form Die weißlich-violetten Blüten sind traubenförmig an langen Blütenstielen angeordnet und stehen weit über dem hübschen Laub.

Blatt Das herzförmige graublaue Laub ist charakteristisch für diese Sorte.

Wuchs Sie wächst horstig, ausladend und erreicht recht langsam Höhen und Breiten bis 90 cm.

Standort Im Halbschatten bis Schatten mit durchlässigem, sandig-lehmigem, nährstoffreichem Boden gedeiht die Blattschmuckstaude am besten. An zu trockenen Standorten mit zu viel Sonne verliert sie ihre typische Blattfärbung und ihre guten Wuchseigenschaften.

Pflegetipp Funkien sind bei Schnecken beliebt, besonders junge Austriebe, diese Sorte ist weniger anfällig.

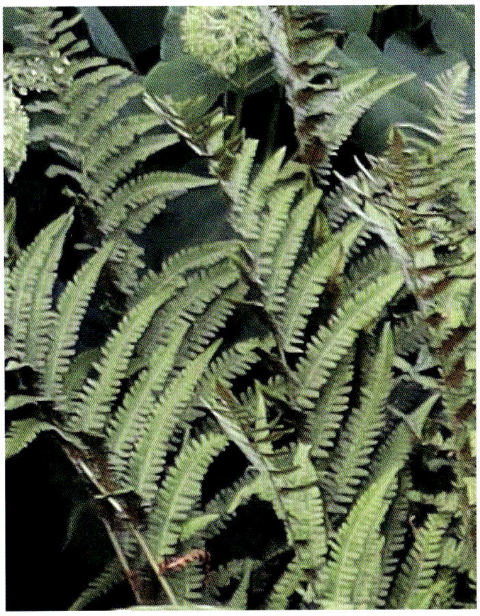

Heimischer Wurmfarn

Dryopteris filix-mas

Besonderes anspruchslose Blattschmuckstaude

Blatt Die langen Blattwedel sind bestückt mit doppelt gefiederten Blättchen. Wenn der heimische Farn seine Wedel im Frühjahr ausrollt, sind diese zunächst braun und verwandeln sich dann in dunkles Grün, das im Winter wieder heller wird. Die alten Blätter kann man für die Humusbildung im Beet liegen lassen.

Blüte Es wird keine Blüte ausgebildet, Farne vermehren sich über Sporen auf der Blattunterseite.

Wuchs Der Wurmfarn wächst aufrecht ausladend, er wird bis 120 cm hoch und bis 80 cm breit. Er bildet Horste, aber keine Ausläufer.

Standort Im Halbschatten bis Schatten, auf durchlässigen, sandig-lehmigen, normalen Gartenböden fühlt er sich wohl.

Pflegetipp Er braucht keine Pflege und ist nicht anfällig für Krankheiten oder Schädlinge.

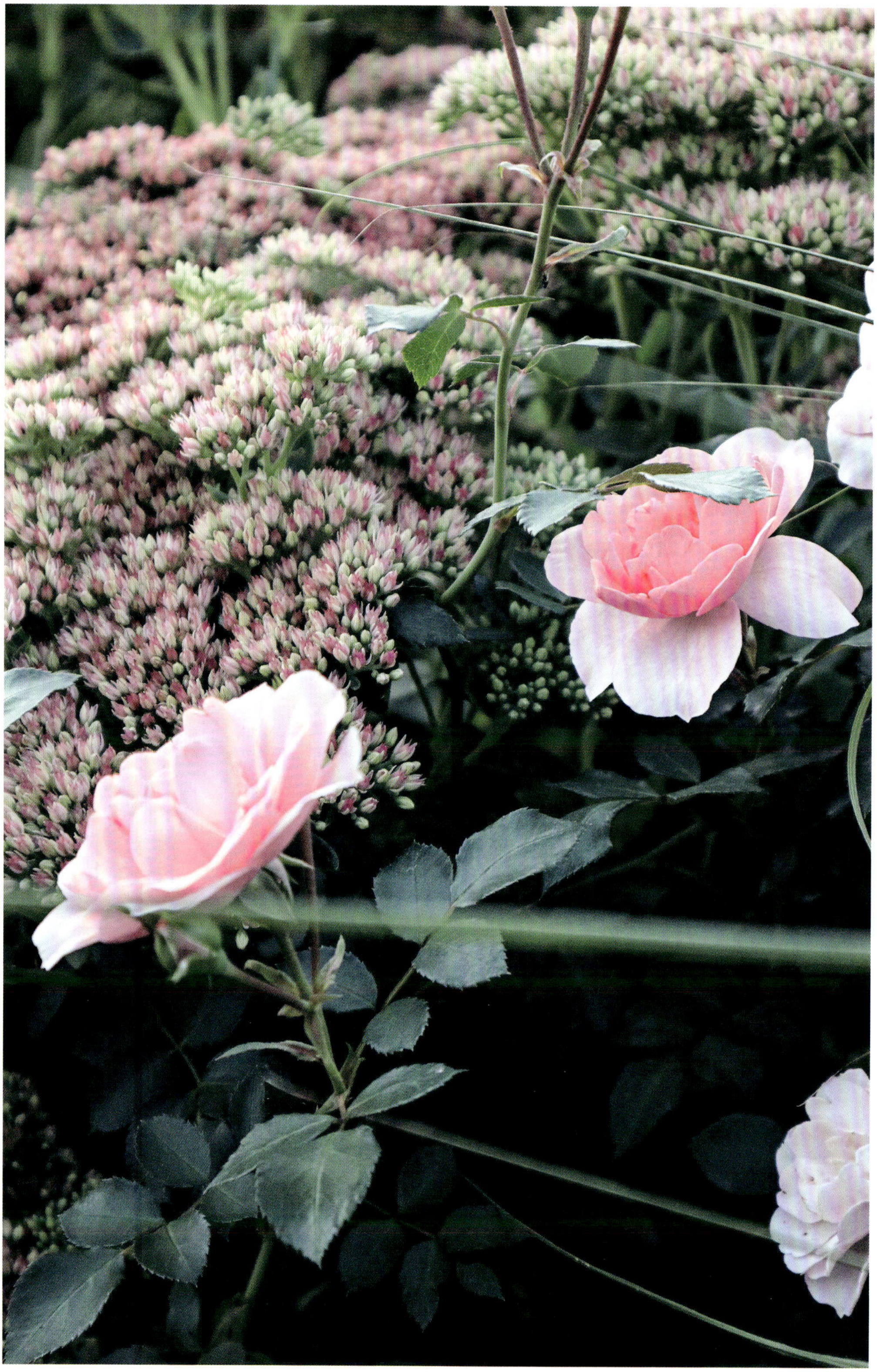

Fettblatt & Beetrose

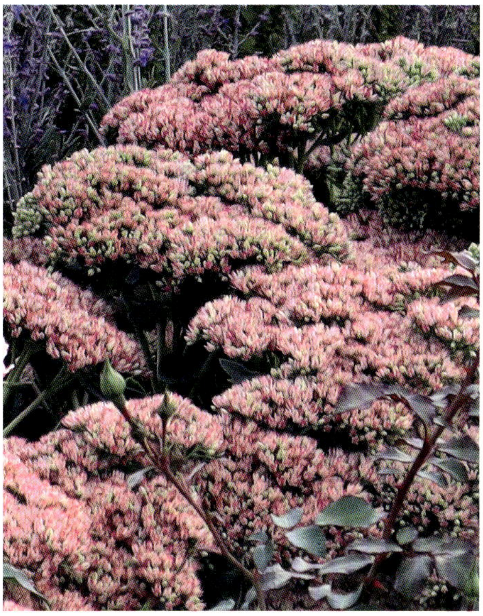

Hohes Fettblatt 'Herbstfreude'

Sedum telephium

Besonderes Ein robuster Bienenmagnet für trockene Standorte.

Blütezeit Mit seiner recht späten Blütezeit hat das Fettblatt von August bis September Insekten etwas zu bieten.

Blütenfarbe und -form Die Staude hat große, doldenförmige Blüten mit einer hübschen Braun-Rot-Färbung. Die verblühten, blattlosen Stängel sind auch im Winter dekorativ.

Wuchs 'Herbstfreude' hat einen kräftigen, aufrechten Wuchs mit bis zu 70 cm Höhe und bis zu 60 cm Breite. Sie bildet Horste, die dickfleischig-sukkulenten Blätter sind charakteristisch für Fettblätter.

Standort mag sonnige Plätze mit durchlässigen Böden und ist trockenresistent

Pflegetipp sehr winterhart, im Frühjahr zurückschneiden

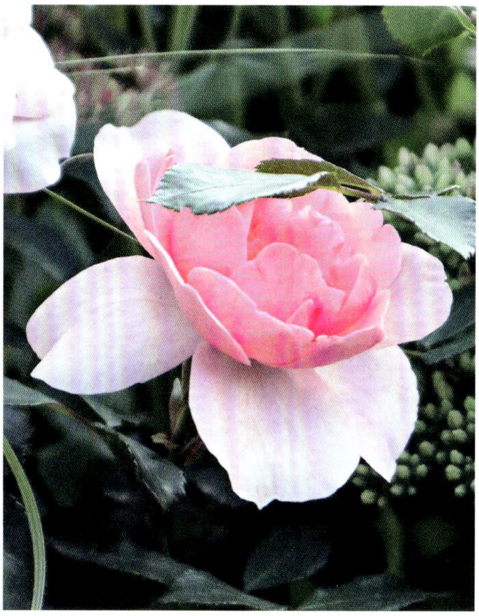

Beetrose 'Bonica 82'

Rosa

Besonderes Eine robuste und regenfeste Beet- und Bodendeckerrose.

Blütezeit blüht den ganzen Sommer von Juni bis September durch

Blütenfarbe und -form Die zartrosa gefüllten Blüten erscheinen in dichten Büscheln und haben eine lange Haltbarkeit.

Blatt Das Laub ist glänzend dunkelgrün und recht robust gegenüber Krankheiten.

Wuchs Die dankbare Beetrose wächst sehr üppig und erreicht Höhen und Breiten bis 60 cm, dabei bleibt sie buschig und kompakt.

Standort Sonnige bis halbschattige Plätze mit durchlässig nährstoffreichem Boden sind ideal für diese Rosensorte.

Pflegetipp Sie ist gut schnittverträglich und winterhart.

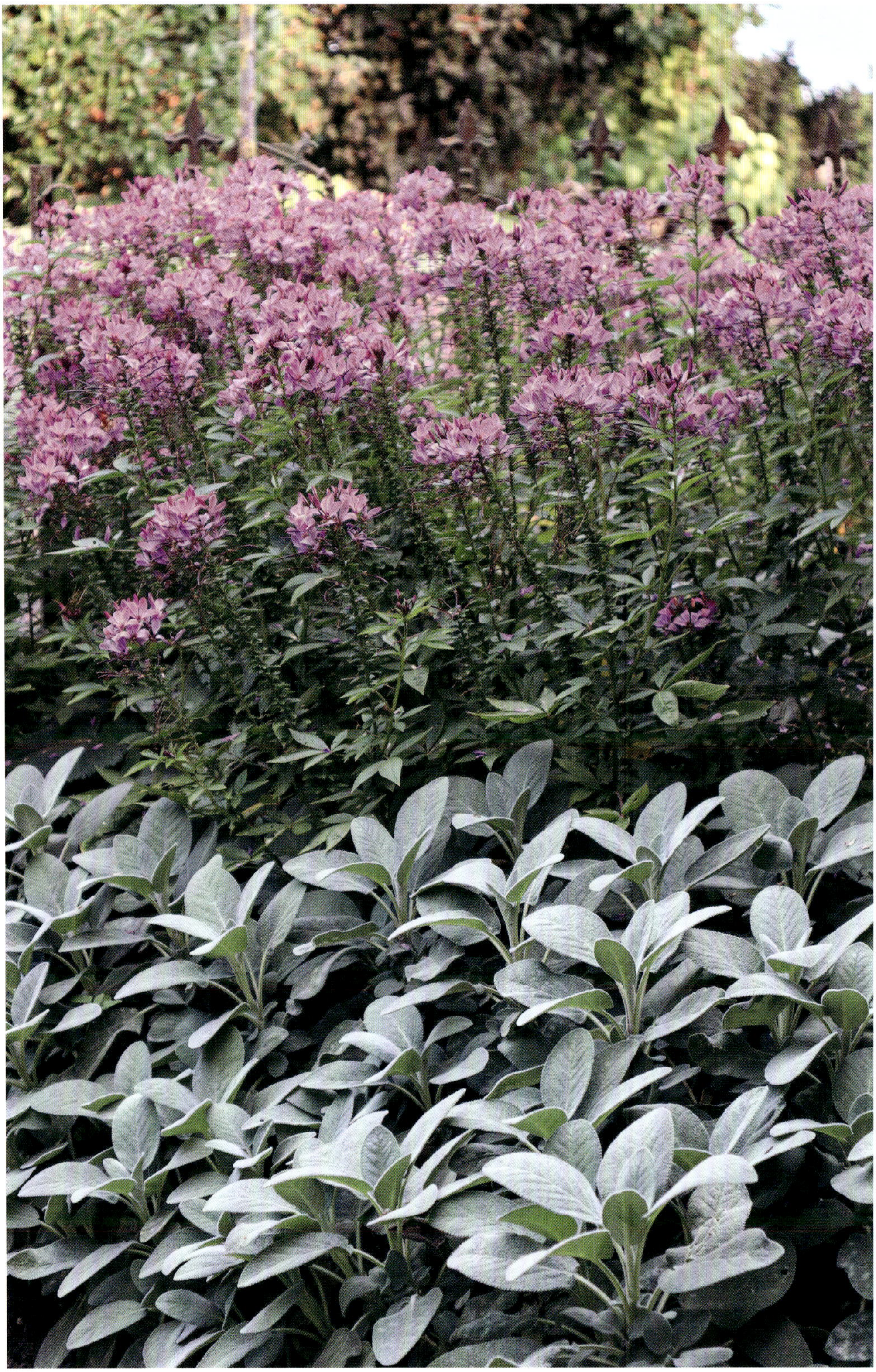

Salbei & Spinnenblume

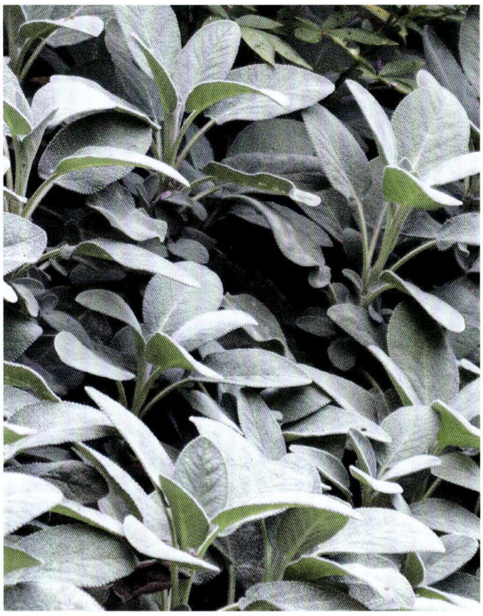

Gewürzsalbei 'Berggarten'

Salvia officinalis

Besonderes Duftende Blätter und Blüten, wintergrünes Laub und Robustheit sind das Markenzeichen dieser Salbeisorte.

Blütezeit Die Blüten erscheinen von Juni bis August, allerdings sind sie nicht sehr zahlreich.

Blütenfarbe und -form Die violett-blauen, ährenförmigen Blüten sind auch bei Insekten beliebt.

Blatt Der Gewürzsalbei hat hübsche, große rundliche Blätter mit grau-grüner Färbung, die ebenso im Winter die Pflanze zieren.

Wuchs breitbuschiger, horstiger Wuchs mit einer Höhe bis 60 cm und einer Breite bis 40 cm

Standort Die Heil- und Gewürzpflanze wächst ideal in der Sonne auf durchlässigen Böden und ist trockenheitsresistent.

Pflegetipp pflegeleicht und gut winterhart

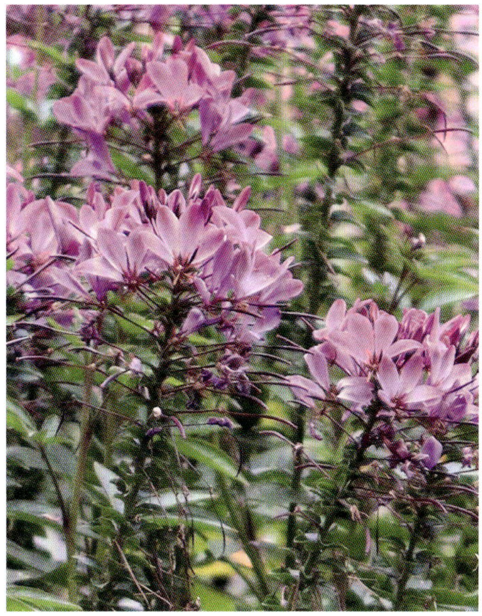

Spinnenblume

Cleome spinosa

Besonderes Einjähriger Dauerblüher, der bei mir im Garten ein Bienenmagnet ist.

Blütezeit Die tollen Blütenstände gibt es von Juni bis Oktober im Beet zu bestaunen.

Blütenfarbe und -form Spinnenblumen gibt es in Violett, Rosa, Rot oder Weiß – meine sind rosa. Die Blüten sind traubenförmig angeordnet, im Verblühen erinnern sie an Spinnenbeine, woher die Pflanze wohl ihren Namen hat.

Wuchs Etwas bizarrer, straff aufrechter Wuchs mit bis zu 100 cm Höhe, aber nur bis zu 40 cm Breite. Die Pflanzenstängel sind leicht bedornt, beim Abräumen der Beete im Herbst solltet ihr daher unbedingt Handschuhe tragen.

Standort Die wunderschöne Einjährige mag Sonne und durchlässige, sandige Böden, verträgt aber keine Staunässe.

Pflegetipp Voranzucht ab März im Haus möglich, im Mai dann ins Freie pflanzen oder Jungpflanzen kaufen und auspflanzen. Die Pflanzen sind frostempfindlich.

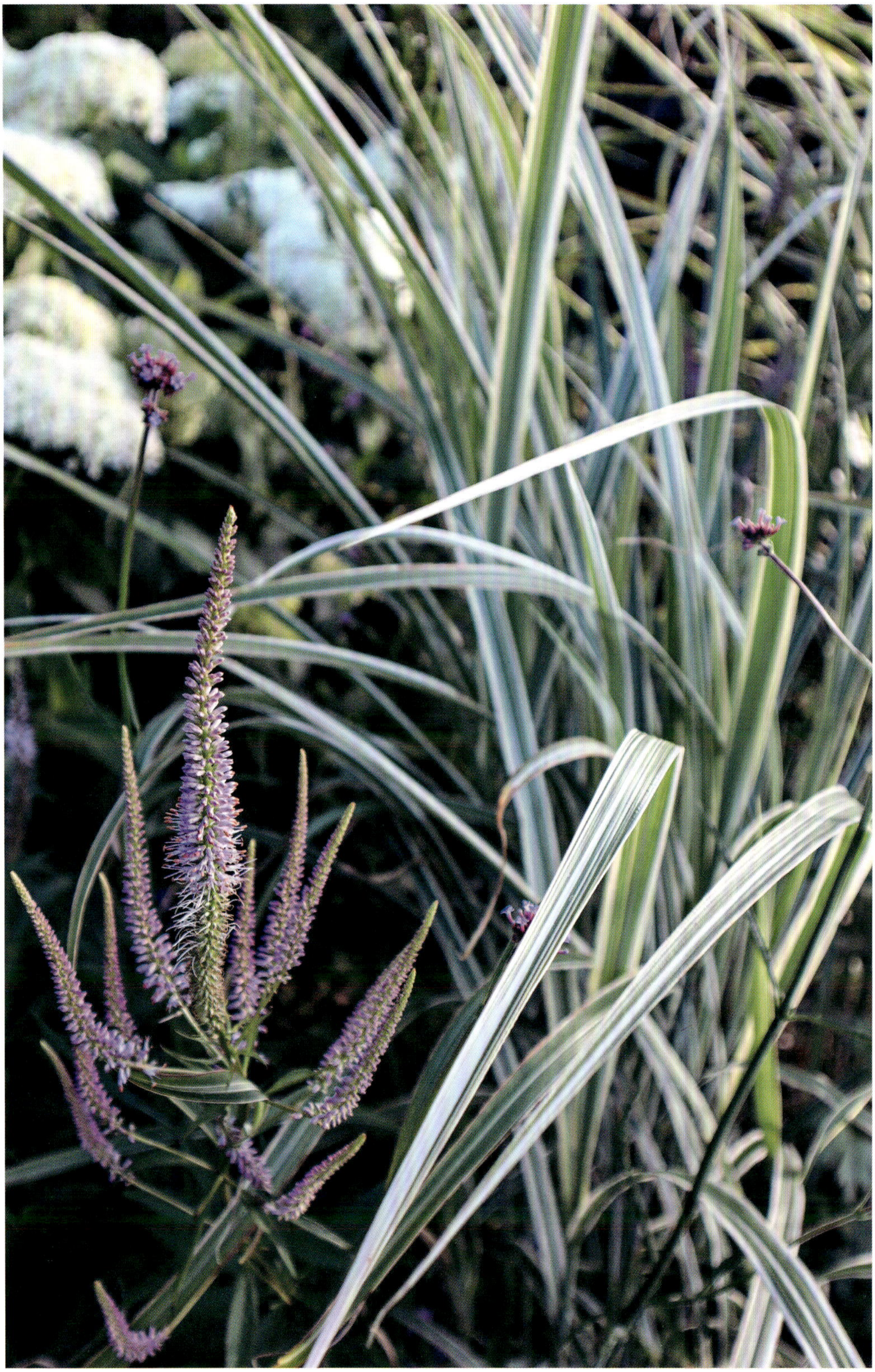

Chinaschilf & Ehrenpreis

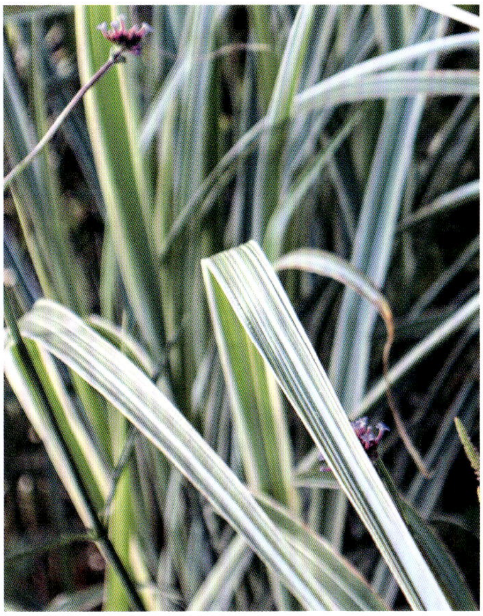

Weißgestreiftes Chinaschilf 'Variegatus'

Miscanthus sinensis

Besonderes Das hübsche Ziergras ist pflegeleicht und winterhart.

Blatt Die Sorte beeindruckt mit ihrem grün-weiß gestreiften, überhängenden Laub.

Blütezeit Das Ziergras bildet nur in warmen Lagen Blüten aus, sie dauert dann von August bis Oktober.

Blütenfarbe und -form Die silbrig-weißen Blüten erscheinen in 10 cm langen Blütenrispen, der Hauptschmuck sind aber die Blätter.

Wuchs Das Chinaschilf überzeugt auch durch seinen bogig aufrechten, horstigen Wuchs und dass es keine Wurzelausläufer bildet. Es wird 150 cm hoch und bis 130 cm breit.

Standort Ein sonniger Platz mit durchlässigem, normalem Boden ohne Staunässe ist ideal.

Pflegetipp Rückschnitt im Frühjahr

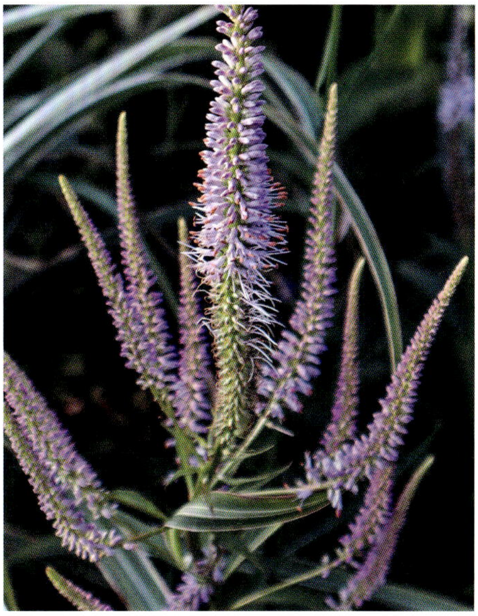

Kandelaber-Ehrenpreis

Veronicastrum virginicum

Besonderes Eine wunderschöne Solitärstaude und ein toller Strukturgeber, der zudem sehr insektenfreundlich ist.

Blütezeit Juni bis August

Blütenfarbe und -form Die violett-rosafarbenen, rispenartigen Blüten erscheinen an hohen Stielen. Die hübschen Blütenkerzen wirken sehr elegant im Beet.

Wuchs Mit einem straff aufrechten Wuchs erreicht die Pflanze eine Höhe bis 170 cm. Sie bildet Horste und wird etwa 100 cm breit.

Standort Einen sonnigen bis halbschattigen Platz mit lehmig-sandigem, gut feuchtem, nährstoffreichem und durchlässigem Boden mag der Kandelaber-Ehrenpreis gerne, hat aber eigentlich recht geringe Ansprüche an seinen Standort.

Pflegetipp benötigt kaum Pflege, da die Pflanze sehr robust ist, auch gegenüber Krankheiten und Schädlingen

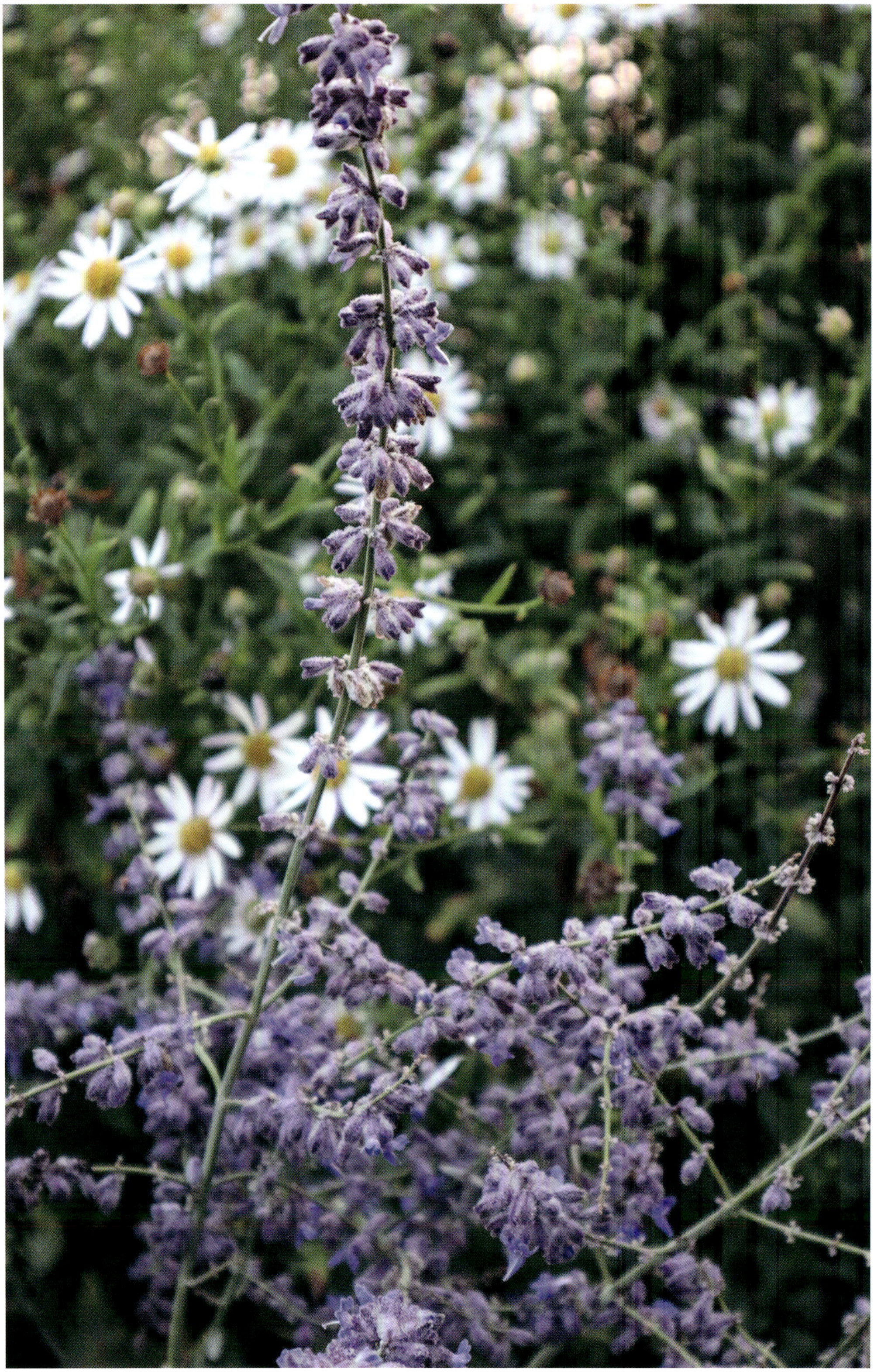

Blauraute & Schönaster

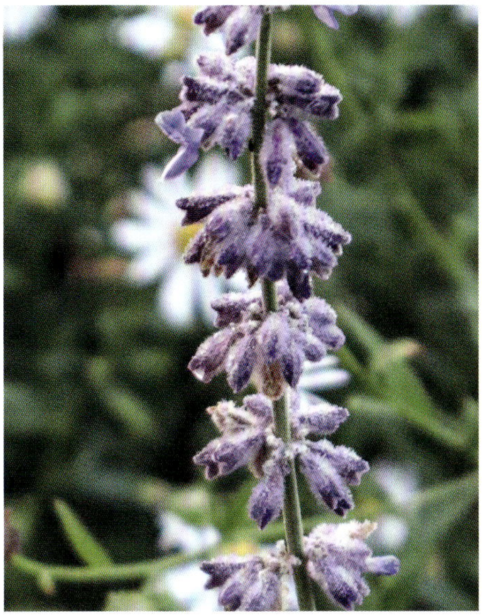

Blauraute 'Lacey Blue'

Perovskia atriplicifolia

Besonderes Ein Bienenmagnet, der keine hohen Ansprüche stellt und recht klein bleibt.

Blütezeit Die Blüten leuchten von Juli bis in den September hinein.

Blütenfarbe und -form Die blau-violetten Blüten sitzen ährenförmig an langen Stielen. Das silberig-graue Laub untermalt dabei perfekt die intensive Blütenfarbe. Blüten und Blätter duften aromatisch.

Wuchs Die Sorte wächst aufrecht und verzweigt sich gut, sie wird bis 80 cm hoch und bis 50 cm breit.

Standort An sonnigen, heißen Plätzen fühlt sich die Blauraute wohl, denn sie ist gut trockenheitstolerant. Sie braucht einen durchlässigen Boden.

Pflegetipp Rückschnitt im Herbst oder Frühjahr, winterhart

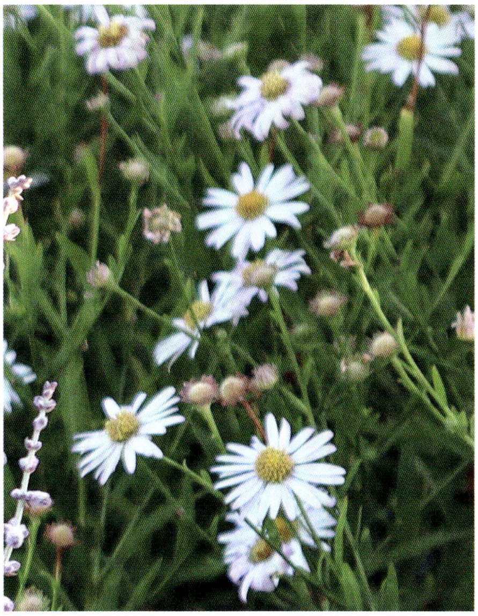

Schönaster 'Charlotte'

Kalimeris incisa

Besonderes ein insektenfreundlicher Dauerblüher

Blütezeit besticht mit langer Blütezeit von Juni bis September

Blütenfarbe und -form Mit 'Charlotte' holt man sich ein Blütenmeer aus hellblauen bis weißen, körbchenartigen Blüten ins Beet, das auch nach Niederschlägen noch gut aussieht.

Wuchs Die Pflanze wächst aufrecht, horstig und ist gut verzweigt. Sie wird bis 70 cm hoch und bis 60 cm breit.

Standort Die Schönaster steht gerne in der Sonne oder im Halbschatten auf normalen, durchlässigen Böden.

Pflegetipp Der Rückschnitt von Verblühtem verlängert die Blütezeit. Die Pflanze ist gut frostverträglich.

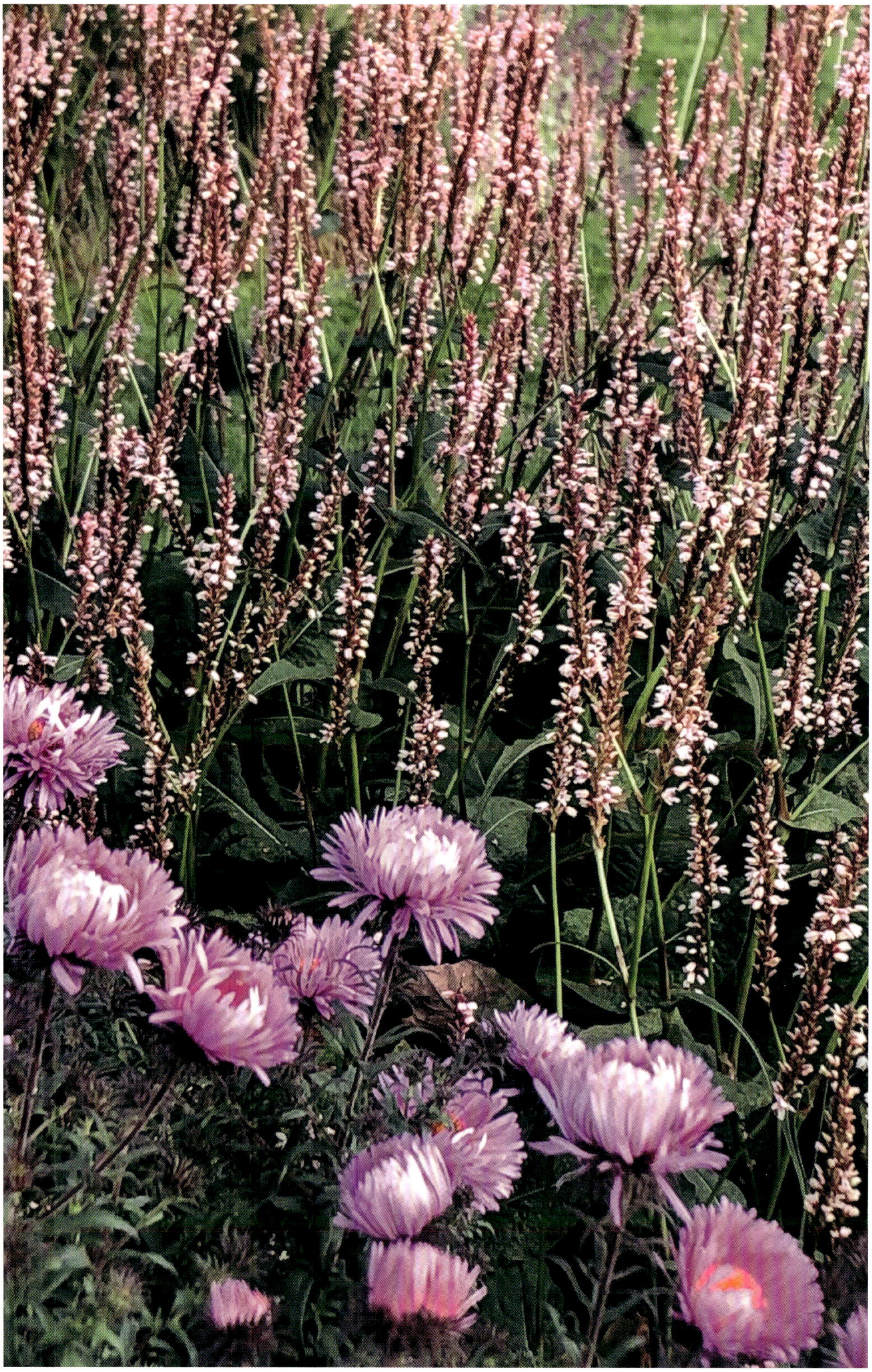

Aster & Kerzenknöterich

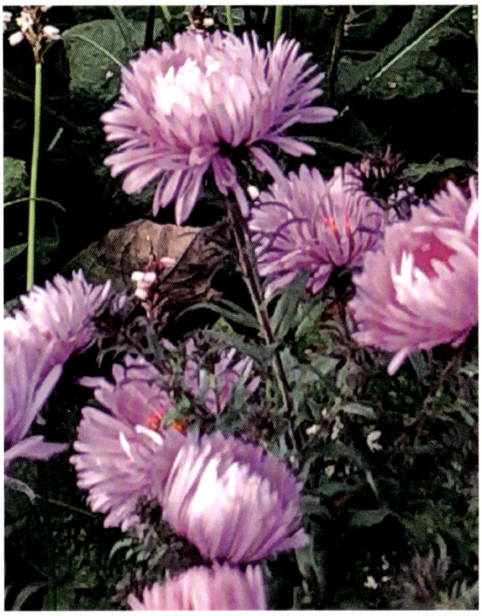

Raublatt-Aster 'Herbstflieder'

Aster novae-angliae

Besonderes Ein wahrer Schmetterlingsmagnet bei mir im Garten und dazu noch robust.

Blütezeit August bis Oktober

Blütenfarbe und -form Die hübschen Blüten sind violett-blau mit gelber Mitte. Die tellerförmigen, halbgefüllten Blüten erscheinen sehr zahlreich und sind auch nach Regenschauern noch gut in Schuss.

Wuchs 'Herbstflieder' wächst horstig, straff aufrecht. Mit bis zu 150 cm wird die Sorte recht hoch.

Standort An einem sonnigen bis halbschattigen Platz fühlt sich die Pflanze wohl. Ein normaler, durchlässiger und nährstoffreicher Gartenboden reicht aus.

Pflegetipp nährstoffreicher Boden oder Düngergabe im Frühjahr

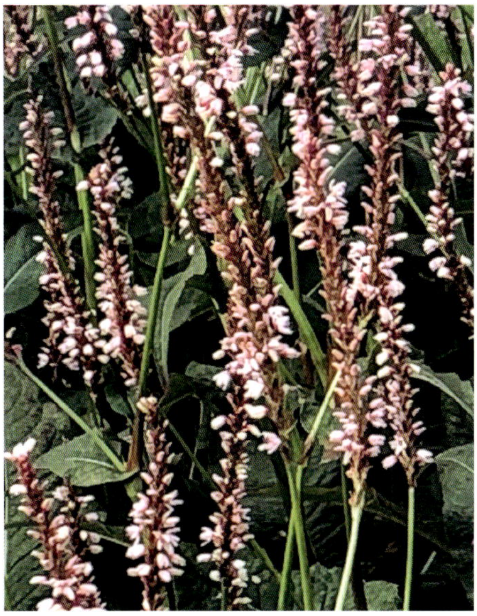

Kerzenknöterich 'Rosea'

Bistorta amplexicaulis

Besonderes Diese insektenfreundliche Staude wächst sehr üppig und ist pflegleicht.

Blütezeit Juli bis Oktober

Blütenfarbe und -form Die hellrosa Blütchen bilden lange Blütenähren an rötlichen Stielen.

Wuchs 'Rosea' wächst horstig, aufrecht und bildet Rhizome. Sie erreicht Höhen bis 110 cm und Breiten bis 60 cm und wächst sehr üppig.

Standort Die Staude gedeiht vorzugsweise in der Sonne oder im Halbschatten auf durchlässigen, frischen Gartenböden.

Pflegetipp Nach der Blüte empfehle ich euch die Blütenstände am besten regelmäßig zurückzuschneiden, ansonsten braucht die Staude kaum Pflege und ist zudem winterhart.

Danksagung und Widmung

Einst hatte ich eine Vision von meinem Gartentraum. Dass dieser Traum Wirklichkeit werden konnte, habe ich meinem lieben Ehemann zu verdanken, der hier so manches mit mir aushalten musste.

Tausende von Gucci-Handtaschen habe ich in den letzten 15 Jahren wohl in Form von Blümchen hier im Garten vergraben. Aber wer braucht schon Designerteile, wenn Frau einen Kofferraum voll blühender Pflanzen haben kann. Ohne Waldemars stets glühende Kreditkarte wäre all das gar nicht möglich gewesen, denn ich war stets chronisch pleite nach meinen Garteneinkäufen.

So manches Mal blieb hier im Hause Iskam die Küche kalt, weil Buddeln für mich Vorrang hatte und Kochen sowieso nicht so mein Ding ist. Nudeln standen fast täglich auf dem Speiseplan, denn das Geld – wie sollte es auch anders sein –, hatte ich reichlich oft im Garten vergraben.

Und auch einiges an Kopfhaar und so manchen Nerv hat Waldemar in den letzten Gartenjahren und bei vielen Projekten hier mit mir verloren. Es war nicht immer leicht für ihn, mit meinen plötzlichen Geistesblitzen und ständig wechselnden, neuen Gartenideen Schritt zu halten.

Darum möchte ich hier ein ganz großes Danke an dich sagen, Waldemar, für all deine Geduld, deine Mühen, deinen Beistand und dein Vertrauen in den vielen vergangenen Jahren. All meine Liebe und Leidenschaft, die in diesem Buch steckt, widme ich dir von ganzem Herzen und wünsche uns beiden noch viele gemeinsame, glückliche Jahre in unserem Traumgarten.

Ein großes Dankeschön an dieser Stelle auch unbedingt an alle meine Fans da draußen, die mich seit Jahren mit vollem Herzen unterstützen. Ohne Euch gäbe es *@katrinsgarten* nicht und demzufolge auch nicht dieses Buch. ■

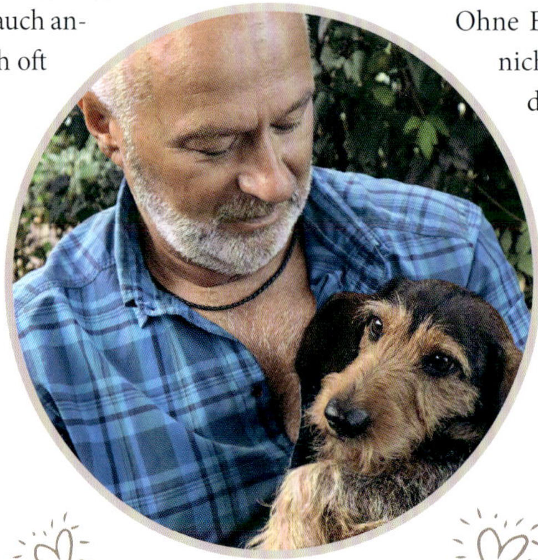

»Das Schönste an uns ist das WIR.«

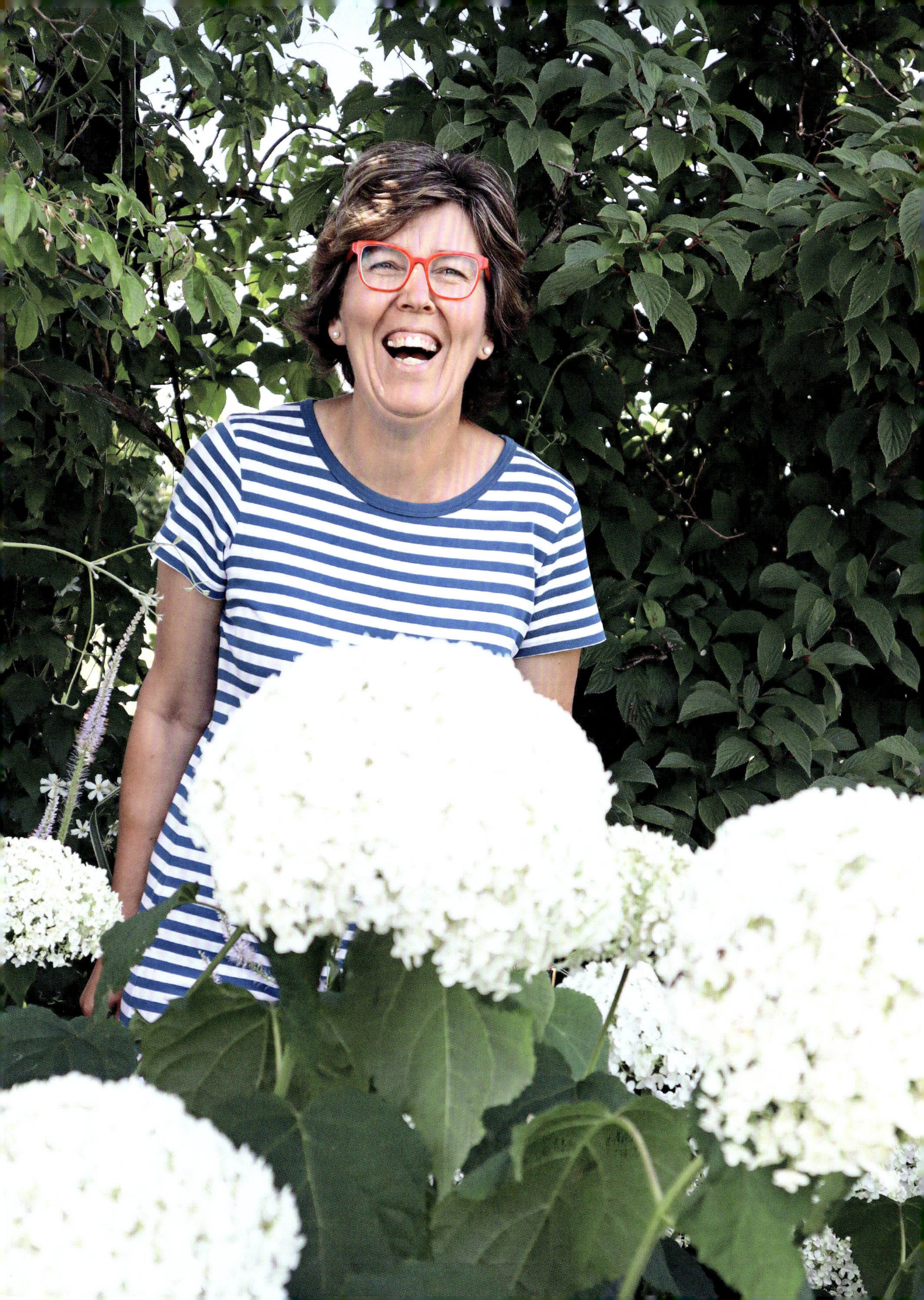

Register

Fette Zahlen verweisen auf Abbildungen.

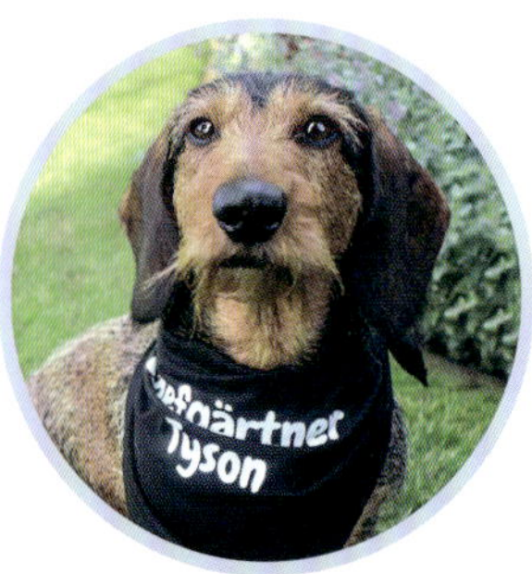

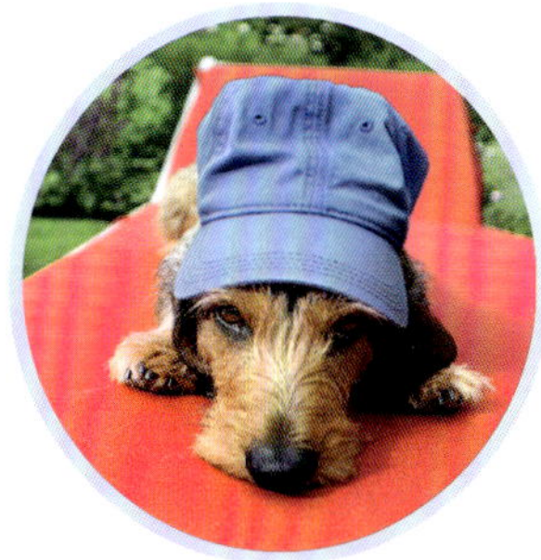

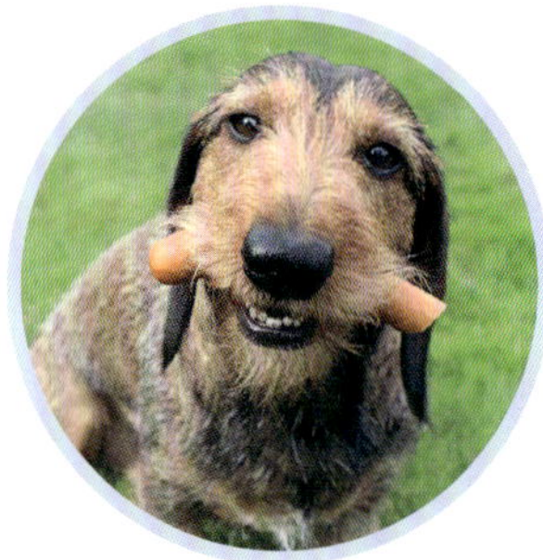

Bildnachweis

196 Farbfotos wurden von Katrin Iskam für dieses Buch aufgenommen. Zwei weitere Fotos auf Seite 6 und 7 von Franzi Schädel. Sowie auf Seite 10 von Sabrina Lange.

Impressum

Umschlaggestaltung von Claudia Adam Graphik-Design, Bad Kreuznach unter Verwendung von einem Farbfoto von Franzi Schädel (Umschlagvorderseite). Sowie zwei Farbfotos von Katrin Iskam (Umschlagrückseite).

Mit 202 Farbfotos.

Der Inhalt dieses Buches ist sorgfältig recherchiert und erarbeitet worden. Dennoch können weder Autor noch Verlag für alle Angaben im Buch eine Haftung übernehmen. Alle Angaben in diesem Buch erfolgen nach bestem Wissen und Gewissen. Sorgfalt bei der Umsetzung ist indes geboten. Verlag und Autor übernehmen keinerlei Haftung für Personen-, Sach- oder Vermögensschäden, die aus der Anwendung der vorgestellten Materialien und Methoden entstehen können. Dabei müssen rechtliche Bestimmungen und Vorschriften berücksichtigt und eingehalten werden.
Die Blütenfarben sind sortenabhängig, daher können auch Farben auf dem Markt sein, die im Buch nicht genannt werden. Die Blütezeiten sind ebenfalls sortenabhängig, aber auch klima- und standortabhängig. Die angegebenen Wuchshöhen und -breiten der Pflanzen sind Mittelwerte. Sie können je nach Nährstoffgehalt des Bodens variieren. Verschiedene Sorten können deutlich größer oder auch kleiner wachsen als die Art.

PurePrint®
innovated by gugler* DruckSinn
Gesund. Rückstandsfrei. Klimapositiv
drucksinn.at

print 4 climate®
klimapositiv gedruckt

– produziert nach den Richtlinien des Österreichischen Umweltzeichens, Gugler GmbH, UW-Nr. 609, www.gugler.at

Gedruckt auf umweltfreundlichem Papier, klimaneutral hergestellt.

ISBN 978-3-440-17822-5
Projektleitung: Birgit Grimm
Redaktion und Bildredaktion: Birgit Grimm
Gestaltungskonzept und Satz: Claudia Adam Graphik-Design, Bad Kreuznach
Produktion: Klaus Jost
Druck und Bindung: Gugler GmbH, A-Melk/Donau
Printed in Austria/Imprimé in Autriche

katrinsgarten

Masse ist das Zauberwort!

#wirgabelnmitkatrin #armdurchkatrin #wirpflanzenmitkatrin

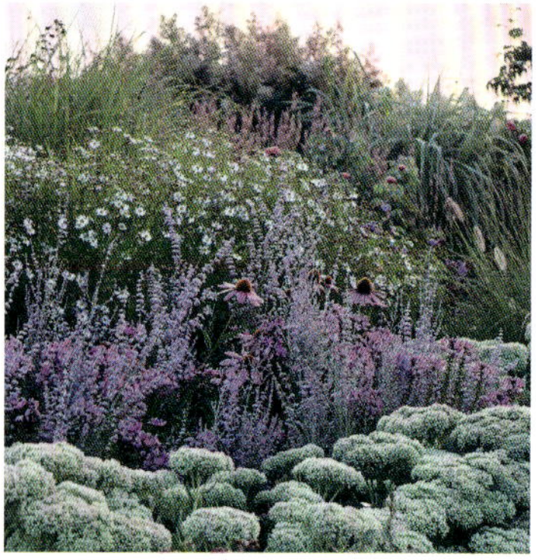
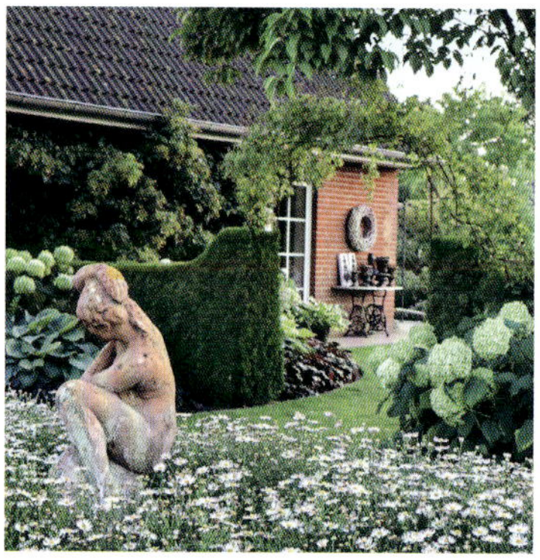
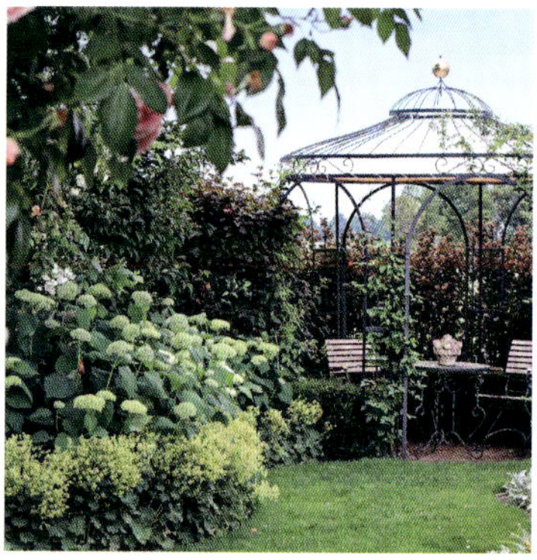
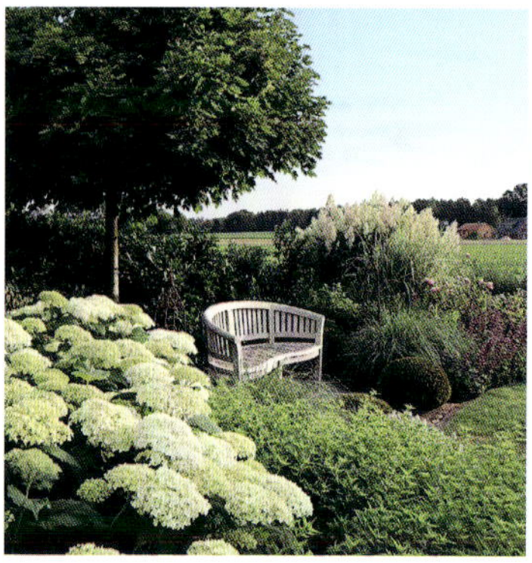
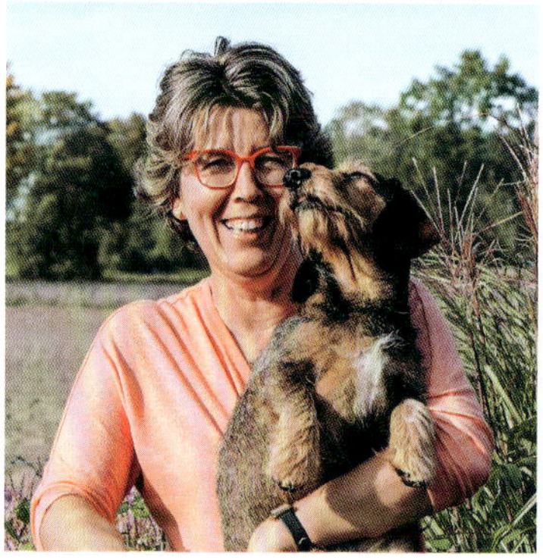
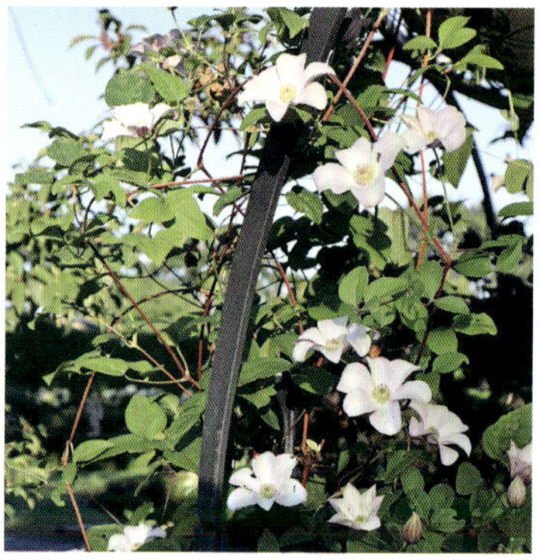
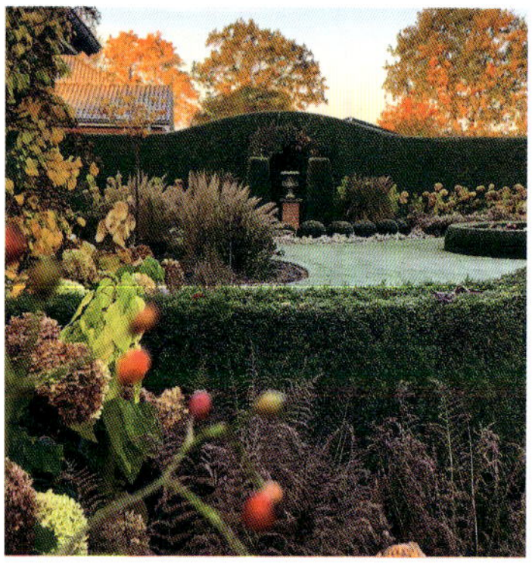
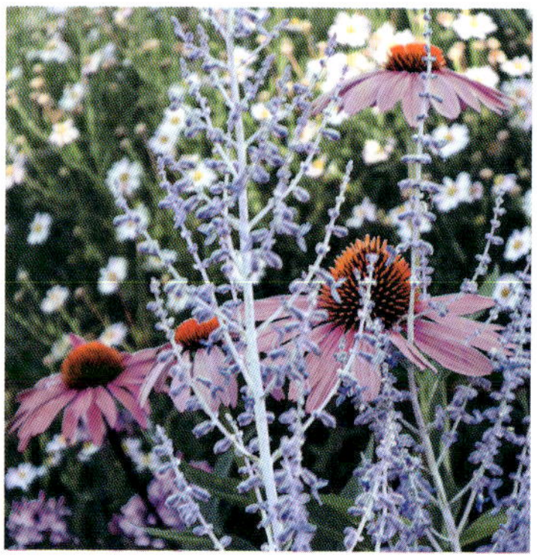
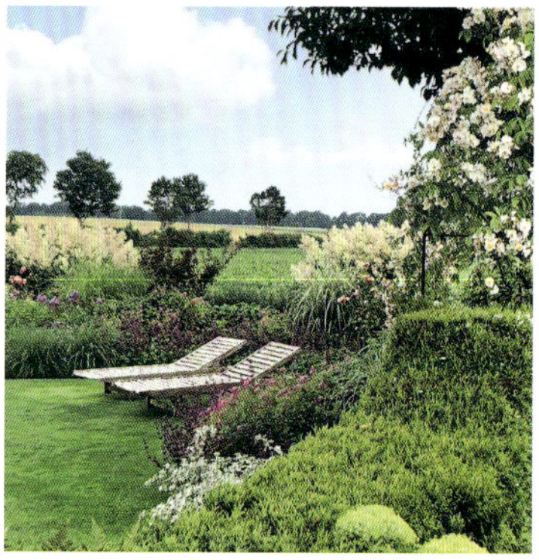